Lire les états financiers en IFRS

Éditions d'Organisation
1, rue Thénard
75240 Paris cedex 05

Consultez notre site :
www.editions-organisation.com

Dans la même collection

Pierre CABANE, *L'essentiel de la finance à l'usage des managers*

Jean LOCHARD, *Les ratios qui comptent*

Jean-Michel TREILLE, *Le pilotage opérationnel de l'entreprise*

Jean-François GERVAIS, *Les clés du leasing*

© Éditions d'Organisation, 2004

ISBN : 2-7081-3217-2

GRÉGORY HEEM

Lire les états financiers en IFRS

Éditions
d'Organisation

Sommaire

Introduction

Les grandes questions autour de l'harmonisation comptable

Pour améliorer le fonctionnement du marché intérieur des services financiers, le parlement européen a décidé par un règlement du 19 juillet 2002 d'appliquer les normes comptables internationales. Les sociétés faisant appel public à l'épargne sont dorénavant tenues d'appliquer un jeu unique de normes comptables internationales pour la préparation de leurs états financiers consolidés. Il importe pour le parlement que ces normes relatives à l'information financière soient admises sur le plan international et qu'elles constituent des normes réellement mondiales. Ceci implique une convergence renforcée des normes comptables actuellement appliquées au niveau international. L'objectif à terme est de créer un jeu unique de normes comptables mondiales, en particulier grâce à un rapprochement avec les normes américaines (les « US GAAP[1] »). Le choix de l'Europe de ne pas produire ses propres normes et de choisir les normes IAS date du 13 juin 2000. À cette date la Commission a publié, une communication intitulée *Stratégie de l'Union européenne en matière d'information financière : la marche à suivre*, dans laquelle elle a proposé que toutes les sociétés communautaires faisant appel public à l'épargne (soit environ 7 000 sociétés) soient tenues d'ici

---

1. US GAAP (Generally Accepted Accounting Principles) : il s'agit des normes comptables reconnues aux États-Unis.

2005 de préparer leurs états financiers consolidés sur la base d'un jeu unique de normes comptables internationales : les normes IAS/IFRS[1].

Qui est chargé de produire les normes ?

Les normes IAS étaient à l'origine élaborées par le comité des normes comptables internationales (IASC). Cet organisme avait été créé en 1973 par des organisations représentant la profession comptable d'Allemagne, d'Angleterre, d'Australie, du Canada, des États-Unis, de France, du Japon, du Mexique, des Pays-Bas et d'Irlande, dans le but de promouvoir un jeu unique de normes comptables applicables au niveau mondial.

L'IASC a changé ses statuts le 24 mai 2000. L'objectif de cette réforme était de séparer le niveau technique (le conseil des normes comptables internationales – IASB), du travail d'organisation et de promotion (la fondation du comité des normes comptables internationales – IASCF). L'IASC est devenu une fondation (IASCF) administrée par dix-neuf trustees. Les nouvelles normes comptables produites par l'IASB portent désormais le nom d'IFRS (*International*

---

1. En 2001, suite à la restructuration de l'IASC, il a été décidé que les nouvelles normes à émettre à partir de 2002 porteraient le nom d'IFRS (*International Financial Reporting Standard* ou Normes d'information financière internationales). Les anciennes normes gardent le nom d'IAS (*International Accounting Standards* ou Normes comptables internationales). Le référentiel IFRS comprend donc toutes les normes IAS qui existaient auparavant ainsi que les nouvelles normes IFRS, plus les interprétations (les SIC pour les anciennes normes IAS, les IFRIC pour les nouvelles normes IFRS). Le changement de nom traduit la volonté de l'IASB de publier dorénavant des normes d'information financière qui dépassent le champ traditionnel de la comptabilité pour celui de l'information financière.

Financial Reporting Standards – Normes internationales d'information financière). Le processus complexe d'élaboration et d'adoption des normes est développé dans le chapitre 9.

Quels sont les enjeux ?

L'enjeu principal de l'adoption des normes IAS est de faciliter le fonctionnement du marché des capitaux. L'idée est de pouvoir protéger les investisseurs et préserver la confiance envers les marchés financiers. L'adoption de normes comptables internationales doit renforcer la circulation des capitaux et aider les sociétés européennes à affronter leurs concurrents, dans la lutte pour les ressources financières offertes par les marchés de capitaux. Le but est d'obtenir une meilleure évaluation de l'entreprise grâce à une information financière plus transparente et plus comparable.

Les comptes consolidés en normes IAS seront donc principalement orientés vers l'investisseur, la philosophie même des normes va fortement évoluer en comparaison avec les normes françaises. L'objectif de cet ouvrage est de permettre une meilleure compréhension des comptes établis dans ce nouveau langage comptable.

L'information comptable en normes IAS doit désormais répondre à de nouvelles questions telles que : « Quelle est la valeur réelle des actifs de l'entreprise ? » (La réponse était difficile en normes françaises en raison du principe du coût historique.) Ou bien : « Quelle est la création de richesse pour l'actionnaire ? » (L'état de variation des capitaux propres fourni des réponses à cette question.)

La normalisation comptable internationale est bénéfique pour les entreprises. En effet, celles-ci préfèrent appliquer un référentiel comptable unique, ce qui facilite le reporting interne et l'audit.

Un autre point important est relatif à la définition des normes. L'idée de l'IASB est de définir des principes plutôt que des règles strictes afin d'éviter les dérives des normes américaines US GAAP.

En effet, les normes américaines sont strictement définies (les normes sont déclinées dans des guides d'application de plusieurs milliers de pages) et certains utilisateurs ont contourné le texte en le respectant à la lettre (par exemple en effectuant des montages financiers non-prévus par les guides d'application). Mais la position de l'IASB impose des interprétations régulières des normes ce qui risque, à terme, d'aboutir à la production de documents volumineux proches des guides d'application américains. Ces interprétations sont produites par le SIC (*Standing Interpretation Committee*).

Les normes IAS-IFRS vont donner les moyens aux analystes financiers de parler un langage commun. En effet, l'analyse financière et la comparaison des entreprises européennes seront facilitées grâce à un effet de standardisation. Le crédit-bail, les stock-options, les engagements de retraites seront désormais comptabilisés selon des principes identiques.

Pourquoi la France et les pays anglo-saxons ont-ils des normes comptables différentes ?

Comme nous l'avons indiqué précédemment, la comptabilité est un langage qui permet de transmettre des informations sur la situation de l'entreprise. Ce langage reflète les évolutions économiques et sociales des pays. Nous verrons dans le chapitre 1, les différences que l'on observe dans les principes généralement admis ou les conventions comptables. Ces principes et ces conventions ont été développés de manière empirique et souvent réinterprétés en fonction des événements qu'ont connus les pays (par exemple les scandales financiers).

En France, les banques ont toujours joué un rôle important dans le financement des entreprises. Ces relations privilégiées leur permettent d'obtenir des informations riches et détaillées sur les entreprises. La comptabilité a pour rôle de calculer le résultat imposable sans coller le plus fidèlement possible à la réalité économique de l'entreprise, mais en adoptant une vision très prudente. L'objectif des banques est de récupérer leurs créances, elles n'ont pas intérêt à voir distribuer une part trop importante de la richesse créée par l'entreprise. Cet objectif a conduit à sous-évaluer les actifs, surévaluer les dettes, et sous-évaluer le profit.

Tableau 1 – Origine des différences comptables

	France	Pays anglo-saxons
Principale source de financement	Banques	Marchés financiers
Système juridique et fiscal	Les règles comptables sont fournies par l'État (plan comptable et code de commerce) Le passage du résultat comptable au résultat fiscal est simple	Les règles comptables sont élaborées par des organismes privés Comptabilité et fiscalité sont indépendantes
Utilisateurs privilégiés	Créanciers, fournisseurs, investisseurs, administration fiscale, salariés	Investisseurs
Fréquence de publication des comptes	Annuelle et semestrielle	Annuelle, semestrielle et trimestrielle pour les Américains
Vision de l'entreprise	Vision juridique	Vision économique
Calcul du résultat comptable	Tendance à minorer le résultat par les politiques de provisionnement et de mise en réserves	Le résultat doit refléter la situation économique de l'entreprise et les variations de valeur de ses actifs et de ses passifs Les provisions sont définies de manière stricte
Lien comptabilité/fiscalité	Lien fort entre règles fiscales et règles comptables	Les règles fiscales sont traitées en dehors des états financiers

À l'inverse, l'approche anglo-saxonne et en particulier américaine est plus orientée vers les actionnaires qui sont les principaux pourvoyeurs de capitaux. L'idée est alors de développer l'information financière pour que les actionnaires puissent faire leur choix d'investissement. Les principes comptables sont en partie différents suivant les approches. La vision économique est, entre autres, préférée à la vision juridique pour l'établissement des comptes (les principes comptables sont développés dans le chapitre 1). Les normes IAS-IFRS reflètent une orientation anglo-saxonne, autant vis-à-vis des utilisateurs privilégiés, que dans le choix des principes comptables.

Quelles sont les normes adoptées ?

Le comité de la réglementation comptable européen (ARC – *Accounting Regulatory Committee*) et la Commission européenne ont adopté toutes les normes produites par l'IASC, les normes IAS 32 et 39 ont été adoptées partiellement. Ces deux normes prônent la valorisation systématique des instruments financiers à leur valeur de marché. Les banques et les sociétés d'assurance craignent que cette valorisation en valeur de marché entraîne un accroissement de la volatilité de leurs fonds propres.

La Commission européenne a validé, par un règlement du 29 septembre 2003, trente-deux normes et vingt-huit interprétations.

L'Europe n'est pas seule à avoir adopté les normes IAS : plus de quatre-vingt-dix pays dans le monde les appliqueront dès 2005. Par ailleurs, les deux conseils de l'IASB et du FASB se sont entendus en septembre 2002 à Norwalk (États-Unis) sur un programme de convergence de leurs référentiels. Des corrections ont déjà vu le jour sur dix-huit normes, où des divergences mineures existaient. Les deux conseils sont actuellement dans une deuxième phase avec des discussions sur la comptabilisation des opérations de rapprochement d'entreprises, le traitement des survaleurs, les paiements en actions ou les frais de recherche et de développement. Une autre réflexion est menée à propos de la présentation du futur état de performance.

Quel sera l'impact des normes IAS-IFRS sur les comptes ?

L'objectif est de passer d'une vision juridique de l'entreprise (en France) vers une vision économique (vision anglo-saxonne) et de rendre les informations plus transparentes et plus riches.

Une vision économique en juste valeur

L'information publiée doit représenter une image fidèle des transactions et des autres événements qu'elle vise à présenter. La comptabilisation doit donc être effectuée en suivant la réalité économique (la substance) et non pas seulement en suivant la forme juridique (l'apparence). La vision juridique conduit à ne pas comptabiliser certains actifs comme le crédit-bail car l'entreprise n'est pas propriétaire du bien qu'elle utilise.

Parallèlement le bilan de l'entreprise reflétera la valeur actuelle de ses actifs et de ses passifs, il ne correspondra plus à une représentation historique de son patrimoine. Ceci est particulièrement vrai pour les portefeuilles de titres et les produits dérivés.

Des informations plus transparentes

Pour atteindre l'objectif de transparence, l'IASC a décidé de réduire les choix comptables et oblige à diffuser des informations qui étaient jusqu'ici réservées aux cadres dirigeants comme l'information sectorielle ou l'évaluation à la juste valeur. Les informations publiées par les sociétés deviennent alors comparables et l'on passe d'une logique comptable à une logique d'information financière. L'inscription obligatoire au bilan de certains éléments comme le crédit-bail suit également cet objectif tout comme la volonté de limiter les provisions.

Tableau 2 – Principales différences
entre l'approche française et les IFRS

	Approche française	Normes IAS/IFRS
Suivant le type de société les normes peuvent-elle être différentes ?	Les banques et les assurances ont une comptabilité spécifique	Les normes IAS s'appliquent à toutes les sociétés produisant des états financiers quel que soit le secteur Des normes supplémentaires peuvent exister pour résoudre des problèmes spécifiques à un secteur (par exemple les contrats d'assurance), mais la comptabilité de base reste la même
Les normes comptables sont-elles différentes pour les comptes sociaux et les comptes consolidés ?	Il existe deux jeux de normes : un pour les comptes sociaux et un autre pour les comptes consolidés	Il n'existe qu'un seul jeu de normes. Mais l'Europe oblige les sociétés faisant appel public à l'épargne à appliquer les normes IAS uniquement pour les comptes consolidés
Type de comptabilité	Comptabilité juridique et fiscale : • application du coût historique • vision juridique (on ne comptabilise pas le crédit-bail dans le bilan des comptes sociaux)	Comptabilité pour l'investisseur : • application de la juste valeur • l'information est plus économique et orientée vers la mesure de la performance. • intelligibilité des comptes : le lecteur doit pouvoir se forger une opinion sur l'entreprise s'il a une connaissance raisonnable des affaires
Méthodes d'évaluation	Principalement le coût historique	Coût historique et juste valeur (suivant les cas)
Présentation du résultat exceptionnel	Définition large des éléments exceptionnels avec une rubrique séparée du résultat courant	Abandon de la notion d'événement extraordinaire. Toutes les opérations sont considérées comme ordinaires
Immobilisations incorporelles	Inscription en immobilisations incorporelles du fonds de commerce, des marques	Inscription en immobilisations incorporelles des éléments incorporels identifiables et contrôlables. Cette approche ne permet pas d'inscrire les listes de clients

Amortissement	Les textes fiscaux définissent des méthodes et des durées	Les entreprises doivent comptabiliser de manière distincte les différents éléments constitutifs d'une immobilisation qui auront des durées d'amortissement différentes. Par exemple, la durée d'amortissement du moteur d'un avion sera différente du reste de l'appareil
Activation des charges	Inscription des frais de recherche et de développement à l'actif sous certaines conditions. Les frais d'établissement peuvent être inscrits à l'actif. Possibilité d'inscrire certaines charges en charges à répartir	Inscription des coûts de développement à l'actif si l'entreprise respecte un certain nombre de critères (IAS 38). Les frais de recherche sont inscrits en dépenses. Les frais d'établissements sont inscrits en charges. La comptabilisation de charges à répartir est interdite
Provisions	En 2000, la France a opéré des changements importants dans ses normes comptables pour se rapprocher de la norme IAS 37. Le poste « Provisions pour risques et charges » ne permettra plus un lissage du résultat	Pour donner une vision plus juste de la situation des entreprises, les provisions sont très encadrées. Ces dispositions doivent éviter le lissage comptable
Contrats de crédit-bail	Activation du crédit-bail pour les comptes consolidés (méthode préférentielle)	L'activation du crédit-bail est la seule méthode autorisée pour tous les types de comptes (IAS 17)
Montages déconsolidants	Il était interdit de consolider les sociétés sans lien capitalistique avec la société mère. Désormais avec la loi sur la sécurité financière du 1er août 2003, cette divergence disparaît	Toutes les sociétés sur lesquelles l'entreprise impose un contrôle de droit ou de fait doivent être consolidées

Des informations plus riches

Les informations publiées seront maintenant plus nombreuses. Les états financiers devront comprendre un bilan, un compte de résultat, un état indiquant la variation des capitaux propres, un tableau des flux de trésorerie, les méthodes comptables et notes explicatives.

La modification du langage comptable avec le passage vers une vision plus économique va changer notre vision des comptes. Les normes IAS vont faire sensiblement évoluer la notion de résultat comptable, le niveau des fonds propres et des actifs. Ces changements vont avoir un impact important sur les ratios financiers comme ceux relatifs à la structure du bilan et à l'endettement. Concernant la mesure du résultat comptable, l'IASB prépare un projet de mesure du résultat comptable, pour une application prévue à partir de 2006. L'idée consisterait à additionner dans un « état des performances » les performances de l'activité et les variations de valeurs des actifs et des passifs entre deux bilans. Cet « état des performances » permettrait de présenter l'évolution de la performance de l'entreprise, à sa juste valeur, entre deux bilans.

Certaines normes vont avoir un impact significatif sur les comptes. On peut citer, par exemple, l'activation obligatoire des frais de développement, les normes sur le crédit-bail, sur les stocks-options, la comptabilisation des engagements de retraite, le traitement comptable des regroupements d'entreprises.

Qu'est-ce que les « états financiers » ?

Les états financiers correspondent, en norme IAS, aux bilans, comptes de résultat, tableaux de financement, notes annexes et autres documents explicatifs qui sont identifiés comme faisant partie des états financiers.

Les notes annexes comportent une déclaration de conformité aux normes comptables internationales ; l'énoncé des bases d'évaluation et des méthodes comptables appliquées ; des informations supplémentaires pour les éléments présentés dans le corps de chacun des états financiers (par exemple le détail de certains éléments du compte de résultat, du bilan, du tableau des flux de trésorerie) ; d'autres informations comme les éventualités, les engagements ainsi que des informations non-financières.

L'IASC précise également que les états financiers sont habituellement mis à disposition, publiés une fois par an et font l'objet d'un rapport établi par un réviseur.

Quelles sont les entreprises concernées ?

L'Union européenne n'a imposé les normes IAS-IFRS que pour les comptes consolidés des sociétés cotées sur un marché réglementé. Mais la possibilité est laissée à chaque État d'autoriser ou d'imposer les normes internationales pour les comptes individuels des sociétés cotées ou non dès 2005.

Le règlement de l'Union européenne a tout de même prévu que les États membres pourraient, par dérogation, reporter l'application des normes au 1er janvier 2007 pour les sociétés dont seules les obligations sont cotées ou les sociétés qui ont leurs titres cotés dans un pays tiers et qui utilisent des normes reconnues au niveau international, c'est-à-dire les US GAAP. Mais les États membres peuvent également autoriser leurs entreprises à appliquer les normes IAS avant 2005, ce qui est le cas pour l'Allemagne, l'Autriche, la Belgique, le Danemark, les Pays-Bas, le Luxembourg et la Finlande.

Quelles sont les échéances ?

Les sociétés cotées devront établir leurs comptes consolidés en normes internationales dès 2005. La norme IFRS 1 publiée le 19 juin 2003 précise les étapes du basculement vers les normes IAS-IFRS. En 2005, les entreprises cotées devront fournir les comptes de 2004, retraités en normes internationales, pour pouvoir effectuer une comparaison. L'impact du basculement vers les normes internationales devra être précisé par les entreprises et, en particulier, les divergences avec les pratiques comptables en vigueur.

Les comptes semestriels 2005 et trimestriels (pour les entreprises qui en produisent) devront être publiés en normes internationales. En 2006, les entreprises cotées publieront donc les comptes consolidés de 2005 en IAS-IFRS et les comptes de 2004 *pro forma*[1] IAS-IFRS.

Incidence des normes internationales sur la stratégie des entreprises

Les normes comptables ont pour objectif de rendre compte de l'activité de l'entreprise et de sa création de richesse. Mais l'idéal de neutralité qui consiste à retranscrire de manière objective les événements est difficile à atteindre. La comptabilité ne donne qu'une représentation de la réalité. Mais en tant qu'outil de représentation, elle façonne aussi la réalité et peut avoir une influence sensible sur la gestion stratégique des entreprises.

Un premier exemple concerne les montages déconsolidants[2] et les entités *ad hoc* (utilisées par certaines entreprises pour diminuer artificiellement le montant de leurs dettes), en normes IAS, la reconsolidation sera obligatoire, ce qui va limiter ce type de montages, et, par voie de conséquence, limiter l'expansion artificielle de ce type de société. Un autre exemple est relatif aux opérations de croissance externe. Grâce à la technique du « *pooling of interest*[3] »

---

1. Les comptes *pro forma* consistent à retraiter les comptes des années passées pour les rendre comparables avec les comptes actuels. Ces retraitements ont lieu généralement en cas de changement de méthodes comptables ou de périmètres de consolidation.

2. Il s'agit des techniques permettant de sortir du bilan des actifs ou des passifs en vue de réduire l'endettement (et ainsi d'améliorer les ratios d'endettement), de diminuer son coût, de transférer un risque, ou de profiter d'avantages fiscaux. Les principales techniques sont l'escompte, l'affacturage, le crédit-bail, la défaisance, la titrisation.

3. La méthode du *pooling of interest* – appelée aussi « mise en commun d'intérêts » – permet de comptabiliser les actifs et les passifs des entreprises qui se regroupent à leur valeur comptable et non à leur valeur réelle (ou juste valeur). Ceci permet d'éviter la comptabilisation d'une survaleur (*goodwill*).

certaines entreprises ont pu en racheter d'autres, bien au-delà de leur valeur comptable, sans incidences notables sur leurs comptes lors de l'opération de regroupement. Dorénavant, les entreprises devront utiliser la méthode de l'acquisition qui évalue les coûts d'acquisition et les actifs/passifs à leur juste valeur, la différence constituant un écart d'acquisition positif (ou *goodwill*). La constatation du goodwill va sans doute inciter les entreprises à limiter les stratégies de croissance externe au-delà d'un prix d'achat raisonnable. L'inscription des stocks-options en charge va également limiter leur utilisation car l'impact sur le résultat sera immédiat.

Quelle est la conséquence de l'adoption des normes IAS/IFRS pour le lecteur des états financiers ?

Le lecteur des états financiers disposera d'informations plus riches et plus régulières, mais les comptes deviendront plus complexes à analyser. Tout d'abord, le lecteur devra bien comprendre la structuration des états financiers avec les éléments obligatoires qui permettront une comparaison entre les sociétés. Ensuite, il faut bien distinguer la création de valeur qui relève de l'activité même de l'entreprise de celle qui résulte de la variation à la juste valeur des actifs et des passifs. Pour effectuer une bonne analyse, le lecteur devra extraire des informations provenant de différents documents et accordera une place particulière au bilan.

Afin de faciliter l'analyse des états financiers en normes IAS/IFRS, l'ouvrage débutera par un chapitre relatif à la préparation et la présentation des états financiers. Ce chapitre doit permettre au lecteur de se familiariser avec la vision anglo-saxonne de la comptabilité. Le lecteur trouvera une réponse aux questions suivantes : « Quel est l'objectif des états financiers ? » « Quels sont les utilisateurs privilégiés ? » « Quels sont les grands principes comptables ? » L'analyse des grands principes comptables doit amener le lecteur à mieux comprendre pourquoi telle option est retenue et pas telle autre. Par exemple, pourquoi comptabilise-t-on le crédit-bail à l'actif du bilan de l'entreprise ?

L'ouvrage est construit pour accompagner le lecteur dans son analyse des états financiers. Nous avons illustré les chapitres à l'aide d'exemples provenant de sociétés suisses qui adoptent déjà les normes IAS/IFRS : Novartis et Nestlé.

Parmi les éléments des états financiers, nous étudierons en premier le bilan avec une analyse de ses éléments, puis le compte de résultat, le tableau des flux de trésorerie, l'état de variation des capitaux propres. Sur les points importants une comparaison sera effectuée avec le référentiel français.

Puis nous étudierons les états financiers consolidés et les méthodes retenues. Rappelons que les normes comptables internationales ont pour objectif de s'appliquer aux comptes sociaux et aux comptes consolidés et qu'il s'agit des mêmes normes dans les deux cas.

Un chapitre particulier sera consacré aux regroupements d'entreprises avec les problèmes liés aux écarts d'acquisition (*goodwill*).

Certaines entreprises comme les banques ou les sociétés d'assurance disposent d'informations supplémentaires à fournir et de quelques règles particulières, qui seront présentées dans un chapitre spécifique. Enfin, le lecteur intéressé par l'organisation de la normalisation comptable internationale et par ses différents acteurs, pourra se référer au dernier chapitre de l'ouvrage.

La préparation et la présentation des états financiers

L'ESSENTIEL À RETENIR

L'objectif des états financiers en normes IAS/IFRS est de fournir des informations sur la situation financière, la performance et les flux de trésorerie de l'entreprise, qui soient utiles à un large éventail d'utilisateurs pour la prise de décisions économiques.

Les entreprises doivent publier un jeu complet d'états financiers qui comprend un bilan, un compte de résultat, un tableau des flux de trésorerie, un état indiquant les variations des capitaux propres, les méthodes comptables et notes explicatives. Elles sont également encouragées par la norme IAS 1 à présenter, en dehors des états financiers, un rapport de gestion.

La représentation de la vie de l'entreprise qui se reflète dans ses documents comptables est fondée sur des hypothèses ou principes qui proviennent des pratiques comptables. Ces principes permettent aux préparateurs des états financiers d'appliquer les normes comptables en respectant leur « philosophie ».

L'IASC a publié en 1989 un cadre conceptuel où sont détaillés ces principes. La connaissance des principes retenus par l'IASC est essentielle car c'est en suivant ces principes que sont comptabilisés les charges et les produits ou les actifs et les passifs. Parmi ceux-ci, on trouve celui de la prééminence de la substance sur la forme qui conduit à comptabiliser le crédit-bail en actif, principe qui n'est pas reconnu en France pour l'établissement des comptes sociaux.

Les principes comptables retenus doivent être en adéquation avec l'objectif des états financiers qui est de fournir des informations sur la situation financière, la performance et les flux de trésorerie de l'entreprise, informations qui doivent être utiles à un grand éventail d'utilisateurs pour leurs prises de décisions économiques. Ces utilisateurs sont multiples même si l'IASC cherche à satisfaire prioritairement l'investisseur.

La comptabilité est un langage qui permet de communiquer des informations sur la situation économique des entreprises. Comme tout langage, la comptabilité reflète l'environnement socioculturel et économique de son pays. Le modèle comptable ne nous donne qu'une représentation de la réalité qui résulte d'un rapport de force entre les différents acteurs de la vie de l'entreprise. La comptabilité permet de mesurer la richesse produite par l'entreprise, mais également d'en contrôler son partage entre les salariés par le biais de la participation, l'État avec l'impôt, les actionnaires avec les dividendes.

Dans les pays anglo-saxons, la comptabilité est principalement orientée vers l'information des investisseurs boursiers et des analystes financiers. Cette orientation se ressent dans l'objectif et le contenu des états financiers, mais également, par voie de conséquence, dans les principes comptables et la présentation des états financiers.

L'IASC[1] a publié en juillet 1989 un « Cadre pour la préparation et la présentation des états financiers » (*Framework for the Preparation and Presentation of Financial Statements*). Ce cadre conceptuel,

---

1. L'IASC est devenu IASB par la réforme du 24 mai 2000. Voir à ce sujet le chapitre 9 relatif à l'organisation de la normalisation comptable internationale.

© Éditions d'Organisation

d'inspiration anglo-saxonne, a pour but de définir les concepts de base de la préparation et de la présentation des états financiers. L'objectif principal est de fournir un support permettant de réduire le nombre de traitements comptables autorisés par les normes internationales. Dans la même logique, le but est également d'aider les préparateurs des états financiers à appliquer les normes comptables internationales, d'apporter une aide aux auditeurs dans leur recherche de conformité, enfin, d'aider les utilisateurs à interpréter l'information contenue dans les états financiers.

Le cadre conceptuel n'est pas une norme. En cas de conflit entre une norme comptable internationale et le cadre conceptuel, ce sont les dispositions prévues par la norme qui prévalent. L'IASC précise d'ailleurs que ce cas de figure est très rare et que les cas de conflits seront amenés à diminuer dans le temps avec les nouvelles normes ou les révisions de normes existantes.

Le cadre n'a pas été adopté par le règlement de la Commission européenne du 29 septembre 2003[1]. Néanmoins, la connaissance des grands principes comptables retenus dans le cadre conceptuel est indispensable pour la préparation et la lecture des états financiers.

Par ailleurs, la norme comptable internationale IAS 1 (révisée en décembre 2003) relative à la présentation des états financiers traite aussi des principes comptables.

Le cadre conceptuel et la norme IAS 1 traitent de quatre grands sujets que nous présenterons successivement :

- ◆ l'objectif des états financiers (cadre conceptuel et IAS 1) ;
- ◆ les principaux utilisateurs (cadre conceptuel uniquement) ;
- ◆ les hypothèses de base et les caractéristiques qualitatives des états financiers (cadre conceptuel et IAS 1 pour la précision de certains principes) ;

---

1. Règlement qui a adopté la plupart des normes comptables internationales produites par l'IASC, à l'exception principalement de celles sur les instruments financiers (IAS 32 et 39).

♦　　les éléments (composantes) des états financiers et leur comptabilisation (cadre conceptuel et IAS 1).

Nous effectuerons également un rappel des grands principes comptables français ainsi que l'incidence du cadre conceptuel de l'IASC pour la lecture des états financiers.

L'objectif des états financiers

L'IASC précise, dans son cadre conceptuel et dans l'IAS 1, que l'objectif des états financiers à usage général est de « fournir des informations sur la situation financière, la performance et les flux de trésorerie de l'entreprise, qui soient utiles à un large éventail d'utilisateurs pour la prise de décisions économiques. » (IAS 1)

En poursuivant cet objectif, la plupart des utilisateurs doivent trouver les informations financières qui les intéressent. Les états financiers doivent permettre d'apprécier la gestion de l'entreprise par ses dirigeants et en particulier d'estimer la capacité de l'entreprise à générer de la trésorerie pour payer ses fournisseurs, son personnel (les salaires), ses banques (les annuités d'emprunts), ses actionnaires (les dividendes).

Les états financiers doivent donc fournir des informations sur **la situation financière** de l'entreprise, **ses performances** et **les variations de sa situation financière**.

Le but est de pouvoir se projeter dans le futur de l'entreprise, en particulier pour analyser sa capacité à s'adapter aux changements de l'environnement dans lequel elle opère. Il est donc nécessaire, selon l'IASC, d'obtenir des informations sur les ressources économiques de l'entreprise et sur la capacité qu'elle a eue par le passé, à modifier ces ressources. Cette analyse doit permettre de prédire l'aptitude de l'entreprise à générer de la trésorerie dans l'avenir.

Par ailleurs, les informations sur la structure financière de l'entreprise sont nécessaires pour étudier ses besoins d'emprunts futurs, sa capacité à emprunter et analyser la future répartition des bénéfices.

Enfin, les informations sur la liquidité et la solvabilité doivent aider à apprécier son aptitude à faire face à ses engagements financiers. Dans le cadre conceptuel, la **liquidité** « fait référence à la disponibilité de trésorerie dans un avenir proche après avoir pris en compte les engagements financiers sur la période ». La **solvabilité** « fait référence à la disponibilité de trésorerie à plus long terme pour satisfaire les engagements financiers lorsqu'ils arriveront à échéance ». Les informations sur la structure financière sont présentées principalement dans le bilan.

Les informations sur la performance permettent de prédire la capacité de l'entreprise à générer des flux de trésorerie grâce aux ressources existantes. Elles sont également utiles pour se projeter dans l'avenir, pour savoir comment l'entreprise sera à même d'employer des ressources supplémentaires. Les informations sur la performance de l'entreprise sont présentées principalement dans le compte de résultat.

Concernant les informations sur les variations de la situation financière, celles-ci vont aider à évaluer ses activités d'investissement et de financement de l'exercice ainsi que la capacité de l'entreprise à générer de la trésorerie. Les informations sur les variations de la situation financière sont à rechercher principalement dans l'état de variation des capitaux propres et dans le tableau des flux de trésorerie.

Par ailleurs, les états financiers contiennent des notes annexes et des tableaux supplémentaires qui comportent des informations utiles pour les utilisateurs. En particulier, les annexes incluent des informations sur les risques et les incertitudes qui touchent l'entreprise, ainsi que les obligations (c'est-à-dire les engagements) qui ne sont pas comptabilisées dans le bilan. Des informations supplémentaires, par exemple sur le secteur, peuvent également être données.

Les utilisateurs des états financiers

Dans son cadre conceptuel, l'IASC présente la liste des utilisateurs ainsi que leurs besoins en informations. Les utilisateurs sont donc « les investisseurs actuels et potentiels, les membres du personnel, les prêteurs, les fournisseurs et autres créanciers, les États et leurs organismes publics, et le public ». Les utilisateurs ont des besoins très différents, ainsi l'**investisseur** est intéressé par le risque de l'investissement et la rentabilité qu'il va générer. Les informations contenues dans les états financiers doivent amener l'investisseur actionnaire à déterminer si l'entreprise a la capacité de payer des dividendes. Les **membres du personnel** souhaitent avoir des informations sur l'équilibre financier et la rentabilité de leur société. Leur préoccupation est de savoir si leur employeur pourra continuer à leur verser une rémunération. Les **prêteurs**, en particulier les banquiers, souhaitent déterminer si leurs échéances de prêts pourront continuer à être payées. Les **fournisseurs** et les autres créditeurs souhaitent obtenir une information qui les aide à déterminer si leurs créances ou futures créances pourront être honorées. Les **clients** sont intéressés par des informations sur la pérennité de l'entreprise à long terme, par exemple s'ils ont des contrats de garantie ou de service après-vente. Les **États** et leurs organismes publics sont à la recherche d'informations sur l'activité des entreprises et la répartition de leurs ressources, ces informations devant permettre de mener des politiques fiscales, mais également de réglementer ces activités. Enfin, le **public** souhaite obtenir des informations sur la prospérité des entreprises, car elles peuvent contribuer de manière importante à l'économie locale en employant des salariés ou en faisant appel à des fournisseurs de la région.

L'IASC précise que tous les besoins d'informations ne peuvent pas être comblés par les états financiers. Néanmoins, le fait de répondre aux besoins des investisseurs – qui sont des apporteurs de capitaux à risque – doit permettre de satisfaire la plupart des besoins des autres utilisateurs. Cette vision est proche de celle retenue aux États-Unis par le FASB. En effet, cet organisme considère que les états financiers doivent aider les actionnaires et les créanciers à prendre des décisions d'investissement[1]. Les normes IAS et les US GAAP sont donc orientées principalement vers les besoins des actionnaires (shareholders), à l'opposé des normes françaises qui tentent de satisfaire les besoins en information des différentes parties prenantes (stakeholders[2]). Cette différence provient principalement des sources de financement des entreprises qui proviennent encore en grande partie des banques en Europe, alors qu'aux États-Unis le marché financier est très actif. Les banques souhaitent obtenir une information moins « court-termiste » car les prêts bancaires sont généralement consentis pour des périodes longues. L'actionnaire, en revanche, a souvent des préoccupations de très court terme et souhaite connaître les flux de trésorerie qui pourront lui revenir.

Hypothèses de base et caractéristiques qualitatives des états financiers

La comptabilité nous donne seulement une représentation de la réalité, une image. Pour produire cette représentation, le comptable se base sur des « principes » qui permettent de refléter une image fidèle de l'entreprise. Ces principes sont des propositions, provenant généralement des pratiques comptables qui peuvent ou non faire l'objet d'une codification. En France, ces principes généraux sont contenus dans le code de commerce et dans le plan comptable général (PCG).

Les principes fondamentaux de l'IASB sont contenus dans le cadre conceptuel. La norme IAS 1 permet de le compléter, en particulier en ce qui concerne la notion d'image fidèle (*true and fair view*), la

---

1. Pour des précisions sur le cadre conceptuel du FASB, on pourra se référer à l'ouvrage de B. Colasse, *Comptabilité générale (PCG 1999, IAS et ENRON)*, Economica, 2003, p. 82.

2. G. Heem, « Les normes IAS, une comptabilité pour qui ? », *Les Échos*, 11 mars 2003, p. 49.

Tableau 3 – Principes comptables retenus par l'IASC dans son cadre conceptuel

Hypothèses de base			
Compatibilité d'engagement			
Continuité d'exploitation			
Caractéristiques qualitatives des informations	Paramètres qui influencent ces caractéristiques	Condition pour atteindre ces caractéristiques	Contrainte à respecter pour atteindre ces caractéristiques
Intelligibilité			
Pertinence	• nature de l'information • importance relative		• célérité • rapport coût/ avantages • équilibre entre les caractéristiques qualitatives
Fiabilité		• image fidèle • prééminence de la substance sur la forme • neutralité • prudence • exhaustivité	
Comparabilité			

notion de continuité d'exploitation (*going concern*), la comptabilité d'engagement (*accrual basis*), la pertinence et l'importance relative (*relevance*).

Le cadre conceptuel classe les principes comptables dans deux catégories, les **hypothèses de base** et les **caractéristiques qualitatives des états financiers**.

Les principes de comptabilité d'engagement et de continuité d'exploitation sont considérés comme des hypothèses ou postulats de base. Les caractéristiques qualitatives sont « des attributs qui rendent utile pour les utilisateurs l'information fournie dans les états financiers ». L'IASC retient quatre grandes caractéristiques que sont l'intelligibilité, la pertinence, la fiabilité, la comparabilité. L'utilisateur des états financiers souhaite donc obtenir une information qu'il peut comprendre, qui lui est utile dans ses décisions économiques, qui est digne de confiance, qui est cohérente et permanente pour pouvoir être comparée.

Ces postulats ou grands principes de base sont très importants, car à la suite de l'affaire ENRON qui utilisait les US GAAP, les normes IAS ont été mises en avant car elles reposent sur des grands principes et ne cherchent pas à développer une normalisation trop précise (voir tableau 3).

Les états financiers en normes IAS sont préparés selon deux hypothèses : l'hypothèse de comptabilité d'engagement et l'hypothèse de continuité d'exploitation.

L'hypothèse de comptabilité d'engagement (*accrual basis accounting*)

Les états financiers doivent être établis selon la méthode de la comptabilité d'engagement sauf pour les informations relatives aux flux de trésorerie (cadre conceptuel et IAS 1). Selon la méthode de la comptabilité d'engagement, les transactions et les événements sont comptabilisés au moment où ils se produisent (et non pas lors de l'entrée ou de la sortie de trésorerie ou équivalents de trésorerie) et ils sont enregistrés dans les supports comptables et dans les états financiers des exercices auxquels ils se rapportent. Dans cette présentation, le compte de résultat ne reflète pas les variations de flux de liquidités (*cash flow*). La lecture du compte de résultat est donc complétée par le tableau des flux de trésorerie.

L'hypothèse de continuité d'exploitation (*going concern*)

Les états financiers doivent être préparés selon l'hypothèse que l'entreprise est en situation de continuité d'exploitation et qu'elle poursuivra ses activités dans un avenir prévisible (cadre conceptuel et IAS 1). Ainsi, si la direction de l'entreprise prend conscience, à l'occasion de l'évaluation de la capacité de l'entreprise à poursuivre son exploitation, d'incertitudes significatives liées à des événements ou des conditions susceptibles de jeter un doute important sur la capacité de l'entreprise à poursuivre son activité, ces incertitudes doivent être indiquées. Si les états financiers ne sont pas établis sur une base de continuité d'exploitation, ce fait doit être signalé, ainsi que la base sur laquelle ils sont établis et la raison pour laquelle l'entreprise n'est pas considérée en situation de continuité d'exploitation.

L'IAS 1 précise que pour évaluer si l'hypothèse de continuité d'exploitation est appropriée, la direction doit prendre en compte les informations dont elle dispose, pour un avenir prévisible qui doit s'étaler au minimum sur douze mois, à compter de la clôture de l'exercice. Pour les entreprises qui n'ont pas un passé d'activités bénéficiaires avec un accès facile au financement, la direction doit tenir compte des facteurs relatifs à la rentabilité actuelle et attendue, des calendriers de remboursement des dettes et des sources potentielles de remplacement de son financement.

Ce principe est essentiel car il permet de valoriser les investissements de l'entreprise en fonction des bénéfices qu'elle pourra en retirer, et non pas seulement selon la valeur de revente qui est souvent peu élevée. Par ailleurs, la continuité d'exploitation est intimement liée au principe du coût historique. En effet, on ne peut pas justifier la comptabilisation d'un actif pour le montant de trésorerie payé si l'entreprise ne devait pas continuer son activité : une comptabilisation en valeur de revente serait alors justifiée. Le principe de continuité d'exploitation permet également de transférer des charges sur différents exercices de l'entreprise. Si l'entreprise devait cesser son activité ce transfert serait impossible.

Les informations doivent correspondre aux caractéristiques qualitatives qui suivent :

L'information doit être intelligible ou compréhensible (*understandable*)

L'information qui est fournie dans les états financiers doit être compréhensible par ses utilisateurs. L'IASC dans son cadre conceptuel précise qu'à cette fin « les utilisateurs sont supposés avoir une connaissance raisonnable des affaires et des activités économiques et de la comptabilité et la volonté d'étudier l'information d'une façon raisonnablement diligente ». Mais l'information relative à des sujets complexes, qui doit être incluse dans les états financiers du fait de sa pertinence par rapport aux besoins de prise de décision des utilisateurs « ne doit pas être exclue au seul motif qu'elle serait trop difficile à comprendre par certains utilisateurs ». Toute la difficulté, en particulier pour le préparateur des états financiers, est alors de savoir quel niveau de connaissance est indispensable à l'utilisateur pour analyser les informations publiées.

L'information doit être pertinente (*relevant*)

L'utilisateur a besoin d'une information qui soit utile pour ses besoins de prise de décision. Cette information doit donc être pertinente. L'IASC propose dans son cadre conceptuel, la définition suivante de la pertinence : « L'information possède la qualité de pertinence lorsqu'elle influence les décisions économiques des utilisateurs en les aidant à évaluer des événements passés, présents ou futurs ou en confirmant ou corrigeant leurs évaluations passées ». À titre d'exemple, l'information sur la structure financière de l'entreprise est utile car elle permet à l'utilisateur d'évaluer les événements futurs de l'entreprise comme sa capacité à faire face à un ralentissement économique ou à saisir des opportunités de croissance.

La pertinence de l'information est « influencée par sa nature et par son **importance relative** ». L'IASC précise dans son cadre conceptuel que « l'information est significative si son omission ou son inexactitude peut influencer les décisions économiques que les utilisateurs prennent sur la base des états financiers ». Une information est relativement importante ou significative, si l'utilisateur est amené à prendre une décision différente au regard de cette information.

L'information doit être fiable (*reliable*)

Une information est fiable quand « elle est exempte d'erreur et de biais significatifs et que les utilisateurs peuvent lui faire confiance pour présenter une image fidèle de ce qu'elle est censée présenter ou de ce qu'on pourrait s'attendre raisonnablement à la voir présenter » (cadre conceptuel). Une information peut très bien être pertinente mais peu fiable et ainsi tromper l'utilisateur des états financiers.

Pour être fiable, l'information doit « présenter une image fidèle des transactions et autres événements qu'elle vise à présenter ou dont on s'attend raisonnablement à ce qu'elle les présente ». Pour que l'information donne une **image fidèle**, il est nécessaire selon l'IASB que les transactions et autres événements soient comptabilisées et présentés conformément à « leur substance et à leur réalité économique et non pas seulement selon leur forme juridique ». Pour être fiable, l'information doit également être **neutre** « c'est-à-dire sans parti pris ». La **prudence** doit aussi être de rigueur pour obtenir une information fiable, la prudence est « la prise en compte d'un certain degré de précaution dans l'exercice des jugements nécessaires pour préparer les estimations dans des conditions d'incertitude, pour faire en sorte que les actifs ou les produits ne soient pas surévalués et que les passifs ou les charges ne soient pas sous-évalués ». L'IASB précise néanmoins que la prudence ne permet pas, par exemple, la création de provisions excessives. Enfin, pour être fiable, une information doit être **exhaustive** « autant que le permettent le souci de l'importance relative et celui du coût ».

Concernant l'image fidèle et la conformité aux normes comptables internationales, la norme IAS 1 précise que les états financiers doivent présenter une « image fidèle de la situation financière, de la performance financière et des flux de trésorerie d'une entreprise ». Il est également précisé que l'application appropriée des normes comptables internationales, accompagnée de la présentation d'informations supplémentaires lorsque cela est nécessaire, conduit dans quasiment toutes les circonstances à des états financiers qui donnent une image fidèle.

L'IASC précise dans son cadre conceptuel que pour obtenir une information pertinente et fiable, il faut respecter les contraintes suivantes :

La célérité (timeliness)

L'information ne doit pas être fournie avec un retard indu, car elle perd alors de sa pertinence. Mais on est alors en présence d'un difficile équilibre entre célérité et fiabilité. Une information sous prétexte qu'elle doit être fournie rapidement ne doit pas être erronée. Inversement, si l'on tarde trop pour publier une information qui n'est pas assez fiable, elle peut perdre de sa pertinence le jour de sa publication. La position de l'IASC est que la considération dominante doit être de satisfaire au mieux les besoins des utilisateurs en matière de prise de décisions économiques.

Le rapport coût/avantage (benefice vs cost)

Pour l'IASC, le rapport coût/avantage est une contrainte générale plutôt qu'une caractéristique qualitative. Ainsi « les avantages obtenus de l'information doivent être supérieurs au coût qu'il a fallu pour la produire ». Mais le rapport entre coût et avantage est bien évidemment affaire de jugement et les coûts ne pèsent pas forcément sur les utilisateurs qui vont profiter des avantages.

L'équilibre entre les caractéristiques qualitatives (balancing qualitative characteristics)

Le but qui est poursuivi est « d'atteindre un équilibre approprié entre les caractéristiques afin de satisfaire aux objectifs des états financiers ». Le rapport d'importance entre les caractéristiques est alors affaire de jugement professionnel.

L'information doit être comparable (*comparability*)

Les différents utilisateurs doivent avoir la possibilité de comparer les états financiers d'une même entreprise dans le temps. Ceci doit leur permettre « d'identifier les tendances de sa situation financière et de sa performance » (cadre conceptuel). Ces mêmes utilisateurs doivent également pouvoir comparer les états financiers de plusieurs entreprises afin d'étudier les variations de leur situation financière. Pour pouvoir effectuer cette comparaison, ils doivent être informés des méthodes comptables utilisées ainsi que les changements de méthodes. Mais le critère de comparabilité ne doit pas bloquer l'évolution des méthodes comptables si celles-ci peuvent être améliorées afin d'obtenir une plus grande pertinence et une plus grande fiabilité.

L'IAS 1 insiste sur la permanence de la présentation. Ainsi, la présentation et la classification des postes dans les états financiers doivent être conservées, à moins :

- ◆ qu'un changement important de la nature des activités de l'entreprise ou un examen de la présentation de ses états financiers démontre que ce changement donnera une présentation plus appropriée des événements ou des transactions ;

- ◆ ou qu'un changement de présentation soit imposé par une norme comptable internationale ou par une interprétation du comité d'interprétation SIC.

À titre d'exemple, une acquisition ou une cession importante peuvent donner à penser que les états financiers doivent être présentés de manière différente. Mais l'entreprise ne doit modifier la présentation de ses états financiers que si la structure modifiée est susceptible de se maintenir ou si l'avantage d'une présentation différente est manifeste.

Si des changements de présentation sont réalisés, l'entreprise doit reclasser ses informations comparatives. Selon la norme IAS 1, sauf autorisation ou disposition contraire d'une norme comptable internationale, des informations comparatives au titre de l'exercice précédent doivent être présentées pour toutes les informations chiffrées figurant dans les états financiers. Des informations comparatives sous forme narrative ou descriptive peuvent alors être incluses lorsque cela est nécessaire à la bonne compréhension des états financiers de l'exercice. Par exemple, les détails d'un litige, dont le résultat était incertain à la date de clôture de l'exercice précédent, et qui n'est pas encore réglé, sont indiqués dans les états de l'exercice.

Lorsqu'une entreprise modifie la présentation ou la classification d'éléments dans les états financiers, elle doit reclasser les montants comparatifs correspondants afin d'assurer la comparabilité de l'exercice et indiquer la nature, le montant et la raison de tout reclassement. Lorsqu'il n'est pas possible de reclasser les montants significatifs correspondants, l'entreprise doit indiquer les raisons pour lesquelles elle n'a pas procédé au reclassement.

L'application des caractéristiques qualitatives des états financiers et des normes comptables appropriées a « normalement pour effet que les états financiers donnent ce qui généralement s'entend par image fidèle ou présentation fidèle de cette information ».

Grands principes comptables français et divergences avec l'IASC

En France, les grands principes comptables sont inscrits dans le code de commerce et dans le plan comptable général (PCG), il n'existe pas de cadre conceptuel.

L'image fidèle

L'article 120-1 du PCG indique que : « la comptabilité est un système d'organisation de l'information financière permettant de saisir, classer, enregistrer des données de base chiffrées et présenter des états reflétant une image fidèle du patrimoine, de la situation financière et du résultat de l'entité à la date de clôture ».

La continuité d'exploitation

Selon l'article L. 123-20 du code de commerce, « pour leur établissement, le commerçant, personne physique ou morale, est présumé poursuivre ses activités. » L'article 120-1 du PCG précise également que « la comptabilité permet d'effectuer des comparaisons périodiques et d'apprécier l'évolution de l'entité dans une perspective de continuité d'activité ».

L'indépendance des exercices

L'article L. 123-21 du code de commerce précise que « seuls les bénéfices réalisés à la date de clôture d'un exercice peuvent être inscrits dans les comptes annuels. Peut être inscrit, après inventaire, le bénéfice réalisé sur une opération partiellement exécutée et acceptée par le cocontractant lorsque sa réalisation est certaine et qu'il est possible, au moyen de documents comptables prévisionnels, d'évaluer avec une sécurité suffisante le bénéfice global de l'opération ».

La permanence des méthodes

Cette hypothèse est développée dans l'article L. 123-17 du code de commerce et 130-5 du PCG, ainsi : « À moins qu'un changement exceptionnel n'intervienne dans la situation du commerçant, personne physique ou morale, la présentation des comptes annuels comme des méthodes d'évaluation retenues ne peuvent être modifiées d'un exercice à l'autre. Si des modifications interviennent, elles sont décrites et justifiées dans l'annexe. »

La prudence

Selon l'article 120-3 du PCG et l'article L. 123-20 du code de commerce : « La comptabilité est établie sur la base d'appréciations prudentes, pour éviter le risque de transfert, sur des périodes à venir, d'incertitudes présentes susceptibles de grever le patrimoine et le résultat de l'entité. » Le principe de prudence français n'est par tout à fait le même que celui de l'IASC. Pour les Anglo-Saxons ce concept ne doit pas avoir pour conséquence une sous-évaluation systématique des résultats de l'entreprise et de son actif. Par exemple, le concept de provision en norme IAS était beaucoup plus restrictif qu'en France. Sur ce sujet, le conseil national de la comptabilité (CNC) s'est rapproché de la norme IAS 37 sur les provisions, en publiant le règlement du 6 décembre 2000 du comité de la réglementation comptable (CRC) relatif aux passifs.

La régularité et la sincérité

La régularité correspond à la conformité aux règles et procédures en vigueur. La sincérité est l'application, de bonne foi, de ces règles et procédures. L'article 120-2 du PCG précise que « la comptabilité est conforme aux règles et procédures en vigueur qui sont appliquées avec sincérité, afin de traduire la connaissance que les responsables de l'établissement des comptes ont de la réalité et de l'importance relative des événements enregistrés ».

La non-compensation

Selon ce principe, les éléments d'actifs et de passifs doivent être évalués séparément. On ne peut pratiquer aucune compensation entre les postes d'actifs et de passifs ou de charges et de produits. Les articles L. 123-13 et L. 123-19 du code de commerce et les articles 130-2 et 130-3 du PCG précisent que « les éléments d'actif et de passif sont évalués séparément. Aucune compensation ne peut être opérée entre l'actif et le passif […]. Aucune compensation ne peut être opérée entre les postes de charges et de produits. »

L'intangibilité du bilan d'ouverture

L'article L. 123-19 du code de commerce précise que « le bilan d'ouverture d'un exercice doit correspondre au bilan de clôture de l'exercice précédent ».

Le coût historique ou nominalisme

Selon le principe de nominalisme, il faut respecter la valeur nominale de la monnaie sans tenir compte de la dépréciation monétaire due à l'inflation. Il se traduit par la méthode d'évaluation au coût historique. L'article L. 123-18 du code de commerce indique que : « À leur date d'entrée dans le patrimoine de l'entreprise, les biens acquis à titre onéreux sont enregistrés à leur coût d'acquisition, les biens acquis à titre gratuit à leur valeur vénale et les biens produits à leur coût de production ». Les biens qui sont enregistrés à leur coût historique ne seront pas revalorisés même si depuis leur valeur a augmenté. L'idée consiste à dire que cette valeur historique est certaine et vérifiable alors qu'une réévaluation ne serait pas sans risques et serait donc contraire au principe de prudence.

Concernant les méthodes d'évaluation, l'IASC précise dans son cadre conceptuel que l'évaluation est le « processus consistant à déterminer les montants monétaires auxquels les éléments des états financiers vont être comptabilisés et inscrits au bilan et au compte de résultat ». Pour déterminer ces montants monétaires, l'IASC indique qu'il faut choisir une convention appropriée à l'évaluation et liste quatre grandes conventions.

Ces conventions sont le coût historique, le coût actuel, la valeur de réalisation et la valeur actualisée. La définition retenue par l'IASC pour les coûts historiques est la suivante : « Les actifs sont comptabilisés pour le montant de trésorerie ou d'équivalents de trésorerie payé ou pour la juste valeur de la contrepartie donnée pour les acquérir au moment de leur acquisition. Les passifs sont comptabilisés pour le montant des produits reçus en échange de l'obligation ou dans certaines circonstances (par exemple les impôts sur le résultat), pour le montant de trésorerie ou d'équivalent de trésorerie que l'on s'attend à verser pour éteindre le passif dans le cours normal de l'activité. »

Concernant le coût actuel « les actifs sont comptabilisés pour le montant de trésorerie ou d'équivalents de trésorerie qu'il faudrait payer si le même actif ou un actif équivalent était acquis actuellement. Les passifs sont comptabilisés pour le montant non-actualisé de trésorerie ou d'équivalents de trésorerie qui serait nécessaire pour régler l'obligation actuellement ».

Dans la valeur de réalisation appelée aussi valeur de règlement « les actifs sont comptabilisés pour leur montant de trésorerie ou d'équivalents de trésorerie qui pourrait être obtenu actuellement en vendant l'actif lors d'une sortie volontaire. Les passifs sont comptabilisés pour leur valeur de règlement, c'est-à-dire pour les montants non-actualisés de trésorerie ou d'équivalents de trésorerie que l'on s'attendrait à payer pour éteindre des passifs dans le cours normal de l'activité ».

Enfin dans la valeur actualisée, « les actifs sont comptabilisés pour la valeur actualisée des entrées nettes futures de trésorerie que l'élément génère dans le cours normal de l'activité. Les passifs sont comptabilisés à leur valeur actualisée des sorties de trésorerie nettes futures que l'on s'attend à devoir consentir pour éteindre les passifs dans le cours normal de l'activité ».

L'IASC souligne que la convention du coût historique est habituellement combinée avec d'autres conventions d'évaluation. Les titres négociables sur un marché peuvent ainsi être comptabilisés à leur valeur de marché et les passifs de retraite à leur valeur actualisée. Le coût actuel peut être utilisé pour tenir compte des effets des changements de prix sur les actifs non-financiers. Enfin les stocks peuvent être comptabilisés avec la valeur nette de réalisation.

La comptabilité française repose également sur un autre principe : le principe de propriété. Selon ce principe qui s'applique aux comptes individuels (art. L. 123-18 du code de commerce) seuls les biens acquis (à titre onéreux ou gratuit) et produits, sont enregistrés.

Les grands principes comptables issus du cadre conceptuel de l'IASC sont différents des principes comptables français sur plusieurs points. Tout d'abord, concernant le coût historique, l'IASC reconnaît ce principe mais en admet d'autres comme la juste valeur. Ensuite, l'IASC admet deux principes qui ne sont pas reconnus en France :

◆ le principe de l'importance relative. Ce principe apparaît tout de même dans l'article 120-2 du PCG qui précise que la comptabilité est conforme aux règles et procédures en vigueur qui sont appliquées avec sincérité afin de traduire la connaissance que les responsables de l'établissement des comptes ont de la réalité et de l'importance relative des événements enregistrés ;

◆ le principe de la prééminence de la réalité sur l'apparence (qui est néanmoins accepté pour les comptes consolidés).

Incidence des principes comptables retenus dans le cadre conceptuel et dans l'IAS 1 pour la lecture des états financiers

La connaissance des principes comptables de base qui ont servi à l'élaboration des états financiers est essentielle pour leur lecture. Parmi ces principes, l'IASC a retenu celui de permanence des méthodes qui permet à l'analyste de ne pas être trompé par des changements de méthodes intempestifs au seul bénéfice des dirigeants. La permanence implique des choix de méthodes qui ne seront pas remis en cause dans les différents exercices comptables, ceci afin de permettre une comparaison sur l'évolution des performances de l'entreprise. Les états financiers en normes IAS sont donc comparables, sur les différents exercices, ce qui est essentiel pour la prise de décision.

Un autre point important est le principe de prééminence de la réalité sur l'apparence qui a été retenu par l'IASC pour tous les comptes (individuels ou consolidés). Le choix de ce principe a des implications importantes pour l'analyste. En effet ceci conduit à abandonner la vision juridique que l'on connaît dans la présentation des états financiers français. Le comptable ne va plus inscrire uniquement au bilan de l'entreprise des biens dont elle est propriétaire, mais il va inscrire également des biens qu'elle utilise comme les biens en crédit-bail. On évolue donc d'une comptabilité patrimoniale[1] qui, grâce au principe de propriété, permettait aux créanciers de l'entreprise de savoir ce que possédait réellement l'entreprise pour pouvoir être payé en cas de faillite, vers une comptabilité économique où sont inscrits au bilan un actif et une dette quand l'entreprise bénéficie des avantages économiques que procure un bien.

Le principe de l'évaluation au coût historique est reconnu par l'IASC, dans son cadre conceptuel, comme la base d'évaluation la plus utilisée. Néanmoins, actuellement, le concept de juste valeur se développe comme une convention centrale du modèle comptable[2]. Ce concept n'arrive pas par hasard. En effet, depuis plusieurs années, l'usage généralisé des instruments financiers a posé le problème de la pertinence de l'information comptable publiée dans les états financiers. Par ailleurs, le principe des coûts historiques augmente le pouvoir des dirigeants, car eux seuls connaissent la valeur des plus ou moins-values potentielles. Cette différence d'information permet aux dirigeants, parfois dans un but uniquement opportuniste, de vendre les actifs qui dégagent des plus-values tout en conservant ceux qui présentent des moins-values potentielles, ceci afin d'augmenter le résultat comptable. L'IASC qui ne souhaite pas une application du coût historique aux instruments financiers a élaboré les normes IAS 32 et 39, mais celles-ci ont été tout d'abord rejetées, puis adoptées partiellement par l'Union européenne.

Derrière ce débat sur l'évaluation des actifs et des passifs de l'entreprise, se greffe un autre enjeu qui est celui de la gouvernance des entreprises, car l'idée de la juste valeur est de donner une meilleure information aux propriétaires de l'entreprise, pour pouvoir prendre

1. Pour des développements sur la comptabilité patrimoniale, on pourra se référer au chapitre X de l'ouvrage de C. Colette et J. Richard, *Les systèmes comptables français et anglo-saxons*, Dunod, 2002.
2. Casta J.-F., « La comptabilité "en juste valeur" permet-elle une meilleure représentation de l'entreprise ? », *Revue d'Économie Financière*, Numéro spécial sur la juste valeur, n° 71, 2003, p. 17-31.

des décisions. Ceux-ci pourraient alors disposer d'informations sur la performance réelle de leur entreprise et en particulier plus conformes aux attentes de la *shareholder value* (création de valeur pour l'actionnaire). Mais ce concept modifie également la notion de résultat qui ne reste plus figé. La réalisation des transactions ne conditionne alors plus la formation du résultat.

Un autre principe important qui a été retenu par l'IASC est le principe de prudence. Mais l'application pratique de ce principe s'avère problématique. En effet, des montants importants de provisions peuvent être passés en charge au nom du principe de prudence alors que l'IASC limite fortement leur comptabilisation.

Tableau 4 – Principes comptables retenus par l'IASC et leur incidence pour la lecture des états financiers

Principes comptables	Définition	Incidence pour la lecture des états financiers
Comptabilité d'engagement	Les transactions et les événements sont comptabilisés au moment où ils se produisent	Le compte de résultat ne reflète pas les variations de flux de liquidités. Il est nécessaire de compléter son analyse avec le tableau des flux de trésorerie
Continuité d'exploitation	L'entreprise est en situation de poursuivre ses activités, dans un avenir prévisible	Les incertitudes sur la continuité de l'exploitation sont indiquées dans les états financiers
Intelligibilité	Les utilisateurs des états financiers doivent pouvoir les comprendre	Avec une connaissance raisonnable de la comptabilité, l'utilisateur doit être à même d'analyser les informations
Pertinence	Les informations publiées doivent être utiles pour la prise de décision	Les états financiers ne doivent pas contenir des informations inutiles, ce qui facilite leur lecture
Importance relative	L'information est significative si son omission peut influencer les décisions des utilisateurs des états financiers	Les utilisateurs ont besoin d'informations qui sont importantes pour leur prise de décision
Fiabilité	L'information doit être digne de confiance	Les utilisateurs doivent pouvoir lire des états financiers fiables

Neutralité	L'information doit être sans parti pris. La présentation des informations ne doit pas influencer la prise de décision afin d'obtenir un résultat prédéterminé	La comptabilité ne doit pas servir les intérêts d'un acteur dominant. Ce principe est critiqué par ceux qui estiment que la comptabilité IFRS n'est pas neutre et est orientée vers les investisseurs
Prudence	La prudence correspond à la prise en compte d'un degré de précaution	La vision de la prudence retenue par l'IASC ne permet tout de même pas la constitution de réserves ou de provisions excessives
Prééminence de la substance sur la forme	Toutes les transactions et autres événements sont comptabilisés selon leur réalité économique et non uniquement juridique	Tous les biens utilisés par l'entreprise, même s'ils ne font pas l'objet d'un droit de propriété sont comptabilisés. Ceci permet une meilleure analyse des engagements de l'entreprise
Célérité	L'information ne doit pas être fournie avec retard	L'utilisateur des états financiers est informé à temps des événements de la vie de l'entreprise
Comparabilité/ Permanence des méthodes	Les utilisateurs doivent pouvoir comparer les états financiers d'une même entreprise dans le temps. La présentation et la classification des postes doivent donc être conservées	Les utilisateurs peuvent effectuer des comparaisons dans le temps uniquement si les systèmes comptables ne sont pas modifiés
Rapport coût/ avantage	Les avantages obtenus de l'information doivent être supérieurs au coût pour la produire	Certaines participations peuvent être laissées en dehors de la consolidation si les informations nécessaires à l'établissement des comptes consolidés ne peuvent être obtenues qu'avec des frais excessifs

En réalité, suivant le type de comptabilité, l'application du principe de prudence sera différente. Dans une comptabilité anglo-saxonne pour les actionnaires, on cherchera à valoriser les actifs et les passifs à leur juste valeur en éliminant les actifs fictifs et on inscrira en charge les frais de recherche. C'est dans cette perspective que l'IASB prépare un projet de mesure de la performance. Il s'agirait d'additionner dans un « état des performances » les performances de l'activité et les variations de valeur des actifs et des passifs au cours de l'exercice. On abandonnerait alors la vision française de la prudence qui consistait à enregistrer les pertes potentielles et ne pas tenir compte des profits potentiels.

Les principes comptables retenus par l'IASC et leur incidence pour la lecture des états financiers sont résumés dans le tableau suivant.

Les composantes des états financiers

La norme IAS 1 précise qu'un jeu complet d'états financiers comprend les composantes suivantes :

◆ un bilan ;

◆ un compte de résultat ;

◆ un état indiquant :
  – soit les variations des capitaux propres,
  – soit les variations des capitaux propres autres que celles résultant de transactions sur le capital avec les propriétaires et de distribution aux propriétaires ;

◆ un tableau des flux de trésorerie ;

◆ les méthodes comptables et notes explicatives.

Les entreprises sont également encouragées par la norme IAS 1 à présenter, en dehors des états financiers, un rapport de gestion décrivant et expliquant les principales caractéristiques de la performance financière et de la situation financière de l'entreprise ainsi que les principales incertitudes auxquelles elle est confrontée.

En France, le PCG impose un bilan, un compte de résultat, une annexe. Pour les comptes consolidés, les entreprises qui publient en normes françaises doivent également joindre un tableau des flux de trésorerie.

Les éléments des états financiers et leur comptabilisation

Les effets financiers des transactions et autres événements sont regroupés en grandes catégories, selon leurs caractéristiques économiques. Ces grandes catégories sont les éléments des états financiers.

Les éléments qui sont directement liés à l'évaluation de la situation financière dans le bilan sont les actifs, les passifs et les capitaux propres. Les éléments liés à l'évaluation de la performance dans le compte de résultat sont les produits et les charges. L'état de variation de la situation financière retrace principalement les variations des éléments du compte de résultat et du bilan.

Concernant le bilan, l'IASC, dans son cadre conceptuel donne la définition suivante de l'actif : « Un actif est une ressource contrôlée par l'entreprise du fait d'événements passés et dont les avantages économiques futurs sont attendus par l'entreprise. » On voit bien dans cette définition qu'un actif est une ressource contrôlée par l'entreprise et pas uniquement détenue par celle-ci. Une immobilisation est une ressource contrôlée par l'entreprise qui va lui permettre de produire des biens et des services.

Le passif est défini comme « une obligation actuelle de l'entreprise résultant d'événements passés et dont l'extinction devrait se traduire pour l'entreprise par une sortie de ressources représentatives d'avantages économiques ». Cette « obligation » peut résulter des lois, des contrats ou plus simplement des usages. L'obligation est actuelle, c'est-à-dire que le passif est constitué uniquement lorsque l'entreprise a pris l'engagement d'acquérir un actif ou lorsque celui-ci est livré. L'extinction de cette obligation se traduit par une sortie de ressources qui ne correspond pas forcément à un flux monétaire : il peut s'agir du transfert d'un autre actif, de la fourniture d'un service, de la compensation par une partie du capital.

Enfin, les capitaux propres sont définis comme « l'intérêt résiduel dans les actifs de l'entreprise après déduction de tous les passifs ». Il est précisé dans le cadre conceptuel que pour apprécier si un élément satisfait à la définition d'un actif, d'un passif ou des capitaux propres, il convient d'analyser la substance sous-jacente et la réalité économique, et pas seulement la forme juridique. Le chapitre 2 détaillera précisément les différents postes de l'actif et du passif.

Pour qu'un actif puisse être comptabilisé au bilan, il doit être probable que des avantages économiques futurs iront à l'entreprise et que l'actif a un coût ou une valeur qui peut être évalué de façon fiable. Pour le passif, il s'agit de la même logique, un passif doit être comptabilisé lorsqu'il est probable qu'une sortie de ressources représentative d'avantages économiques résultera de l'extinction d'une obligation actuelle et que le montant de cette extinction peut être mesuré de façon fiable.

La performance de l'entreprise est principalement mesurée grâce à son compte de résultat. L'IASC, dans son cadre conceptuel, donne la définition suivante des produits : « accroissements d'avantages économiques au cours de l'exercice, sous forme d'entrées ou d'accroissement d'actifs, ou de diminutions de passifs qui ont pour résultat l'augmentation des capitaux propres autres que les augmentations provenant des apports des participants aux capitaux propres ». Ainsi tout accroissement des capitaux propres constitue un produit, à l'exception des augmentations de capital.

Les charges sont « des diminutions d'avantages économiques au cours de l'exercice sous forme de sorties ou de diminutions d'actifs, ou de survenance de passifs qui ont pour résultat de diminuer les capitaux propres autrement que par des distributions aux participants aux capitaux propres ». La diminution des capitaux propres constitue donc une charge, à l'exception des réductions de capital et des distributions de dividendes. Les différents postes du compte de résultat seront détaillés dans le chapitre 3.

Un produit peut être comptabilisé uniquement lorsqu'un accroissement d'avantages économiques futurs lié à un accroissement d'actif ou à une diminution de passif s'est produit. Ceci doit également être mesuré de façon fiable. Une charge, à l'inverse, est comptabilisée,

© Éditions d'Organisation

uniquement lorsqu'une diminution d'avantages économiques futurs liée à une diminution d'actif ou une augmentation de passif s'est produite et ceci doit être mesuré de façon fiable.

Les liaisons entre les éléments des états financiers

Nous analyserons dans les différents chapitres de l'ouvrage les éléments qui composent les états financiers. Mais le lecteur des états financiers doit avoir à l'esprit les liens entre les trois principaux éléments que sont le bilan, le compte de résultat et le tableau des flux de trésorerie.

Liaisons entre bilan et compte de résultat

Le bilan correspond à une photographie de l'entreprise à une date donnée. Il permet de savoir d'où provient l'argent de l'entreprise (capitaux propres, dettes…) et ce que l'entreprise en a fait c'est-à-dire son utilisation. Au passif, dans les capitaux propres on trouve le résultat de l'exercice qui correspond à la différence entre les produits et les charges pendant un exercice donné. Le résultat est inscrit au bilan car il correspond à un enrichissement (bénéfice) ou à un appauvrissement (perte) de l'entreprise.

Lorsque l'entreprise effectue une vente qui est comptabilisée dans le compte de résultat en chiffre d'affaires, les comptes clients à l'actif augmentent, mais les stocks, également à l'actif, diminuent. Quand l'entreprise achète un actif amortissable, elle effectue une dotation qui est inscrite en charge dans le compte de résultat et en actif dans le bilan.

Liaisons entre bilan et tableau des flux de trésorerie

Les amortissements correspondent à une constatation de la dépré-ciation des actifs (par exemple l'usure des machines). Ils permettent de déduire du résultat une certaine somme qui permettra de recons-tituer l'outil de travail de l'entreprise. Les amortissements n'entraî-nent pas de sortie de trésorerie. C'est la raison pour laquelle, dans le calcul des flux de trésorerie des activités opérationnelles (norme IAS 7, méthode indirecte) on rajoute au résultat net les dotations aux amortissements.

La logique est la même pour les provisions qui correspondent à une constatation comptable de la perte de valeur d'un actif, perte qui est attendue mais pas encore réalisée. Cette constatation ne conduit pas à une sortie de trésorerie.

Un autre point important concerne les achats ou les cessions d'immobilisations qui correspondent à des sorties ou des entrées de trésorerie dans le tableau des flux de trésorerie (flux provenant des activités d'investissement selon l'IAS 7) et à des augmentations ou diminutions d'actifs et de passifs dans le bilan. Les achats et les ventes d'immobilisations n'affectent pas le compte de résultat sauf au moment du calcul des amortissements et des provisions.

Les flux de trésorerie relatifs au financement affectent le bilan et le tableau des flux de trésorerie. En effet un accroissement des dettes financières (par exemple un prêt souscrit auprès d'une banque pour acheter un actif) se traduit par une augmentation du poste dettes financières du bilan et une augmentation des flux de financement du tableau de flux de trésorerie. La variation des stocks ou celle des comptes clients et fournisseurs à l'actif du bilan a également une influence sur les flux de trésorerie. En effet, l'analyse de ces postes permet de calculer le BFR (Besoin en fonds de roulement) qui résulte des décalages dans le temps entre les encaissements et les décaissements. Par exemple, si les clients règlent plus rapidement leurs factures, l'entreprise aura à sa disposition plus de trésorerie.

La liaison entre le compte de résultat, le bilan et le tableau des flux de trésorerie est résumée dans le tableau ci-après.

Tableau 5 – Liaison entre compte de résultat, bilan et flux de trésorerie

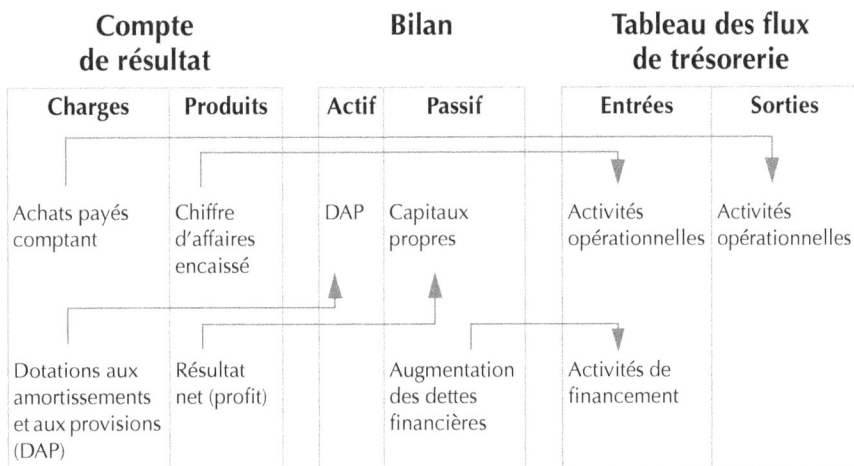

Compte de résultat		Bilan		Tableau des flux de trésorerie	
Charges	Produits	Actif	Passif	Entrées	Sorties
Achats payés comptant	Chiffre d'affaires encaissé	DAP	Capitaux propres	Activités opérationnelles	Activités opérationnelles
Dotations aux amortissements et aux provisions (DAP)	Résultat net (profit)		Augmentation des dettes financières	Activités de financement	

Exemple : Cas de l'acquisition d'une nouvelle machine financée par un crédit

Liens entre bilan, compte de résultat et tableau des flux de trésorerie

Lorsque l'entreprise achète une machine, dans le cas où elle la paie comptant, elle comptabilise une sortie de flux de trésorerie de l'activité d'investissement. Parallèlement le crédit est inscrit dans le tableau des flux de trésorerie comme une entrée de flux de financement. Au niveau du bilan, l'actif enregistre cet achat en immobilisation et le passif comptabilise la dette financière correspondante. Le compte de résultat n'est pas affecté au moment de l'achat, mais uniquement lors de l'amortissement qui n'est qu'une constatation (sans sortie de trésorerie) de la dépréciation de la machine. Dans le compte de résultat, l'entreprise inscrit en charge les intérêts de la dette. Les annuités de remboursement (intérêt et capital) apparaîtront dans le tableau des flux de trésorerie, en sortie de trésorerie.

LES GRANDS PRINCIPES DE COMPTABILISATION ET DE PRÉSENTATION DES COMPTES RETENUS PAR L'IASB ET LEURS INCIDENCES POUR LE LECTEUR DES ÉTATS FINANCIERS

L'analyse des principes comptables est utile pour le lecteur des états financiers. En effet, pour permettre une comparaison entre les entreprises il est essentiel de savoir sur quels principes ont été élaborés les comptes. Le principe de prééminence de la réalité sur l'apparence implique par exemple l'inscription du crédit-bail à l'actif. Le principe de permanence des méthodes permet de s'assurer de la comparabilité des comptes.

La connaissance des principes de valorisation des actifs est essentielle pour effectuer une analyse de la situation de l'entreprise. Par exemple, si les actifs sont évalués à leur coût historique et n'ont pas fait l'objet d'une réévaluation, il est possible que la valeur du patrimoine de l'entreprise soit très différente de celle inscrite dans les états financiers.

La connaissance des méthodes d'amortissement autorisées par les normes comptables est également importante. En normes IAS, ce sont les entreprises qui définissent la durée d'utilité de chaque actif et la méthode d'amortissement (linéaire, dégressif) la plus appropriée. L'analyse de ces durées et méthodes, pour chaque entreprise, est alors utile car suivant les options choisies le résultat peut fortement évoluer.

L'étude du périmètre de consolidation ou des méthodes de consolidation retenues par l'IASB est nécessaire pour l'analyse des états financiers, car selon la définition du périmètre de consolidation, certaines entreprises contrôlées par le groupe peuvent ne pas être consolidées. À ce sujet, l'IASB a fait le choix de retenir une acception large de la notion de contrôle pour éviter le développement de montages déconsolidants (qui consistent à loger des dettes dans des entités non consolidées).

Le normalisateur international met en avant le bilan comme élément central des états financiers, car il permet une évaluation de la situation financière de l'entreprise et fournit des informations sur la performance par le biais des variations des capitaux propres. Le compte de résultat qui tient une place secondaire en normes internationales permet de calculer le résultat opérationnel et financier. D'autres éléments des états financiers tels que tableau des flux de trésorerie (qui mesure la liquidité et la solvabilité de l'entreprise en dehors des conventions comptables) et le tableau de variation des capitaux propres (qui permet en particulier de calculer l'enrichissement des actionnaires) ont une place importante.

Les états financiers en normes IAS/IFRS sont construits pour permettre une bonne communication financière tournée principalement vers les actionnaires. Le lecteur dispose d'informations sur les différentes activités de l'entreprise par secteur et zone géographique. Il dispose d'informations sur l'éventuelle perte de valeur des actifs et sur leur valeur d'utilité (valeur basée sur des projections de flux de trésorerie actualisés connu sous le nom de DCF ou *Discounted Cash Flows)*. Même si la valeur des capitaux propres ne reflétera jamais la valeur réelle de l'entreprise (en raison principalement de la difficulté d'évaluer et de comptabiliser les actifs incorporels), les techniques d'évaluation les plus modernes seront désormais présentes dans les comptes.

Chapitre 2

Le bilan

L'ESSENTIEL À RETENIR

En normes comptables internationales, un actif est une ressource contrôlée par l'entreprise du fait d'événements passés et dont les avantages économiques futurs sont attendus par l'entreprise. Le cadre conceptuel de l'IASB précise que l'avantage économique futur représentatif d'un actif est le potentiel qu'a cet actif de contribuer, directement ou indirectement, à des flux de trésorerie et d'équivalents de trésorerie au bénéfice de l'entreprise. En normes IAS, pour déterminer l'existence d'un actif, le droit de propriété n'est pas essentiel. Ainsi, un bien immobilier détenu en vertu d'un contrat de location est considéré comme un actif si l'entreprise contrôle les avantages qui sont attendus du bien immobilier.

Les actifs incorporels sont des actifs non-monétaires, identifiables, sans substance physique, détenus en vue de leur utilisation pour la production ou la fourniture de biens ou de services, pour une location à des tiers ou à des fins administratives. Pour pouvoir être comptabilisés, les actifs incorporels doivent tout d'abord répondre à la définition des actifs. Par ailleurs, l'IAS 38 impose à une entreprise de comptabiliser une immobilisation incorporelle (à son coût), si et seulement si, il est probable que les avantages économiques futurs iront à l'entreprise et si le coût de cet actif pourra être évalué de façon fiable.

Les stocks sont des actifs détenus pour être vendus dans le cours normal de l'activité, en cours de production pour une telle vente, ou sous forme de matières premières ou de fournitures devant être consommées dans le processus de production ou de prestation de services. Les méthodes de sorties autorisées sont le coût moyen pondéré et le premier entré – premier sorti (PEPS).

Un passif est une obligation actuelle de l'entreprise résultant d'événements passés et dont l'extinction devrait se traduire pour l'entreprise par une sortie de ressources représentatives d'avantages économiques. Une obligation est définie dans le cadre conceptuel comme un devoir ou une responsabilité d'agir ou de faire faire quelque chose d'une certaine façon. L'extinction d'une obligation actuelle implique que l'entreprise abandonne des ressources représentatives d'avantages économiques afin de satisfaire à la demande de l'autre partie. Pour cela, elle dispose de plusieurs moyens tels que le paiement en trésorerie, le transfert d'autres actifs, la fourniture de services ou la conversion d'obligations en capitaux propres.

Les capitaux propres sont l'intérêt résiduel dans les actifs de l'entreprise après déduction de tous ses passifs.

Le contenu du bilan

Chaque entreprise doit présenter son bilan en distinguant ses actifs courants et non-courants et ses passifs courants et non-courants. Mais, les normes comptables internationales donnent la possibilité de présenter les actifs et les passifs en fonction de leur liquidité si cela se justifie.

Dans les deux cas, l'entreprise doit indiquer pour chaque élément d'actif et de passif les montants qu'elle s'attend à recouvrer ou à régler avant ou après douze mois après la date de clôture de l'exercice. Les éléments non-courants sont considérés comme ayant une échéance supérieure à douze mois.

N.B.

Les informations sur les dates d'échéances des actifs et des passifs sont utiles pour évaluer la liquidité et la solvabilité d'une entreprise. La norme IAS 32 impose à ce sujet d'indiquer la date d'échéance des actifs et des passifs financiers. Les actifs financiers regroupent, par exemple, les créances clients et les disponibilités. Les passifs financiers comprennent, entre autre, les dettes fournisseurs et les dettes fiscales.

Les actifs et les passifs courants (circulants)

Un actif doit être classé en tant qu'actif courant lorsqu'il répond à une des trois conditions suivantes :

- l'entreprise s'attend à pouvoir réaliser l'actif, le vendre ou le consommer dans le cadre du cycle d'exploitation normal de l'entreprise ;
- l'actif est détenu essentiellement à des fins de transactions ou pour une durée courte et l'entreprise s'attend à le réaliser dans les douze mois suivant la date de clôture de l'exercice ;
- l'actif est de la trésorerie ou un équivalent de trésorerie dont l'utilisation n'est pas soumise à restriction.

Tous les autres actifs doivent être classés en tant qu'actifs non-courants. La norme IAS 1 regroupe sous le terme d'actifs non-courants, les immobilisations corporelles, les immobilisations incorporelles, les actifs opérationnels et financiers qui sont par nature détenus pour une longue durée. Elle n'interdit pas l'utilisation d'autres descriptions dans la mesure où leur sens est clair.

Le cycle d'exploitation d'une entreprise désigne la période s'écoulant entre l'acquisition des matières premières entrant dans un processus d'exploitation et leur réalisation sous forme de trésorerie ou d'un instrument immédiatement convertible en trésorerie. Les actifs courants comprennent les stocks et les sommes à recevoir des clients, qui sont vendus, consommés et réalisés dans le cadre du cycle d'exploitation normal, même lorsqu'on ne compte pas les réaliser dans les douze mois après la date de clôture de l'exercice. Les titres négociables sur un marché sont classés en tant qu'actifs courants si l'on compte les réaliser dans les douze mois après la date de clôture de l'exercice ; sinon, ils sont classés en tant qu'actifs non-courants.

Passifs circulants

Un passif doit être classé en tant que passif courant lorsqu'il répond à l'une des deux conditions suivantes :

- il est attendu que le passif soit réglé dans le cadre du cycle d'exploitation normal de l'entreprise ;
- le passif doit être réglé dans les douze mois après la date de clôture de l'exercice.

Tous les autres passifs doivent être classés en tant que passifs non-courants.

Les passifs courants peuvent être classés d'une manière similaire à celle utilisée pour les actifs courants. Certains passifs courants tels que les fournisseurs et les dettes liées au personnel et aux autres coûts opérationnels font partie du besoin en fonds de roulement utilisé dans le cadre du cycle d'exploitation normal de l'entreprise. Ces éléments opérationnels sont classés en tant que passifs courants même s'ils doivent être réglés plus de douze mois après la date de clôture de l'exercice.

D'autres passifs courants ne sont pas réglés dans le cadre du cycle d'exploitation normal mais ils doivent être réglés dans les douze mois après la clôture de l'exercice. C'est le cas, par exemple, de la partie à court terme des passifs portant intérêts, des découverts bancaires, des dividendes à payer, des impôts sur le résultat et des autres créditeurs non-commerciaux. Les passifs portant intérêt qui

© Éditions d'Organisation

financent le besoin en fonds de roulement sur une base de long terme et qui ne sont pas à régler d'ici douze mois sont des passifs non-courants.

Conformément à la norme IAS 1, les entreprises doivent présenter dans leur bilan, au minimum, les postes suivants :

* immobilisations corporelles ;
* immobilisations incorporelles ;
* actifs financiers ;
* participations comptabilisées selon la méthode de la mise en équivalence ;
* stocks ;
* clients et autres débiteurs ;
* trésorerie et équivalents de trésorerie ;
* fournisseurs et autres créditeurs ;
* actifs et passifs d'impôt, comme imposé par la norme IAS 12 (Impôts sur le résultat) ;
* provisions ;
* passifs non-courants portant intérêt ;
* intérêts minoritaires ;
* capital émis et réserves.

Divergences avec la comptabilité française

Dans un bilan consolidé en comptabilité française on retrouve à gauche l'actif immobilisé (écarts d'acquisition, immobilisations incorporelles, corporelles et financières), l'actif circulant (stocks, créances…) et les comptes de régularisation. À droite du bilan sont inscrits les capitaux propres, les intérêts minoritaires, les provisions pour risques et charges, les dettes.

La comptabilité française ne fait pas la distinction courant/non-courant comme les IAS, et les actifs non-courants ne correspondent pas tout à fait aux actifs immobilisés.

Les immobilisations incorporelles

Les entreprises consacrent des sommes importantes pour l'acquisition, le développement ou le maintien de ressources incorporelles. L'IASB cite parmi les éléments incorporels les logiciels, les brevets, les listes de clients, les relations avec les clients ou les fournisseurs, la fidélité des clients, les parts de marchés et droits de distribution. Mais tous ces éléments ne répondent pas à la définition d'une immobilisation incorporelle.

Une immobilisation incorporelle est définie par l'IASB (norme IAS 38) comme un actif non-monétaire, identifiable, sans substance physique, détenu en vue de son utilisation pour la production ou la fourniture de biens ou de services, pour une location à des tiers ou à des fins administratives. L'IASB précise également qu'un actif est une ressource contrôlée par l'entreprise du fait d'événements passés et dont des avantages économiques futurs sont attendus par l'entreprise.

Par ailleurs, la norme IAS 38 impose à une entreprise de comptabiliser une immobilisation incorporelle (à son coût), si et seulement si, il est probable que les avantages économiques futurs iront à l'entreprise et si le coût de cet actif peut être évalué de façon fiable. Cette disposition s'applique dans la situation où l'immobilisation incorporelle est acquise à l'extérieur et dans le cas où elle est générée en interne.

Le caractère identifiable

La définition d'une immobilisation incorporelle impose que cette immobilisation soit identifiable afin de la distinguer clairement du *goodwill*.

Le *goodwill* qui résulte d'une acquisition représente un paiement effectué par l'acquéreur dans l'attente d'avantages économiques futurs (voir à ce sujet le chapitre 7 relatif aux regroupements d'entreprises). Ces avantages économiques futurs peuvent provenir de la synergie entre les actifs identifiables acquis ou résulter d'actifs qui, pris isolément, ne remplissent pas les conditions requises pour une comptabilisation dans les états financiers (par exemple la clientèle) mais pour lesquels l'acquéreur est disposé à effectuer un paiement lors de l'acquisition.

Selon la norme IAS 38, une immobilisation incorporelle peut être clairement distinguée du *goodwill* si cette immobilisation est séparable. Une immobilisation est séparable si l'entreprise peut louer, vendre, échanger ou distribuer les avantages économiques futurs spécifiques attribuables à l'actif sans se séparer également des avantages économiques futurs résultant d'autres actifs utilisés dans la même activité génératrice de produits.

Mais le caractère séparable n'est pas une condition nécessaire du caractère identifiable, dans la mesure où l'entreprise peut être à même d'identifier un actif d'une quelconque autre façon. Si, par exemple, une immobilisation incorporelle est acquise avec un groupe d'actifs, la transaction peut impliquer le transfert de droits qui permettent à une entreprise d'identifier l'immobilisation incorporelle.

Le contrôle

Une entreprise contrôle un actif si elle a le pouvoir d'obtenir les avantages économiques futurs découlant de la ressource sous-jacente et si elle peut également restreindre l'accès des tiers à ces avantages. La capacité d'une entreprise à contrôler les avantages économiques futurs d'une immobilisation incorporelle résulte normalement, selon la norme IAS 38, de droits que l'entreprise peut faire appliquer par un tribunal. En l'absence de droits, la démonstration du contrôle est, selon les normes internationales, plus difficile. Toutefois, le fait de faire appliquer juridiquement un droit ne constitue pas une condition nécessaire du contrôle dans la mesure où une entreprise peut être à même de contrôler les avantages économiques futurs d'une quelconque autre façon.

La connaissance du marché et les connaissances techniques peuvent générer des avantages économiques futurs. Une entreprise contrôle alors ces avantages si, par exemple, ses connaissances sont juridiquement protégées notamment grâce à des droits d'auteur, par des contraintes dans les accords commerciaux (lorsque cela est autorisé) ou par une obligation juridique des membres du personnel de maintenir la confidentialité.

Concernant les conséquences des dépenses de formation, une entreprise peut avoir une équipe de personnes qualifiées et être à même d'identifier les compétences supplémentaires de ce personnel qui généreront des avantages économiques futurs. L'entreprise peut également s'attendre à ce que son personnel continue à mettre ses compétences au service de l'entreprise. Toutefois, en règle générale, l'IASB considère que le contrôle des avantages économiques futurs attendus d'une équipe de personnes qualifiées et d'un effort de formation n'est pas suffisant pour considérer que ces éléments satisfont à la définition d'une immobilisation incorporelle.

Sur la question des portefeuilles de client ou des parts de marché, en l'absence de droits qui lui permettent de protéger, ou de contrôler de toute autre façon, ses relations avec ces clients ou leur fidélité à l'égard de l'entreprise, l'entreprise n'a généralement pas un contrôle suffisant pour considérer que de tels éléments satisfont à la définition des immobilisations incorporelles.

Les avantages économiques futurs

Les avantages économiques futurs qui résultent d'une immobilisation incorporelle peuvent inclure, selon la norme IAS 38, les produits provenant de la vente de biens ou de services, les économies de coûts ou autres avantages qui résultent de l'utilisation de l'actif par l'entreprise. Par exemple, l'utilisation d'une propriété intellectuelle dans le cadre d'un processus de production peut réduire les coûts futurs de production plutôt qu'augmenter les produits futurs.

Si l'on suit la définition de l'IASB, les actifs incorporels sont contrôlés par l'entreprise, ils sont identifiables et ils ont un coût. Ces actifs peuvent donc être vendus de manière séparée comme les marques ou les brevets.

Cette définition impose donc de comptabiliser en charges :

◈ les dépenses de recherche ;

◈ les dépenses liées au démarrage d'une activité ou d'une entreprise ;

◈ les dépenses de formation ;

◈ les dépenses de publicité et/ou de promotion ;

◈ les dépenses de relocalisation ou de réorganisation de tout ou partie de l'entreprise.

Comme le rappelle M. Nussenbaum[1], les actifs incorporels sont des actifs sans corps qui doivent trouver des supports tangibles pour mettre en œuvre leur aptitude à créer de la valeur. Une marque doit s'appliquer à des produits et n'a de la valeur que si elle permet d'accroître les revenus de l'entreprise.

Si une immobilisation incorporelle est identifiée, la question est alors de savoir quelle est la valeur à inscrire à l'actif. La norme IAS 38 précise qu'une immobilisation incorporelle doit être évaluée initialement à son coût. Plusieurs cas peuvent alors se présenter, une

---

1. M. Nussenbaum, « Juste valeur et actifs incorporels », *Revue d'Économie Financière*, n° 71, 2003, p. 71-86.

immobilisation incorporelle peut être acquise de manière séparée, acquise dans le cadre d'un regroupement d'entreprise, ou être générée en interne.

Immobilisation incorporelle acquise séparément

Si une immobilisation incorporelle est acquise séparément, le coût de cette immobilisation incorporelle peut, selon les normes internationales, généralement être évalué de façon fiable. C'est le cas en particulier lorsque la contrepartie de l'achat est sous forme de trésorerie ou d'autres actifs monétaires. Le prix payé reflète alors la probabilité que les avantages économiques futurs vont bénéficier à l'entité, ce qui permet d'inscrire cette immobilisation incorporelle à l'actif de l'entreprise acquéreuse.

Le coût d'une immobilisation incorporelle comprend son prix d'achat, y compris les droits d'importation et taxes non-remboursables, ainsi que toute dépense directement attribuable à la préparation de cet actif en vue de l'utilisation envisagée. Les dépenses directement attribuables incluent, par exemple, les honoraires au titre de services juridiques.

Immobilisation incorporelle acquise dans le cadre d'un regroupement d'entreprises

Si une immobilisation incorporelle est acquise dans le cadre d'un regroupement d'entreprises constituant une acquisition, le coût de cette immobilisation incorporelle est fondée sur sa juste valeur à la date d'acquisition. Dans ce cas, le coût (ou juste valeur) doit être évalué d'une façon suffisamment fiable pour que cette immobilisation incorporelle puisse être comptabilisée séparément.

La révision de la norme IAS 38 intervenue en mars 2004 assouplit les règles de reconnaissance des actifs incorporels dans le cadre des regroupements d'entreprises. Les entreprises sont incitées à identifier de nombreux actifs incorporels tels que les marques, les logiciels, les brevets afin de réduire la valeur du *goodwill*.

En l'absence de marché actif pour évaluer l'actif incorporel, le coût de l'actif reflète le montant que l'entreprise aurait payé pour cet actif à la date d'acquisition, lors d'une transaction entre des parties bien informées, consentantes et agissant dans des conditions de concurrence normale, en se fondant sur la meilleure information disponible. Pour déterminer ce montant, l'entreprise prend en compte le résultat de transactions récentes pour des actifs similaires.

Si l'immobilisation incorporelle satisfait aux critères de comptabilisation de l'IASB, l'entreprise peut l'inscrire à l'actif même si cette immobilisation incorporelle n'avait pas été comptabilisée dans les états financiers de l'entreprise acquise. Il en découle pour B. Lebrun[1] que les projets de développement qui ne remplissent pas les conditions pour être immobilisés dans les comptes individuels de la cible, peuvent avoir une juste valeur et, si tel est le cas, celle-ci doit être comptabilisée au bilan consolidé lors de l'acquisition de la cible.

Immobilisation incorporelle générée en interne

La norme IAS 38 rappelle qu'il est parfois difficile d'apprécier si une immobilisation incorporelle générée en interne remplit les conditions pour être comptabilisée. Il est ainsi souvent difficile d'identifier si (et à partir de quand) il existe un actif identifiable qui générera des avantages économiques futurs probables et de déterminer de façon fiable le coût de l'actif.

Dans les faits, ce sont principalement les frais de développement qui peuvent satisfaire à la définition de l'IASB pour les actifs incorporels générés en interne. Mais si une entreprise ne peut pas distinguer la phase de recherche de la phase de développement d'un projet

---

1. B. Lebrun, La capitalisation d'une immobilisation incorporelle suivant la norme IAS 38, *Revue Française de Comptabilité*, juin 2004, p. 4.

interne visant à créer une immobilisation incorporelle, elle traite la dépense au titre de ce projet comme si elle était encourue uniquement lors de la phase de recherche, c'est-à-dire en la comptabilisant en charge.

La recherche est définie par la norme IAS 38 comme une investigation originale et programmée, entreprise en vue d'acquérir une compréhension et des connaissances scientifiques ou techniques nouvelles. Le développement correspond alors à l'application des résultats de la recherche ou d'autres connaissances, à un plan ou à un modèle en vue de la production de matériaux, dispositifs, produits, procédés, systèmes ou services nouveaux ou substantiellement améliorés, avant le commencement de leur production commerciale ou de leur utilisation.

Lors de la phase de développement, une immobilisation incorporelle est comptabilisée, uniquement si l'entreprise peut démontrer toutes les conditions suivantes :

- la faisabilité technique nécessaire à l'achèvement de l'immobilisation incorporelle en vue de sa mise en service ou de sa vente ;

- son intention d'achever l'immobilisation incorporelle et de l'utiliser ou de la vendre ;

- sa capacité à utiliser ou à vendre l'immobilisation incorporelle ;

- la façon dont l'immobilisation incorporelle générera des avantages économiques futurs probables. L'entreprise doit démontrer, entre autres choses, l'existence d'un marché pour la production issue de l'immobilisation incorporelle ou pour l'immobilisation incorporelle elle-même ou, si celle-ci doit être utilisée en interne, son utilité ;

- la disponibilité de ressources (techniques, financières et autres) appropriées pour achever le développement et utiliser ou vendre l'immobilisation incorporelle ;

- sa capacité à évaluer de façon fiable les dépenses attribuables à l'immobilisation incorporelle au cours de son développement.

Parmi les immobilisations incorporelles générées en interne, on peut citer les brevets et les logiciels.

Le coût d'une immobilisation incorporelle générée en interne est égal à la somme des dépenses encourues à partir de la date à laquelle cette immobilisation incorporelle satisfait pour la première fois aux critères de comptabilisation d'un actif incorporel. Les normes internationales interdisent de réincorporer des dépenses comptabilisées en charges dans des états financiers annuels ou dans des rapports financiers intermédiaires antérieurs.

Exemple : Présentation dans le rapport financier 2002 du groupe Nestlé

Explication du poste immobilisations incorporelles

« Cette rubrique comprend les immobilisations incorporelles acquises séparément telles que les systèmes d'information de gestion, les droits de propriété intellectuelle et les droits d'exercer des activités (droits exclusifs de vente ou d'approvisionnement). L'amortissement est calculé selon la méthode linéaire. En fonction de la durée d'utilisation, les systèmes d'information de gestion sont amortis sur une période de trois à cinq ans, respectivement entre cinq et vingt années pour les autres immobilisations incorporelles. Lorsqu'une durée de vie supérieure à vingt ans est utilisée, ceci est indiqué séparément pour chaque élément des immobilisations incorporelles et avec les facteurs principaux déterminant cette durée de vie. La valeur recouvrable, les longévités ainsi que la méthode d'amortissement sont révisées d'année en année. La comptabilisation de l'amortissement est effectuée dans les rubriques appropriées de charge par fonction du compte de résultat.

> Les immobilisations incorporelles générées en interne ne sont comptabilisées en tant qu'actifs qu'en de rares occasions et pour autant qu'un projet et son coût soient bien identifiés. Elles consistent principalement en systèmes d'information de gestion. »

Réévaluation des immobilisations incorporelles

Après sa comptabilisation initiale, une immobilisation incorporelle doit être comptabilisée pour son montant réévalué. Mais les normes internationales précisent que la juste valeur doit être déterminée par référence à un marché actif.

Amortissement des immobilisations incorporelles

La révision de la norme IAS 38 a supprimé l'amortissement obligatoire de toutes les immobilisations incorporelles. L'ancienne norme indiquait que la durée d'une immobilisation incorporelle pouvait être longue mais qu'elle a toujours une fin, ce qui impliquait un amortissement. Désormais, les immobilisations incorporelles sont amorties si les avantages économiques futurs sont consommés au fil des ans. L'amortissement reflète alors cette consommation.

Pour déterminer la durée d'utilité d'un actif incorporel, l'IASB indique qu'il faut considérer des facteurs tels que les cycles de vie de l'actif, l'obsolescence technique ou technologique, les actions attendues des concurrents, la durée du contrôle sur l'actif. Compte tenu de la rapidité de l'évolution technologique constatée, les logiciels sont sujets à l'obsolescence technologique et la durée d'utilité est généralement courte.

Selon la norme IAS 38, la valeur résiduelle d'une immobilisation est généralement considérée comme nulle sauf si un tiers s'est engagé à racheter l'actif à la fin de sa durée d'utilité ou s'il existe un marché actif pour cet actif.

Lorsque les immobilisations incorporelles ne sont pas amortissables elles doivent faire l'objet d'un test de dépréciation.

Tests de dépréciation des immobilisations incorporelles

Les entreprises doivent appliquer à leurs immobilisations incorporelles des tests de dépréciation lorsqu'il existe des indices de perte de valeur. En outre, les immobilisations incorporelles qui ne sont pas amorties doivent faire l'objet d'un test de dépréciation au minimum à la clôture de chaque exercice.

Divergences avec la comptabilité française

En France, les frais de recherche et de développement peuvent être immobilisés alors qu'en normes internationales seuls les frais de développement sont inscrits en actifs incorporels et ce n'est pas une option mais une obligation si l'entreprise répond aux conditions.

Concernant les parts de marché celles-ci peuvent être inscrites en actifs incorporels en France en cas d'acquisition, alors qu'en normes IAS le concept de contrôle interdit cette comptabilisation.

Enfin, la comptabilité française ne permet pas la réévaluation des actifs incorporels alors que les normes internationales l'autorisent sous conditions.

Pour chaque catégorie d'immobilisations incorporelles, les états financiers doivent fournir les informations suivantes en distinguant les immobilisations incorporelles générées en interne des autres immobilisations incorporelles :

◆   les durées d'utilité ou taux d'amortissement utilisés ;

◆ les modes d'amortissement utilisés ;

◆ la valeur brute comptable et le cumul des amortissements (regroupés avec le cumul des pertes de valeur) à l'ouverture et à la clôture de l'exercice ;

◆ le(s) poste(s) du compte de résultat dans le(s)quel(s) est inclus la dotation aux amortissements des immobilisations incorporelles ;

◆ un rapprochement entre les valeurs comptables à l'ouverture et à la clôture de l'exercice, faisant apparaître :

     – les entrées d'immobilisations incorporelles, en indiquant séparément celles générées en interne et celles résultant de regroupements d'entreprises,

     – les mises hors service et sorties,

     – les augmentations ou diminutions au cours de l'exercice résultant de réévaluations et des pertes de valeur comptabilisées ou reprises directement dans les capitaux propres selon la norme IAS 36 (dépréciation d'actifs),

     – les pertes de valeur comptabilisées dans le compte de résultat au cours de l'exercice selon la norme IAS 36,

     – les amortissements comptabilisés au cours de l'exercice,

     – les différences de change nettes résultant de la conversion des états financiers d'une entité étrangère,

     – les autres variations de la valeur comptable au cours de l'exercice.

À l'issue de l'analyse des actifs incorporels comptabilisés en normes IAS/IFRS, force est de constater, avec X. Paper[1], que l'essentiel de la valeur de certaines entreprises, lorsqu'elle est logée dans leurs actifs incorporels ou immatériels n'apparaît pas dans la comptabilité.

---

1. X. Paper, Le capital immatériel a-t-il sa place dans l'information financière ? *Option Finance*, n° 775, 8 mars 2004, p. 33.

L'auteur indique qu'il est d'usage de décomposer le capital immatériel en trois composantes : le capital organisationnel (recherche et développement, qualité…), le capital relationnel (parts de marché, marque, réputation…) et le capital humain (savoir-faire, formation, dirigeants…). Parmi ces composantes, on remarque que peu d'éléments entrent dans la définition de l'IASB pour une comptabilisation en tant qu'actif. Cette absence de traduction comptable des actifs intangibles constitue, comme le fait remarquer J. Mistral[1], une lacune majeure de l'information comptable, aux yeux de beaucoup d'analystes.

Mais alors, comment valoriser les entreprises qui dépensent beaucoup en formation, en publicité ou pour améliorer la qualité. Comme l'indique justement X. Paper, il paraît irréaliste de vouloir faire de la juste valeur un point de passage obligé entre les capitaux propres et la capitalisation boursière. Les techniques d'évaluation des entreprises pratiquées en associant plusieurs méthodes (actif net corrigé, multiples de résultat, *discounted cash flow*…) deviennent alors essentielles pour connaître la valeur réelle de l'entreprise. La Société Française des Analystes Financiers (SFAF)[2] travaille justement sur la question de l'évaluation avec la création d'une commission évaluation dont le but est d'aboutir à un maximum de clarté dans les méthodes de valorisation.

---

1. J. Mistral, Rendre compte fidèlement de la réalité de l'entreprise, Remarques sur la réforme comptable et la qualité de l'information financière, in J. Mistral, C. de Boissieu, J.-H., Lorenzi, *Les normes comptables et le monde post-ENRON*, Rapport du Conseil d'Analyse Économique, La Documentation française, 7-55.

2. Les analystes relèvent les défis de l'évaluation, *Les Échos*, 30-31 janvier 2004, p. 29.

Les immobilisations corporelles

La norme IAS 16 définit les immobilisations corporelles comme des actifs corporels :

◆ qui sont détenus par une entreprise soit pour être utilisés dans la production ou la fourniture de biens ou de services, soit pour être loués à des tiers, soit à des fins administratives ;

◆ dont on s'attend à ce qu'ils soient utilisés plus d'un exercice.

Une immobilisation incorporelle doit être comptabilisée en tant qu'actif lorsqu'il est probable que les avantages économiques futurs associés à cet actif iront à l'entreprise et que le coût de cet actif peut être évalué de façon fiable. À noter que depuis la révision de décembre 2003, si un actif peut être réparti en différentes composantes avec des durées d'utilité différentes, ces différentes composantes doivent être comptabilisées séparément. On peut citer l'exemple des avions dont les moteurs peuvent avoir une durée de vie plus courte que le reste de l'avion.

En normes internationales, pour déterminer si un élément satisfait au premier critère de comptabilisation (la probabilité que les avantages économiques iront à l'entreprise), une entreprise a besoin d'apprécier le degré de certitude attaché au flux d'avantages économiques futurs sur la base d'indications disponibles lors de la comptabilisation initiale. L'existence d'une certitude suffisante que les avantages économiques iront à l'entreprise demande que l'on s'assure que celle-ci recevra les avantages associés à cet actif et assumera les risques associés. Pour le deuxième critère (l'évaluation de façon fiable), la norme IAS 16 précise que ce critère est aisément satisfait parce que la transaction d'échange attestant l'acquisition de l'actif permet d'identifier son coût. Dans le cas d'un actif produit par l'entreprise pour elle-même, une évaluation fiable du coût peut être faite à partir des transactions conclues avec des tiers extérieurs à l'entreprise pour l'acquisition de matière première, de main d'œuvre et autres composants utilisés au cours du processus de construction.

Évaluation initiale des immobilisations corporelles

Une immobilisation corporelle qui remplit les conditions pour être comptabilisée en tant qu'actif doit être initialement évaluée à son coût.

Le coût d'une immobilisation corporelle est constitué de son prix d'achat, y compris les droits de douane et taxes non-récupérables, et de tous les frais directement attribuables engagés pour mettre l'actif en état de marche en vue de l'utilisation prévue. Toutes les remises et les rabais commerciaux sont déduits dans le calcul du prix d'achat.

Les frais directement attribuables comprennent par exemple :

◆ le coût de préparation du site ;

◆ les frais de livraison et de manutention initiaux ;

◆ les frais d'installation ;

◆ les honoraires de professionnels tels qu'architectes et ingénieurs.

Les frais administratifs et autres frais généraux ne sont pas un élément du coût des immobilisations corporelles, à moins qu'ils puissent être spécifiquement attribués à l'acquisition de l'actif ou la mise en l'état de fonctionnement de l'actif.

N.B.

Le coût d'un actif produit par l'entreprise pour elle-même est déterminé en utilisant les mêmes principes que pour un actif acquis. Si une entreprise produit des actifs similaires en vue de les vendre dans le cadre de son activité normale, le coût de cet actif est en général le même que le coût de production des actifs destinés à la vente.

> La valeur comptable des immobilisations corporelles peut être diminuée du montant des subventions publiques applicables selon la norme IAS 20 (comptabilisation des subventions publiques et informations à fournir sur l'aide publique).

Les dépenses ultérieures relatives à une immobilisation corporelle sont seulement comptabilisées à l'actif lorsque ces dépenses améliorent l'état de l'actif au-dessus de son niveau de performance défini à l'origine, par exemple, la modification d'une unité de production qui permet d'allonger sa durée d'utilité, y compris l'augmentation de sa capacité.

Évaluations postérieures à la comptabilisation initiale

Après sa comptabilisation initiale en tant qu'actif, une immobilisation corporelle doit être comptabilisée à son coût, diminué du cumul des amortissements et du cumul des pertes de valeur.

La norme IAS 16 autorise également un autre traitement. Après sa comptabilisation initiale en tant qu'actif, une immobilisation corporelle est comptabilisée à son montant réévalué, à savoir sa juste valeur à la date de la réévaluation, diminuée du cumul des amortissements ultérieurs et du cumul de pertes de valeur ultérieures.

Les deux méthodes apportent des avantages qui sont liés à la situation de l'entreprise. Ainsi, une entreprise très endettée aura intérêt à utiliser la méthode basée sur la juste valeur si ses actifs sont sous-évalués, car cela permet d'augmenter les fonds propres. Inversement, une entreprise peu endettée n'a pas intérêt à utiliser cette méthode car l'augmentation des fonds propres affecte un ratio très utilisé par les analystes qui est le résultat sur les fonds propres.

La juste valeur des terrains et constructions est, selon l'IASB, en général leur valeur de marché. Cette valeur est déterminée sur la base d'une estimation effectuée en général par des évaluateurs professionnels qualifiés. La juste valeur des installations de production est habituellement leur valeur de marché déterminée par estimation. Lorsqu'il n'y a pas d'indications de la valeur de marché en raison de la nature spécialisée des installations de production et du fait que ces installations sont rarement vendues, sauf dans le cadre d'un transfert de l'activité, elles sont évaluées à leur coût de remplacement net d'amortissement.

Lorsqu'une immobilisation corporelle est réévaluée, toute la catégorie des immobilisations corporelles dont fait partie cet actif doit être réévaluée. L'IASB cite comme exemple de catégories les terrains, les machines, les avions, les navires, le matériel de bureau. Il s'agit en fait de regroupements d'actifs de nature et d'usage similaires au sein de l'activité de l'entreprise.

La fréquence des réévaluations dépend des fluctuations de la juste valeur des immobilisations corporelles ayant été réévaluées. Lorsque la juste valeur d'un actif réévalué diffère significativement de sa valeur comptable, une nouvelle réévaluation est nécessaire. Selon l'IASB, certaines immobilisations corporelles peuvent connaître des mouvements importants et volatils de leur juste valeur, nécessitant une réévaluation annuelle. Mais des réévaluations aussi fréquentes ne sont pas nécessaires pour les immobilisations corporelles qui enregistrent des mouvements peu importants de leur juste valeur. Dans ce cas, une réévaluation tous les trois ou cinq ans peut être suffisante.

Lorsque la valeur comptable d'un actif augmente par suite d'une réévaluation, l'augmentation est généralement créditée directement en capitaux propres sous le libellé écart de réévaluation.

Si la valeur comptable d'un actif diminue à la suite d'une réévaluation, cette diminution doit généralement être comptabilisée en charges.

Il ne faut pas perdre de vue que la réévaluation d'un actif corporel peut influencer de manière importante le résultat des exercices qui suivent la réévaluation. Comme le fait justement remarquer B. Raffournier[1] toute réévaluation d'immobilisations amortissables provoque une hausse des amortissements futurs et donc une diminution des bénéfices. L'auteur précise que pour éviter une diminution des résultats futurs, les entreprises peuvent être tentées de réévaluer uniquement les actifs non-amortissables comme les terrains ou de ne réévaluer que les actifs sur lesquels elles peuvent dégager des plus values.

Divergences avec la comptabilité française

La comptabilité française permet d'effectuer une réévaluation des immobilisations corporelles de manière ponctuelle.

À l'inverse, en normes IAS il s'agit d'un traitement autorisé qui est considéré comme une méthode comptable, qui, comme le rappelle R. Obert[2], est soumis à la permanence des méthodes. Ainsi lorsqu'une entreprise qui a adopté les normes IAS effectue une révision elle doit ensuite effectuer une réévaluation à chaque établissement des états financiers.

---

1. B. Raffournier, *Les normes comptables internationales (IAS)*, Economica, 1996, p. 193.
2. R. Obert, *Pratique des normes IAS/IFRS*, Dunod, 2003, p. 241.

L'amortissement des immobilisations corporelles

L'IASB définit l'amortissement comme la répartition systématique du montant amortissable d'une immobilisation sur sa durée d'utilité. Le montant amortissable est le coût d'un actif, ou tout autre montant substitué au coût dans les états financiers, diminué de sa valeur résiduelle.

La norme IAS 16 précise que la durée d'utilité est :

- soit la période pendant laquelle l'entreprise s'attend à utiliser un actif ;
- soit le nombre d'unités de production ou d'unités similaires que l'entreprise s'attend à obtenir de l'actif.

Le montant amortissable d'une immobilisation corporelle doit être réparti de façon systématique sur sa durée d'utilité. Le mode d'amortissement utilisé doit refléter le rythme selon lequel les avantages économiques futurs liés à l'actif sont consommés par l'entreprise. La dotation aux amortissements de chaque exercice doit être comptabilisée en charges à moins qu'elle ne soit incorporée dans la valeur comptable d'un autre actif.

À mesure que les avantages économiques représentatifs d'un actif sont consommés par l'entreprise, la valeur comptable de l'actif est réduite pour refléter cette consommation, généralement en constatant une dotation aux amortissements. Une dotation aux amortissements est constatée même si la valeur de l'actif est supérieure à sa valeur comptable.

La durée d'utilité d'un actif est définie en fonction de l'utilité attendue de cet actif pour l'entreprise. La politique de gestion des actifs d'une entreprise peut faire intervenir la sortie d'actifs au bout d'un délai précis ou après consommation d'une certaine quantité d'avantages économiques représentatifs de cet actif. En conséquence, la durée d'utilité d'un actif peut être plus courte que sa vie économique. L'estimation de la durée d'utilité d'une immobilisation corporelle est selon l'IASB, affaire de jugement basé sur l'expérience que l'entreprise a avec des actifs similaires.

Les terrains et les constructions sont des actifs distincts et ils sont traités distinctement en comptabilité, même lorsqu'ils sont acquis ensembles. Les terrains ont normalement une durée de vie illimitée et en conséquence ne sont pas amortis. Les constructions ont une durée de vie limitée et sont donc des actifs amortissables. Une augmentation de la valeur du terrain sur lequel est édifiée une construction n'affecte pas la détermination de la durée d'utilité de la construction.

Différents modes d'amortissement sont utilisés en normes IAS, pour répartir de façon systématique le montant amortissable d'un actif sur sa durée d'utilité. Ces modes incluent le mode linéaire, le mode dégressif, le mode des unités de production. L'amortissement linéaire conduit à une charge constante sur la durée d'utilité de l'actif. Le mode dégressif conduit à une charge décroissante sur la durée d'utilité de l'actif. Le mode des unités de production donne lieu à une charge basée sur l'utilisation ou la production prévue de l'actif. Le mode utilisé pour un actif est choisi sur la base du rythme des avantages économiques et il est appliqué uniformément d'un exercice à l'autre, à moins qu'il y ait un changement dans le rythme attendu des avantages économiques de cet actif. Dans ce cas, la durée d'utilité peut être rallongée ou réduite et le plan d'amortissement est alors modifié.

La norme IAS 16 n'impose pas un mode d'amortissement spécifique ni une durée d'utilisation précise pour tel ou tel type d'actif, elle ne fait que préciser un cadre général. Ce sont alors les entreprises qui définissent la durée d'utilité de chaque actif et la méthode d'amortissement la plus appropriée.

**Exemple : Présentation dans le rapport financier 2002
du groupe Nestlé**

Énumération des durées d'amortissement
des immobilisations corporelles

« Les immobilisations corporelles figurent au bilan à leur coût historique. L'amortissement est calculé selon la méthode linéaire en fonction des durées d'utilisation ci-après :

Bâtiment	25-50 ans
Machines et équipements	10-15 ans
Outillage, mobilier, matériel informatique et divers	3-8 ans
Véhicules	5 ans »

Les entreprises doivent obligatoirement fournir un certain nombre d'informations utiles pour l'analyste. Les états financiers doivent indiquer les conventions d'évaluation utilisées pour déterminer la valeur brute comptable, les modes d'amortissement utilisés, les durées d'utilité, la valeur brute comptable et le cumul des amortissements. Un rapprochement entre la valeur comptable à l'ouverture et à la clôture de l'exercice doit également être fourni avec des indications sur les entrées, les sorties, les acquisitions par voie de regroupement d'entreprises, les augmentations ou les diminutions de l'exercice résultant des réévaluations, les amortissements et les autres mouvements.

Les immobilisations financières

Le concept d'immobilisation financière ne fait pas l'objet d'une norme IAS/IFRS particulière. Néanmoins, de nombreuses sociétés qui publient en normes internationales présentent cette rubrique dans les comptes.

En normes internationales, un actif non-courant est un actif qui est généralement détenu au-delà de douze mois. On retrouve donc en immobilisations financières les titres immobilisés, c'est-à-dire ceux qui ont une date d'échéance au-delà d'une année.

Parmi les titres immobilisés, les participations tiennent une place importante. Nous verrons dans le chapitre 6 relatif aux états financiers consolidés, que les participations dans les filiales doivent être consolidées, c'est-à-dire que les actifs et les passifs de la filiale sont intégrés directement dans les actifs et les passifs de la société mère. La participation dans une filiale n'apparaît comme participation que dans les comptes sociaux (individuels).

Certaines participations dans des filiales, des coentreprises ou des entreprises associées ne sont pas consolidées et sont comptabilisées en actifs disponibles à la vente à leur juste valeur (IAS 39). Parmi les raisons pour ne pas consolider une participation, on peut citer l'intention de la revendre dans les douze mois. Parmi les autres actifs immobilisés figurent les créances à long terme et les prêts. Ils sont comptabilisés au coût amorti (coût historique).

Exemple : Présentation dans le rapport financier 2002 du groupe Nestlé

Précisions sur le poste « immobilisations financières »

« Les immobilisations financières, qui ont une date d'échéance au-delà d'une année (sauf les instruments de capitaux propres), comprennent les créances à long terme et les autres instruments financiers comme les participations dans des sociétés sur lesquelles le Groupe n'exerce ni contrôle ni influence déterminante. Les créances ne portant pas intérêt sont escomptées à leur valeur actuelle déterminée au taux d'escompte originel. La majorité des immobilisations financières figurent dans la catégorie d'actifs disponibles à la vente. Celles-ci sont valorisées à leur juste valeur et les gains et les pertes non-réalisés sont comptabilisés dans les fonds propres jusqu'à leur cession. En cas de vente, les ajustements de valeur figurant dans les fonds propres sont comptabilisés au compte de résultat.

La juste valeur est déterminée sur la base de prix de marché à la date du bouclement pour les instruments cotés ou de techniques d'actualisation des flux de trésorerie basés sur les données du marché pour les autres instruments.

Les créances à long terme et les autres instruments de dettes, dont les clauses contractuelles stipulent une interdiction de vente, sont désignés comme actifs détenus jusqu'à échéance. Ils figurent au bilan selon la méthode du coût amorti après déduction de toute perte de valeur.

Les pertes de valeur sont comptabilisées lorsqu'une perte durable de valeur est constatée. »

Immobilisations financières	2002	2001
En millions de CHF		
Disponibles à la vente	2 604	2 642
Détenues jusqu'à échéance	258	243
	2 862	2 885
Répartition par devises	**2002**	**2001**
En millions de CHF		
USD	1 694	2 312
EUR	140	80
CHF	884	355
Autres	144	138
Échéances	**2002**	**2001**
En millions de CHF		
Au cours de la 2e année	190	353
Au cours de la 3e et jusqu'à la 5e année y compris	102	193
Au-delà de la 5e année	1 838	862
Instruments de fonds propres	732	1 477
	2 862	2 885

Les contrats de location

Un contrat de location est défini par la norme IAS 17 comme un accord par lequel le bailleur cède au preneur pour une période déterminée, le droit d'utilisation d'un actif en échange d'un paiement ou d'une série de paiements.

La norme IAS 17 « Contrats de location » définit deux grands types de contrats : les contrats de location financement (*finance lease*) qui ont pour effet de transférer au preneur la quasi-totalité des risques et autres avantages inhérents à la propriété d'un actif, et les contrats de location simple (*operating lease*) qui regroupent tous les autres contrats. Cette norme traite également des contrats de cession-bail (*leaseback*) où le bien est vendu, puis repris par le vendeur sous la forme d'un contrat de location.

La comptabilisation des contrats de location-financement a fait l'objet de nombreux débats. Pour les défenseurs de la vision juridique de la comptabilité, le bilan doit refléter le patrimoine de l'entreprise. Cette dernière n'étant pas propriétaire des bien loués ceux-ci ne doivent donc pas être comptabilisés à l'actif. Mais les normalisateurs internationaux qui suivent une vision anglo-saxonne de la comptabilité défendent le principe selon lequel les transactions et les autres événements doivent être comptabilisés et présentés conformément à leur substance et à leur réalité économique et non pas seulement selon leur forme juridique. La définition d'un actif en normes IAS/IFRS n'est donc pas centrée sur une vision juridique et patrimoniale. Celle-ci gravite, comme le rappelle B. Colasse[1], autour de la notion d'avantages économiques et ne précise pas la nature du contrôle exercé par l'entreprise sur le bien qui peut être un contrôle juridique ou un contrôle de fait. Dès lors, cette vision étendue de la notion de contrôle, permet de comptabiliser à l'actif les bien détenus en location-financement comme s'ils avaient été achetés à crédit.

La location-financement

Un contrat de location-financement (appelé aussi crédit-bail ou contrat de leasing ou contrat de location avec option d'achat) est un contrat de location ayant pour effet de transférer au preneur la quasi-totalité des risques et autres avantages inhérents à la propriété d'un actif. Le transfert de propriété peut intervenir ou non *in fine*.

---

1. B. Colasse, *Comptabilité générale* (*PCG 1999, IAS et ENRON*), Economica, 2003.

Pour distinguer un contrat de location financement d'un contrat de location simple, l'IASB précise que ce qui importe est la réalité du contrat plutôt que la forme juridique.

La norme IAS 17 liste des exemples de situations qui conduiraient normalement à ce qu'un contrat soit classé en tant que contrat de location-financement :

- le contrat de location transfère la propriété de l'actif au preneur au terme de la durée du contrat de location ;

- le contrat de location donne au preneur l'option d'acheter l'actif à un prix qui devrait être suffisamment inférieur à sa juste valeur à la date à laquelle l'option peut être levée pour que, dès le commencement du contrat de location, on ait la certitude raisonnable que l'option sera levée ;

- la durée du contrat de location couvre la majeure partie de la durée de vie économique de l'actif même s'il n'y a pas transfert de propriété ;

- au commencement du contrat de location, la valeur actualisée des paiements minimaux au titre de la location s'élève au moins à la quasi-totalité de la juste valeur de l'actif loué ;

- les actifs loués sont d'une nature tellement spécifique que seul le preneur peut les utiliser sans leur apporter de modification majeure.

L'IASB précise également dans la norme IAS 17 que les indicateurs de situations suivants peuvent conduire à classer un contrat en tant que contrat de location-financement :

- si le preneur peut résilier le contrat de location, les pertes subies par le bailleur relatives à la résiliation sont à la charge du preneur ;

- les profits ou les pertes résultant de la variation de la juste valeur de la valeur résiduelle sont à la charge du preneur (par exemple sous la forme d'une diminution de loyer égale à la majeure partie du produit de cession à la fin du contrat de location) ;

♦ le preneur a la faculté de poursuivre la location pour une deuxième période moyennant un loyer sensiblement inférieur au prix du marché.

Une fois la nature du contrat déterminé, il s'agit de comptabiliser le contrat de location dans les états financiers du preneur et dans les états financiers du locataire.

En normes internationales, le bailleur doit comptabiliser, dans son bilan, les actifs détenus en vertu d'un contrat de location-financement et les présenter comme des créances pour un montant égal à l'investissement net dans le contrat de location.

Dans un contrat de location-financement, le bailleur transfère la quasi-totalité des risques et des avantages inhérents à la propriété juridique. En conséquence, il comptabilise le paiement à recevoir au titre de la location en remboursement du principal et en produits financiers pour se rembourser et se rémunérer de son investissement et de ses services.

La comptabilisation des produits financiers doit s'effectuer sur la base d'une formule traduisant un taux de rentabilité périodique constant sur l'en-cours d'investissement net restant du bailleur, tel que défini dans le contrat de location-financement.

Au bilan du preneur (locataire), les contrats de location-financement doivent être comptabilisés à la juste valeur du bien loué ou, si celle-ci est inférieure, à la valeur actuelle des paiements minimaux au titre de la location.

La comptabilisation intervient au commencement du contrat de location, l'entreprise doit alors comptabiliser les contrats de location-financement à l'actif et au passif pour des montants égaux. À l'actif, on retrouve la juste valeur du bien loué et au passif la valeur actuelle des loyers futurs.

Pour calculer la valeur actuelle des paiements minimaux au titre de la location (valeur actuelle des loyers futurs), le facteur d'actualisation est le taux d'intérêt implicite du contrat de location si celui-ci peut être déterminé, dans le cas contraire, le taux d'emprunt marginal du preneur doit être utilisé.

Le contrat de location-financement donne lieu pour le locataire à une charge d'amortissement de l'actif amortissable (comme s'il était propriétaire de l'actif) et à une charge financière (qui correspond aux intérêts de la période calculés avec le taux d'intérêt implicite du contrat de location). Le loyer n'apparaît donc pas dans le compte de résultat.

Location simple

Les paiements au titre de location simple doivent, selon l'IAS 17, être comptabilisés en charges, dans le compte de résultat du preneur sur une base linéaire pendant toute la durée du contrat de location à moins qu'une autre base systématique soit plus représentative de l'échelonnement dans le temps des avantages qu'en retirera l'utilisateur.

Les actifs faisant l'objet de contrats de location simple doivent être présentés au bilan du bailleur selon la nature de l'actif.

Les revenus locatifs provenant des contrats de location simple doivent être comptabilisés en produits de façon linéaire sur toute la durée de contrat de location à moins qu'une autre base systématique soit plus représentative de l'échelonnement dans le temps de la diminution de l'avantage retiré de l'utilisation de l'actif loué.

L'amortissement des actifs amortissables loués doit se faire sur une base cohérente avec la politique normalement suivie par le bailleur pour l'amortissement d'actifs similaires.

© Éditions d'Organisation

Contrat de cession bail

Une transaction de cession-bail (*leaseback*) est définie en normes internationales comme une opération par laquelle le propriétaire d'un bien le cède à un tiers pour le reprendre à bail. Le paiement au titre de la location et le prix de vente sont généralement considérés comme liés car ils sont négociés ensemble. Cette opération permet de faire apparaître une plus-value de cession si la valeur comptable est inférieure au prix de vente. Les entités *ad hoc* (ou SPE) peuvent être utilisées selon N. Veron, M. Autret et A. Galichon[1] pour des opérations de cession bail. Ainsi, selon ces auteurs, une entreprise qui ne désire plus conserver un actif à son bilan, mais désire en conserver la jouissance, peut alors le vendre à une société tierce créée pour la circonstance, et qui lui reloue aussitôt l'actif, souvent pour une longue durée.

La comptabilisation d'une opération de cession-bail dépend en normes internationales de la catégorie du contrat de location. La distinction du type de contrat est essentielle car la norme IAS 17 autorise, dans le cas de la location simple, la constatation immédiate du résultat de la cession.

Si une transaction de cession-bail débouche sur un contrat de location-financement, l'excédent éventuel du produit de cession par rapport à la valeur comptable, ne doit pas être immédiatement comptabilisé en résultat dans les états financiers du vendeur-preneur. L'excédent doit, au contraire, être différé et amorti sur la durée du contrat de location.

Si l'opération de cession-bail débouche sur une location-financement, la transaction est pour le bailleur un moyen d'accorder un financement au preneur, l'actif tenant lieu de sûreté. C'est pourquoi,

---

1. N. Veron, M. Autret, A. Galichon, *L'information financière en crise, Comptabilité et capitalisme*, Odile Jacob, 2004, p. 49.

il ne convient pas de considérer un excédent des produits de cessions par rapport à la valeur comptable comme un produit. Un tel excédent est différé et amorti sur la durée du contrat de location.

Si une transaction de cession-bail débouche sur un contrat de location simple et s'il est clair que la transaction est effectuée à la juste valeur, la norme IAS 17 précise que tout profit ou perte doit être comptabilisé immédiatement.

Exemple : Présentation dans le rapport financier 2002 du groupe Nestlé

Précisions sur les immobilisations en crédit-bail

« Les immobilisations financées par des contrats de crédit-bail à long terme figurent à l'actif et sont amorties en accord avec les principes du Groupe concernant l'évaluation des immobilisations corporelles. Les engagements financiers qui en découlent figurent dans les dettes financières.

Les coûts des contrats de location sont comptabilisés directement au compte de résultat. »

Les instruments financiers

Les instruments financiers font l'objet de deux normes : la norme IAS 32 qui traite des informations à fournir et de la présentation des états financiers, et la norme IAS 39 qui est relative à la constatation et l'évaluation des instruments financiers.

Ces normes font l'objet de nombreux débats en particulier sur la comptabilisation des produits dérivés à la valeur de marché, la couverture des dépôts à vue (dans le cas des banques), le traitement de la macrocouverture (couverture d'un portefeuille global). Cette absence de consensus, en particulier au niveau européen, a poussé la Commission européenne à décider en juillet 2004 d'une adoption partielle de la norme IAS 39.

Selon la norme IAS 32, un instrument financier désigne tout contrat qui donne lieu à la fois à un actif financier pour une entreprise et à un passif financier ou à un instrument de capitaux propres pour une autre. Par exemple, une société prête de l'argent à une autre, elle comptabilise un prêt et l'autre une dette.

Les actifs et les passifs financiers

Un actif financier désigne tout actif qui est :

◆   de la trésorerie ;

◆   un droit contractuel de recevoir d'une autre entreprise de la trésorerie ou un autre actif financier ;

◆   un droit contractuel d'échanger des instruments financiers avec une autre entreprise dans des conditions potentiellement favorables ;

◆   un instrument de capitaux propres d'une autre entité.

Exemples d'actifs financiers : les participations, les prêts et les créances émis par l'entreprise, les disponibilités.

Un passif financier désigne les passifs qui correspondent à une obligation contractuelle :

◆   de remettre à une autre entreprise de la trésorerie ou un autre actif financier ;

◆   d'échanger des instruments financiers avec une autre entreprise dans des conditions potentiellement défavorables.

Exemples de passifs financiers : les dettes financières, les dettes fournisseurs, les dettes fiscales, les emprunts obligataires.

Les catégories d'actifs financiers

La norme IAS 39 précise que les actifs financiers sont classés en quatre catégories :

- les actifs ou passifs financiers détenus à des fins de transaction. Il s'agit d'un actif qui a été acquis ou un passif qui a été assumé dans le but principal de dégager un bénéfice issu de fluctuation à court terme. Exemple : les actions qui ont été achetées dans le but de réaliser un bénéfice et qui peuvent être immédiatement vendues ;

- les placements détenus jusqu'à leur échéance. Il s'agit d'actifs financiers à échéance fixée et à paiement fixe ou déterminable. Exemple : obligations que l'entreprise souhaite détenir jusqu'à l'échéance ;

- les prêts et les créances émises par l'entreprise. Ce sont des actifs financiers émis par l'entreprise du fait de la remise directe à un débiteur d'argent, de biens ou de services autres que les actifs financiers émis dans l'intention d'être vendus immédiatement ou à court terme (ces derniers doivent être classés en actifs détenus à des fins de transaction ou en actions disponibles à la vente). Exemple : créances clients, prêt entre une société mère et une de ses filiales, prêt consenti à un membre du personnel ;

- les actifs financiers disponibles à la vente. Ce sont des actifs financiers qui ne répondent pas à la définition des trois autres catégories. Exemple : les titres de participation qui ne sont pas consolidés.

Les instruments de capitaux propres

L'IAS 39 précise qu'un instrument de capitaux propres désigne tout contrat mettant en évidence un intérêt résiduel dans les actifs d'une entreprise après déduction de tous ses passifs.

Les dérivés

La norme IAS 39 définit un dérivé comme un instrument financier :

◆ dont la valeur fluctue en fonction de l'évolution d'un taux d'intérêt, du prix d'un titre, du prix d'une marchandise, d'un cours de change, d'un indice de prix ou de cours, d'une notation de crédit ou d'un indice de crédit, ou de toute autre variable analogue ;

◆ qui ne requiert aucun placement net initial ou un placement net initial faible par rapport à d'autres types de contrats réagissant de manière similaire aux évolutions de marché ;

◆ qui est réglé à une date future.

La comptabilisation des instruments financiers

La comptabilisation initiale d'un instrument financier doit s'effectuer à son coût qui est défini comme la juste valeur donnée (pour un actif) ou reçue (pour un passif) en échange.

Après leur comptabilisation initiale, les actifs financiers (dont les dérivés) doivent être comptabilisés selon leur catégorie soit au coût amorti soit à la juste valeur.

Les actifs financiers détenus à des fins de transaction (première catégorie) et les actifs financiers destinés à la vente (quatrième catégorie) doivent être évalués à la juste valeur.

Les actifs détenus jusqu'à l'échéance (deuxième catégorie) et les prêts et les créances émis par l'entreprise (troisième catégorie) doivent être évalués au coût amorti.

Les pertes ou les profits provenant de la réévaluation à la juste valeur des actifs et des passifs financiers sont enregistrées au compte de résultat. La norme IAS 39 prévoit néanmoins que les profits ou les pertes sur des actifs disponibles à la vente (quatrième catégorie) doivent être comptabilisés directement dans les capitaux propres.

Pour les actifs et les passifs qui sont comptabilisés au coût amorti, une perte ou un profit est comptabilisé au compte de résultat, si l'actif ou le passif financier est déprécié ou décomptabilisé (si l'entreprise perd le contrôle des droits contractuels constituant l'actif financier).

Si l'entreprise a un indice objectif de la dépréciation d'un actif financier, elle doit constater une dépréciation d'actif. Les pertes de valeur doivent être comptabilisées dans le compte de résultat pour toutes les catégories d'actifs. Dans le cas des actifs financiers disponibles à la vente (quatrième catégorie), si des réévaluations à la juste valeur ont été comptabilisées en capitaux propres, ces profits et ces pertes cumulés doivent être transférés dans le compte de résultat de l'exercice.

Les instruments de couverture

En normes internationales, un élément est couvert si un instrument financier (dérivé ou non) compense, par ses variations de la juste valeur ou ses variations de flux de trésorerie, celles de l'élément couvert.

La norme IAS 39 reconnaît deux grands types de relations de couverture : la couverture de juste valeur (qui couvre les variations de juste valeur d'un actif ou d'un passif comptabilisé) et la couverture des flux de trésorerie (les variations de flux de trésorerie associées à un actif ou à un passif comptabilisé ou à une transaction prévue ou à un engagement ferme).

Pour la couverture de juste valeur, les variations de l'instrument de couverture et de l'élément couvert sont comptabilisées dans le compte de résultat. Pour les couvertures de flux de trésorerie, la variation de valeur de l'instrument de couverture considéré comme efficace est comptabilisée directement dans les capitaux propres.

Concernant les instruments de couverture, les normes IAS sont très strictes concernant la notion d'efficacité des instruments de couverture qui doivent être très fortement corrélés avec l'élément couvert.

© Éditions d'Organisation

Divergences avec la comptabilité française

Les divergences sont importantes entre les normes IAS et les normes françaises sur la comptabilisation des instruments dérivés, sur la reconnaissance de différentes catégories d'actifs financiers et leur évaluation, sur la comptabilité de couverture dont les conditions d'utilisation sont plus strictes en normes internationales.

Exemple : Présentation dans le rapport annuel 2003 du groupe Novartis

Précisions sur les instruments financiers dérivés et de couverture

« Les instruments dérivés sont initialement évalués au coût d'acquisition puis réévalués à leur juste valeur. La méthode de comptabilisation des profits ou des pertes dépend si, oui ou non, le dérivé est désigné comme devant couvrir un certain risque et remplit toutes les conditions pour le traitement de comptabilité de couverture. Lors de la conclusion d'un contrat sur dérivés, le Groupe détermine son type de couverture et le classe à des fins comptables comme couverture de l'exposition aux variations de la juste valeur d'un actif ou d'un passif au bilan (couverture de juste valeur), ou comme couverture de l'exposition de flux de trésorerie liés à une transaction prévue ou à un engagement ferme (couverture de flux de trésorerie) ou couverture d'un investissement net dans une entité étrangère.

Les profits ou les pertes résultant de la réévaluation d'un instrument financier qualifié pour la couverture de la juste valeur et présentant une couverture efficace sont comptabilisés dans le compte de résultat de même que la variation de la juste valeur

---

de l'élément couvert. Les profits ou les pertes résultant de la réévaluation de l'instrument financier utilisé pour la couverture du flux de trésorerie sont comptabilisés directement dans les capitaux propres. Si la transaction prévue ou l'engagement ferme conduit à comptabiliser un actif ou un passif, les profits ou les pertes associés, comptabilisés directement dans les capitaux propres, sont transférés dans la valeur initialement comptabilisée de l'actif ou du passif. Pour toute autre couverture de flux de trésorerie, les montants comptabilisés directement dans les capitaux propres sont transférés dans le compte de résultat des exercices au cours desquels la transaction prévue ou l'engagement ferme a affecté le compte de résultat.

La couverture d'un investissement net dans une entité étrangère est comptabilisée comme couverture du flux de trésorerie. Le Groupe couvre certains investissements à l'étranger par des prêts en monnaies étrangères. Les profits ou les pertes provenant d'écarts de conversion sur ces prêts sont comptabilisés dans les capitaux propres et pris en compte dans les écarts de conversion cumulés.

Certains dérivés ne remplissent pas les conditions requises pour la comptabilité de couverture selon la norme IAS 39 bien qu'ils constituent une couverture efficace dans la gestion des risques économiques. Les pertes et les profits provenant de la réévaluation des instruments financiers qui ne peuvent pas être pris en compte pour la couverture des flux de trésorerie sont comptabilisés dans le compte de résultat de l'exercice.

Lorsqu'un instrument de couverture arrive à échéance, est vendu ou ne satisfait plus aux critères de qualification pour la comptabilité de couverture, les profits et les pertes nets cumulés dégagés de l'instrument de couverture qui, initialement, avaient été comptabilisés directement dans les capitaux propres, y sont maintenus jusqu'à ce que la transaction prévue ait été effectuée et enregistrée dans le compte de résultat. Cependant, si on ne s'attend plus à ce qu'un engagement ou une transaction prévue se produise, tout résultat net cumulé doit être comptabilisé dans le résultat de l'exercice.

La comptabilité de couverture vise à compenser l'impact de l'élément couvert et de l'instrument de couverture dans le compte de résultat. Pour pouvoir être pris en compte dans la comptabilité de couverture, les liens de couverture doivent satisfaire à plusieurs conditions strictes en matière de documentation, de probabilité de réalisation, d'efficacité de la couverture et de fiabilité de la mesure. Lors de la conclusion de la transaction, le Groupe documente le lien existant entre cet instrument de couverture et la transaction sous-jacente ainsi que les risques, la stratégie et le but de cette couverture. Ce processus comprend aussi l'établissement de la relation avec des actifs ou des passifs, des engagements ou des transactions prévues. Le Groupe documente aussi son évaluation quant à l'efficacité de la couverture dans la compensation des variations de la juste valeur de l'instrument ainsi que son élément sous-jacent depuis la mise en place de l'instrument jusqu'à l'échéance de la couverture. »

Les stocks

Le traitement comptable applicable aux stocks est prescrit par la norme IAS 2. Celle-ci précise qu'une des questions fondamentales de la comptabilisation des stocks est celle du montant des coûts à comptabiliser en tant qu'actif et à différer jusqu'à la comptabilisation des produits correspondants. Cette norme ne s'applique pas aux travaux en cours générés par des contrats de construction (IAS 11, Contrats de construction), elle ne s'applique pas non plus aux stocks de produits agricoles, forestiers et de minerais (IAS 41, Agriculture).

Selon la norme IAS 2, les stocks sont des actifs :

◆ détenus pour être vendus dans le cours normal de l'activité ;

◆ en cours de production pour une telle vente ;

◆ sous forme de matières premières ou de fournitures devant être consommées dans le processus de production ou de prestation de services.

Le coût des stocks

Le coût des stocks doit comprendre, selon l'IAS 2, tous les coûts d'acquisition, coûts de transformation et autres coûts encourus pour amener les stocks à l'endroit et dans l'état où ils se trouvent.

Les coûts d'acquisition des stocks comprennent le prix d'achat, les droits de douane et autres taxes, ainsi que les frais de transport, de manutention et autres coûts directement attribuables à l'acquisition des produits finis, des matières premières et des services. Les rabais commerciaux, remises et autres éléments similaires sont déduits pour déterminer les coûts d'acquisition.

Les coûts de transformation des stocks comprennent les coûts directement liés aux unités produites, tels que la main d'œuvre directe. Ils comprennent également l'affectation systématique des frais généraux de production fixes et variables qui sont encourus pour transformer les matières premières en produits finis. Les frais généraux de production fixes sont, selon la norme IAS 2, les coûts indirects de production qui demeurent relativement constants indépendamment du volume de production, tels que l'amortissement et l'entretien des bâtiments et de l'équipement industriels, et les frais de gestion et d'administration de l'usine. Les frais indirects de production variables sont les coûts indirects de production qui varient directement, ou presque directement, en fonction du volume de production, tels que les matières premières indirectes et la main-d'œuvre indirecte.

Les autres coûts ne sont inclus dans le coût des stocks que dans la mesure où ils sont encourus pour amener les stocks à l'endroit et dans l'état où ils se trouvent. La norme IAS 2 cite, par exemple, les coûts de conception de produits à l'usage de clients spécifiques.

Mais sont par exemple exclus du coût des stocks et comptabilisés en charges de l'exercice au cours duquel ils sont encourus :

◆   les montants anormaux de déchets de fabrication, de main-d'œuvre ou d'autres coûts de production ;

- les coûts de stockage, à moins que ces coûts soient nécessaires au processus de production préalablement à une nouvelle étape de la production ;
- les frais généraux administratifs qui ne contribuent pas à mettre les stocks à l'endroit et dans l'état où ils se trouvent ;
- les frais de commercialisation.

La norme IAS 2 autorise l'utilisation de la méthode du coût standard ou la méthode du prix de revient si ces méthodes donnent des résultats plus proches du coût et permettent une meilleure évaluation des stocks.

Les coûts standard retiennent les niveaux normaux d'utilisation de matières premières et de fournitures, de main-d'œuvre, d'efficience et de capacité. Ils doivent être régulièrement réexaminés et, le cas échéant, révisés à la lumière des conditions actuelles.

La méthode du prix de détail est, selon la norme IAS 2, souvent utilisée dans l'activité de la distribution au détail pour évaluer les stocks de grandes quantités d'articles à rotation rapide, qui ont des marges similaires et pour lesquels il n'est pas possible d'utiliser d'autres méthodes de coût. Le coût des stocks est déterminé en déduisant de la valeur de vente des stocks le pourcentage de marge brute approprié. Le pourcentage utilisé prend en considération les stocks qui ont été démarqués au-dessous de leur prix de vente initial. Un pourcentage moyen pour chaque rayon est, selon l'IASB, souvent appliqué.

Les sorties de stocks

Le coût des stocks d'éléments qui ne sont pas habituellement fongibles (interchangeables) et des biens ou services produits et affectés à des projets spécifiques doit être déterminé en procédant à une identification spécifique de leur coût individuel.

Pour les éléments fongibles, le coût des stocks doit être déterminé en utilisant la méthode du premier entré – premier sorti (PEPS) ou celle du coût moyen pondéré.

Selon la norme IAS 2, la méthode PEPS suppose que les éléments du stock qui ont été acquis les premiers sont vendus les premiers et qu'en conséquence, les éléments restant en stock à la fin de l'exercice sont ceux qui ont été achetés ou produits le plus récemment. Dans la méthode du coût moyen pondéré, le coût de chaque élément est déterminé à partir de la moyenne pondérée du coût d'éléments similaires au début d'un exercice et du coût d'éléments similaires achetés ou produits au cours de l'exercice. Cette moyenne peut être calculée périodiquement ou lors de la réception de chaque nouvelle livraison, selon la situation particulière de l'entreprise.

N.B.

Suite à la réforme de décembre 2003, la norme IAS 2, n'autorise plus la méthode du DEPS (dernier entré – premier sorti) appelée aussi LIFO (*last in – first out*). La formule du DEPS suppose que les éléments du stock qui ont été acquis ou fabriqués les derniers sont vendus les premiers et qu'en conséquence, les éléments restant en stock à la fin de l'exercice sont les premiers achetés ou les premiers fabriqués.

À la clôture de l'exercice, les stocks doivent être évalués au plus faible du coût et de la valeur nette de réalisation.

La valeur nette de réalisation est définie par l'IASB comme le prix de vente estimé dans le cours normal de l'activité, diminué des coûts estimés pour l'achèvement et des coûts estimés nécessaires pour réaliser la vente.

La comparaison entre le coût et la valeur nette de réalisation est nécessaire. La norme IAS 2 précise par exemple que le coût des stocks peut ne pas être recouvrable si ces stocks ont été endommagés, s'ils sont devenus complètement ou partiellement obsolètes ou si leur prix de vente a subi une baisse. Le coût des stocks peut également ne pas être recouvrable si les coûts estimés d'achèvement ou les coûts estimés nécessaires pour réaliser la vente ont augmenté.

La pratique consistant à déprécier les stocks au-dessous du coût pour les ramener à leur valeur nette de réalisation est alors cohérente avec le principe suivant lequel les actifs ne doivent pas figurer pour un montant supérieur au montant que l'on s'attend à obtenir de leur vente ou de leur utilisation.

La norme IAS 2 précise que les estimations de la valeur nette de réalisation sont fondées sur les éléments probants les plus fiables disponibles à la date à laquelle sont faites les estimations du montant de stocks que l'on s'attend à réaliser. Ces estimations tiennent compte des fluctuations de prix ou de coût directement liées aux événements survenant après la fin de l'exercice dans la mesure où de tels événements confirment les conditions existant à la fin de l'exercice.

Divergences avec la comptabilité française

La comptabilité française et les IFRS n'ont pas la même définition des éléments constitutifs de stocks. En normes internationales on enregistre les stocks, comme les autres actifs, à la date de transfert des risques et avantages futurs, et si l'entreprise dispose du contrôle de l'actif. En ce qui concerne les normes françaises, c'est le transfert de propriété qui compte.

Une autre divergence concerne la méthode du LIFO qui est autorisée en France dans les comptes consolidés (mais pas dans les comptes sociaux) alors qu'elle est désormais interdite en IAS.

Lorsque les stocks sont vendus, la valeur comptable de ces stocks doit être comptabilisée en charges de l'exercice au cours duquel les produits correspondants sont comptabilisés. Le montant de toute dépréciation des stocks pour les ramener à leur valeur nette de réalisation et toutes les pertes de stocks doivent être comptabilisés, selon la norme IAS 2, en charges de l'exercice au cours duquel la dépréciation ou la perte se produit. Le montant de toute reprise d'une dépréciation des stocks résultant d'une augmentation de la valeur nette de réalisation doit être comptabilisé comme une réduction du montant des stocks comptabilisé en charges dans l'exercice au cours duquel la reprise intervient.

Exemple : Présentation dans le rapport financier 2002 du groupe Nestlé

Précisions relatives aux stocks

« Les matières premières sont valorisées au coût d'achat, de même que les produits finis achetés. Les produits en cours de fabrication et finis sont valorisés au coût de revient. Celui-ci comprend les frais directs de production et une allocation de frais communs et d'amortissement des centres de production.

La méthode FIFO (« first in, first out » ou premier entré, premier sorti) est appliquée pour la comptabilisation des mouvements de stocks de matières premières ainsi que des stocks de produits finis achetés. La méthode du coût moyen est utilisée dans les autres cas. Si la valeur réalisable d'un quelconque article est inférieure à sa valeur établie selon les méthodes ci-dessus, une provision est constituée pour la différence. »

La norme IAS 2 impose un certain nombre d'informations à fournir qui peuvent être utiles pour le lecteur des états financiers. Tout d'abord, les entreprises doivent indiquer dans les états financiers les méthodes comptables adoptées pour évaluer les stocks. Elles doivent également préciser la valeur comptable des stocks ainsi que les éléments qui ont conduit à la reprise de la dépréciation des stocks.

La dépréciation des actifs

Une entreprise doit apprécier, conformément à la norme IAS 36, à chaque date de clôture, s'il existe un quelconque indice qu'un actif, amortissable (bâtiment...) ou non (terrain...), a pu perdre de sa valeur.

Cette norme s'applique à la dépréciation des actifs dont sont exclus :

◆   les stocks (IAS 2) ;

◆   les actifs résultant des contrats de construction (IAS 11) ;

◆   les actifs d'impôt différé (IAS 12) ;

◆   les actifs résultant d'avantages du personnel (IAS 19) ;

◆   les actifs financiers compris dans le champ d'application de l'IAS 32 ;

◆   les immeubles de placement mesurés à la juste valeur (IAS 40) ;

◆   les actifs biologiques en rapport avec une entreprise agricole mesurés à la juste valeur estimée, diminuée du prix au point de vente estimé (IAS 41).

Pour apprécier s'il existe un indice qui indique qu'un actif a pu perdre de sa valeur, une entreprise doit considérer, selon la norme IAS 36, au minimum les indices externes et internes présentés dans le tableau ci-après.

Tableau 6 – Indices de perte de valeur

Indices ou sources d'informations externes	Indices ou sources d'informations internes
• diminution de façon importante de la valeur de marché d'un actif au cours de l'exercice (au-delà de l'effet du passage du temps ou de l'utilisation normale de l'actif) ; • des changements importants ayant un effet négatif dans l'environnement technologique, économique ou juridique dans lequel l'entreprise opère ; • les taux d'intérêt ont augmenté et il est probable que ces augmentations affectent le taux d'actualisation utilisé dans le calcul de la valeur d'utilité d'un actif et diminuent de façon significative la valeur recouvrable de l'actif ; • la valeur comptable de l'actif net de l'entreprise est supérieure à sa capitalisation boursière.	• les indices d'obsolescence ou de dégradation physique de l'actif ; • des changements importants tels que des plans de restructuration du secteur d'activité sont survenus ou sont susceptibles de survenir au cours de l'exercice ; • des indications provenant du système d'information interne montrent que la performance économique d'un actif est ou sera moins bonne qu'attendue.

S'il existe un indice qui indique qu'un actif a pu perdre de sa valeur l'entreprise doit effectuer une évaluation de la valeur recouvrable. La valeur recouvrable est définie par la norme IAS 36 comme la valeur la plus élevée entre le prix de vente net de l'actif et sa valeur d'utilité. L'expression actif utilisée dans la norme est valable pour un actif pris isolément ainsi qu'une unité génératrice de trésorerie (UGT).

N.B.

La valeur recouvrable est déterminée pour un actif pris isolément à moins que l'utilisation continue de l'actif ne génère pas d'entrées de trésorerie largement indépendantes des entrées de trésorerie générées par d'autres actifs ou groupes d'actifs. Si tel est le cas, la norme IAS 36 précise que la valeur recouvrable est déterminée pour l'unité génératrice de trésorerie à laquelle l'actif appartient.

L'unité génératrice de trésorerie (UGT)

S'il existe un indice qui indique qu'un actif a pu perdre de la valeur, la valeur recouvrable de l'actif pris individuellement doit être estimée. S'il n'est pas possible d'estimer la valeur recouvrable de l'actif pris individuellement, une entreprise doit déterminer la valeur recouvrable de l'unité génératrice de trésorerie à laquelle l'actif appartient.

L'unité génératrice de trésorerie est définie par la norme IAS 36 comme le plus petit groupe identifiable d'actifs dont l'utilisation continue génère des entrées de trésorerie qui sont largement indépendantes des entrées de trésorerie générées par d'autres actifs ou groupes d'actifs.

Exemple

Cas d'actifs regroupés en UGT

Cas d'une entreprise minière qui possède une desserte ferroviaire privée pour ses activités d'exploitation minière. Celle-ci ne pourra être vendue que pour sa valeur à la casse, et ne générera pas à elle seule des entrées de trésorerie. L'entreprise doit

---

donc estimer la valeur recouvrable de l'UGT à laquelle elle appartient, c'est-à-dire la mine dans son ensemble. L'IASB rappelle que l'identification des UGT implique une part de jugement.

Cas d'une société de transport en autocar sous contrat avec une municipalité qui lui impose un service sur un certain nombre de lignes dont certaines ne sont pas rentables : si la société ne travaille que sur ce contrat l'UGT est alors considérée comme la société prise dans son ensemble. En effet, si les lignes non-rentables ne peuvent être abandonnées sans perdre le contrat d'ensemble cela prouve qu'il s'agit de la même unité.

Pour identifier si les entrées de trésorerie d'un actif (ou d'un groupe d'actifs) sont largement indépendantes des entrées de trésoreries d'autres actifs (ou groupes d'actifs), une entreprise considère différents facteurs y compris la manière dont la direction gère les activités de l'entreprise, par exemple les lignes de produits, les secteurs d'activités, les implantations géographiques.

Le *goodwill*

Le *goodwill* résultant d'une acquisition représente un paiement effectué par un acquéreur en prévision d'avantages économiques futurs. Ces avantages économiques futurs peuvent résulter d'une synergie entre les actifs identifiables acquis ou d'actifs qui, pris individuellement, ne remplissent pas les conditions pour être comptabilisés dans les états financiers.

Le *goodwill* ne génère pas de flux de trésorerie de façon indépendante des autres actifs ou groupe d'actifs et donc la valeur recouvrable du *goodwill* en tant qu'actif isolé ne peut pas être déterminée. En conséquence, selon la norme IAS 36, s'il existe un indice que le *goodwill* a pu perdre de la valeur, une valeur recouvrable est déterminée pour l'unité génératrice de trésorerie à laquelle il appartient. Ce montant est ensuite comparé à la valeur comptable de cette unité génératrice de trésorerie et toute perte de valeur est comptabilisée avec l'UGT.

Le prix de vente net

L'IASB définit le prix de vente net comme le montant qui peut être obtenu de la vente d'un actif lors d'une transaction dans des conditions de concurrence normale entre parties bien informées et consentantes, moins les coûts de sortie.

La meilleure indication du prix de vente net d'un actif est, selon la norme IAS 36, un prix figurant sur un accord de vente irrévocable signé à l'occasion d'une transaction dans des conditions de concurrence normale, ajusté pour prendre en compte les coûts marginaux directement attribuables à la sortie de l'actif. S'il n'existe ni accord de vente irrévocable ni marché actif, le prix de vente net est estimé à partir de la meilleure information disponible qui refléterait le montant, net des coûts de sortie, qu'une entreprise pourrait obtenir à la date de clôture, pour la sortie de l'actif lors d'une transaction entre des parties bien informées et consentantes. Parmi les coûts de sortie, l'IASB cite les frais d'actes ou les frais d'enlèvement de l'actif.

La valeur d'utilité

La valeur d'utilité est définie en normes internationales, comme la valeur actuelle des flux de trésorerie futurs estimée attendue de l'utilisation continue d'un actif et de sa sortie à la fin de sa durée d'utilité[1]. L'estimation de la durée d'utilité implique deux grandes étapes. Tout d'abord, on procède à l'estimation des entrées et sorties de trésorerie futures générées par l'utilisation de l'actif et par sa sortie finale, puis on applique un taux d'actualisation approprié à ces flux de trésorerie futurs.

Les projections de flux de trésorerie doivent être fondées sur des hypothèses raisonnables et documentées représentant la meilleure

---

1. L'actualisation des flux de trésorerie a été théorisée dès les années trente par I. Fisher. Pour cet auteur, la valeur d'un actif financier est égale à la somme des valeurs actuelles des flux de trésorerie que sa détention et sa mise en œuvre permettront d'obtenir. Fisher I., *The Theory of Interest*, Macmillan, 1930.

estimation par la direction de l'ensemble des conditions économiques qui existeront pendant la durée d'utilité restant à courir de l'actif. Ces projections doivent être fondées sur les prévisions financières les plus récentes approuvées par la direction. La période couverte ne doit pas dépasser cinq ans sauf si une période plus longue peut être justifiée.

Les projections de flux de trésorerie au-delà de la période couverte par les prévisions (ou les budgets) les plus récentes doivent être estimées par extrapolation des projections provenant des prévisions (ou des budgets) en leur appliquant un taux de croissance stable ou décroissant pour les années ultérieures (sauf si un taux croissant peut être justifié).

Ce taux de croissance ne doit pas excéder le taux de croissance moyen à long terme pour les produits, les secteurs d'activité ou les produits dans lesquels l'entreprise opère ou pour le marché pour lequel l'actif est utilisé (sauf si un taux de croissance supérieur peut être justifié).

Le calcul des flux de trésorerie

Les estimations de flux de trésorerie futurs doivent inclure :

◆   les projections des entrées de trésorerie futures relatives à l'utilisation continue de l'actif ;

◆   les projections des sorties de trésorerie nécessairement encourues pour générer les entrées de trésorerie relatives à l'utilisation continue de l'actif ;

◆   les flux de trésorerie nets qui seront, s'il y a lieu, reçus (ou payés) lors de la sortie de l'actif à la fin de sa durée d'utilité.

Si le taux d'actualisation comprend l'effet des augmentations de prix dues à l'inflation générale, les flux de trésorerie futurs sont estimés en prix courants. À l'inverse si le taux d'actualisation exclut l'effet des augmentations de prix dues à l'inflation générale, les flux de trésorerie futurs sont exprimés en prix constants.

Les projections des sorties de trésorerie comprennent les frais généraux futurs pouvant être directement attribués, ou affectés sur une base raisonnable et permanente, à l'utilisation de l'actif. Les estimations de flux de trésorerie incluent également les dépenses d'investissement futur nécessaire au maintien ou au soutien d'un actif à son niveau de performance défini à l'origine. Mais les estimations des flux de trésorerie futurs ne doivent pas inclure les entrées ou les sorties de trésorerie provenant des activités de financement ou les entrées ou les sorties de trésorerie liées à l'impôt sur le résultat.

Le choix des taux d'actualisation

Les taux d'actualisation doivent, selon la norme IAS 36, être des taux avant impôt reflétant les appréciations actuelles par le marché de la valeur temps de l'argent et des risques spécifiques à l'actif. Les taux d'actualisation ne doivent pas refléter les risques pour lesquels les estimations des flux de trésorerie futurs ont été ajustées.

L'entreprise peut prendre en compte, comme point de départ les taux suivants :

 ♦ le coût moyen pondéré du capital de l'entreprise déterminé à l'aide de techniques telles que le CAPM[1] (*Capital Asset Pricing Model*) ;

 ♦ le taux d'emprunt marginal de l'entreprise ;

 ♦ d'autres taux d'emprunts sur le marché.

---

1. Le CAPM est également appelé MEDAF (Modèle d'Évaluation des Actifs Financiers). C'est le principal modèle qui a permis d'intégrer le risque dans l'évaluation des actifs. Le CAPM est dû principalement à deux auteurs Sharpe (1965) et Lintner (1965) qui ont montré que la rémunération qui est exigée par un investisseur est égale au taux de l'argent sans risque majoré d'une prime de risque du marché.
Sharpe W. (1964), Capital Asset Price : A Theory of Market Equilibrum under Conditions of Risks, *The Journal of Finance*, septembre, p. 725-742.
Lintner J. (1965), The Valuation of Risks Assets and the Selection of Risky Investments in Stock Portofolio and Capital Budgets, *The Review of Economics and Statistics*, février, p. 13-37.

Ces taux sont ajustés pour refléter la manière dont le marché appré-cierait les risques spécifiques associés au flux de trésorerie projetés et pour exclure les risques qui ne sont pas pertinents pour les flux de trésorerie projetés. Le taux d'actualisation est indépendant de la structure financière de l'entreprise et de la façon dont celle-ci a financé l'achat de l'actif, car les flux de trésorerie futurs attendus d'un actif ne dépendent pas de la façon dont l'entreprise a financé l'achat de cet actif. Lorsque la base du taux est une base après impôt, elle doit être ajustée pour refléter un taux avant impôt.

À propos du calcul des flux de trésorerie et du choix du taux d'actu-alisation, C. Hoarau[1] remarque à juste titre la fragilité attachée à toute prévision de flux de trésorerie, en particulier pour estimer la valeur finale. Concernant le coût moyen pondéré du capital, C. Hoarau indique que s'il existe un consensus sur la définition du concept, il n'en est pas de même pour le mode de calcul. Il résulte, pour cet auteur, une diversité méthodologique qui peut se révéler une source d'incertitude sur les valeurs des actifs comptables sans écarter les risques de manipulation.

Comptabilisation de la perte de valeur

Si la valeur recouvrable d'un actif est inférieure à sa valeur compta-ble, la valeur comptable de l'actif doit être ramenée à sa valeur recouvrable. Cette réduction est une perte de valeur. Une perte de valeur doit immédiatement être comptabilisée en charges dans le compte de résultat, à moins que l'actif ne soit comptabilisé pour son montant réévalué comme cela est autorisé par la norme IAS 16 pour les immobilisations corporelles. Dans ce cas une perte de valeur d'un actif réévalué doit être comptabilisée directement en déduction de l'écart de réévaluation correspondant à cet actif dans la mesure où la

---

1. C. Hoarau, Les normes IAS/IFRS : enjeux et défis de l'harmonisation compta-ble internationale, *Revue du Financier*, n° 144, 2004, p. 7-17.

© Éditions d'Organisation

perte de valeur n'excède pas le montant de l'écart de réévaluation relatif à cet actif (si c'est le cas la perte de valeur doit être comptabilisée en charges).

Une perte comptable d'une unité génératrice de trésorerie doit être répartie, afin de réduire la valeur comptable des actifs de l'unité. L'entreprise doit tout d'abord réduire le *goodwill* affecté à l'UGT, puis la valeur comptable des autres actifs au prorata de la valeur comptable de chacun des actifs de l'unité. Ces pertes de valeur doivent être inscrites en charges au compte de résultat.

Divergences avec la comptabilité française

Les principes français en matière de déclenchement de tests de dépréciation, de détermination de la valeur recouvrable ou de comptabilisation sont proches des normes IAS/IFRS, mais les normes internationales sont plus contraignantes.

Exemple : Présentation dans le rapport financier 2002 du groupe Nestlé

Précisions relatives aux pertes de valeur des actifs

« La valeur des immobilisations est examinée à la date du bilan afin de déterminer s'il existe des indices révélant une perte de leur valeur. Si de tels indices existent, la valeur recouvrable des immobilisations est estimée et une perte de valeur est constatée lorsque la valeur comptable d'un actif est supérieure à sa valeur recouvrable.

La valeur recouvrable est la valeur la plus élevée entre le prix de vente net et sa valeur d'utilité. Cette dernière est déterminée en utilisant les flux financiers futurs générés par l'actif et en escomptant ceux-ci au taux d'emprunt moyen du pays où il est situé, ce taux étant ajusté pour les risques spécifiques inhérents à l'actif. »

Les capitaux propres

Les capitaux propres sont définis dans le cadre conceptuel de l'IASB comme l'intérêt résiduel dans les actifs après déduction de tous les passifs. Il est également rappelé que même si les capitaux propres sont définis comme un montant résiduel ils peuvent faire l'objet de subdivisions dans le bilan. Les sociétés commerciales peuvent par exemple distinguer les fonds apportés par les actionnaires, les résultats non-distribués, les réserves représentant l'affectation des résultats non-distribués et les réserves représentatives des ajustements destinés au maintien du capital.

Conformément à la norme IAS 1, parmi les informations à présenter au bilan doivent figurer le capital émis et les réserves. La norme IAS 27 impose également, depuis sa révision de décembre 2003, la présentation des intérêts minoritaires dans les capitaux propres, sur une ligne distincte.

Les réserves représentatives des ajustements destinées au maintien du capital sont des réserves de réévaluation. En effet, les normes IAS prévoient dans certains cas de comptabiliser l'écart de réévaluation dans une ligne distincte des capitaux propres (par exemple, la réévaluation des immobilisations corporelles ou incorporelles, l'évaluation des actifs financiers disponibles à la vente).

> **Exemple : Présentation dans le rapport financier 2002 du groupe Nestlé**
>
> # Détail du poste « fonds propres »
>
> Le groupe Nestlé distingue, parmi les fonds propres, deux grands postes : le « Capital actions » et les « Primes et réserves ». Parmi les « Primes et réserves » figurent les primes à l'émission, les réserves pour propres actions, les écarts de conversion et les bénéfices accumulés.

Les provisions

La norme IAS 37 définit une provision comme un passif dont l'échéance ou le montant sont incertains.

Une provision doit être comptabilisée, en normes internationales, lorsque :

- l'entreprise a une obligation actuelle (juridique ou implicite) résultant d'un événement passé ;
- il est probable qu'une sortie de ressources représentatives d'avantages économiques sera nécessaire pour régler l'obligation ;
- le montant de l'obligation peut être estimé de manière fiable.

Si ces conditions ne sont pas réunies, aucune provision ne doit être comptabilisée.

L'obligation actuelle

Selon la norme IAS 37, dans de rares cas, l'existence d'une obligation actuelle n'apparaît pas clairement. Dans ces situations, un événement passé est considéré créer une obligation actuelle si, compte tenu de toutes les indications disponibles, il est plus probable qu'improbable qu'une obligation actuelle existe à la date de clôture.

Un événement passé

Un événement passé qui aboutit à une obligation actuelle est appelé fait générateur d'obligation. Pour qu'un événement soit un fait générateur d'obligation, il faut que l'entreprise n'ait pas d'autre solution réaliste que de régler l'obligation créée par l'événement.

Les états financiers présentent la situation financière de l'entreprise à la clôture de l'exercice et non pas sa situation future potentielle. En conséquence, aucune provision n'est comptabilisée au titre de coûts de fonctionnement qui devront être encourus dans l'avenir. Les seuls passifs comptabilisés au bilan de l'entreprise sont ceux qui existent à la date de clôture.

La sortie probable de ressources représentatives d'avantages économiques

Pour qu'un passif réunisse les conditions requises pour être comptabilisé, il faut, non seulement qu'il crée une obligation actuelle, mais également qu'une sortie de ressources représentatives d'avantages économiques soit probable pour régler cette obligation.

Une estimation fiable de l'obligation

L'utilisation d'estimations est un élément essentiel de la préparation des états financiers et elle ne nuit pas à leur fiabilité. Cela est particulièrement vrai, dans le cas des provisions qui sont, par nature, plus incertaines que la plupart des autres éléments du bilan. Sauf dans des cas extrêmement rares, la norme IAS 37 précise que l'entreprise peut déterminer un éventail de résultats possibles et peut donc faire une estimation suffisamment fiable de l'obligation pour comptabiliser une provision.

Exemple

Provision

Une entreprise qui fabrique des produits chimiques a pollué un site de production. Il y a donc une obligation actuelle (juridique dans certains cas) de remettre le site en état. Il s'agit bien d'événements passés (la fabrication de produits chimiques) qui entraînent une obligation actuelle de dépolluer. Il existe une sortie probable de ressources représentatives d'avantages économiques car la dépollution a un coût et dans ce cas on peut estimer l'obligation grâce à des devis.

Divergences avec la comptabilité française

La comptabilité française avec le règlement du CRC 2000-06 relatif aux passifs, adopté le 7 décembre 2000, a revu la définition des passifs et des provisions pour risques et charges. Il ne reste désormais plus de divergences significatives entre les IAS et la comptabilité française sur ce sujet.

Exemple : Présentation dans le rapport financier 2002 du groupe Nestlé

Précisions relatives aux provisions

« Cette rubrique comprend les engagements dont l'échéance ou le montant sont incertains, découlant de restructuration, de risques environnementaux, de litiges et d'autres risques. Une provision est constituée lorsque le Groupe a une obligation juridique ou implicite résultant d'un événement passé et que les sorties futures de liquidités peuvent être estimées de manière fiable. Les engagements résultant de plans de restructuration sont comptabilisés lorsque des plans détaillés ont été établis et que leur mise en œuvre repose sur une attente fondée. »

Les avantages du personnel et les régimes de retraite

La norme IAS 19 prescrit la comptabilisation et les informations à fournir par les employeurs au titre des avantages du personnel. Les avantages du personnel désignent toutes les formes de contreparties données par une entreprise au titre des services rendus par son personnel.

La norme identifie cinq catégories d'avantages :

◆ les avantages à court terme, tels que les salaires, les rémunérations, les cotisations de sécurité sociale, les congés payés, les congés maladie, l'intéressement et les primes (s'ils sont payables dans les douze mois suivants la fin de l'exercice) et les avantages non-monétaires (tels que l'assistance médicale, le logement, les voitures et les biens ou services gratuits ou subventionnés) accordés au personnel en activité ;

+ les avantages postérieurs à l'emploi tels que les pensions de retraite et autres prestations postérieures à l'emploi, l'assurance-vie postérieure à l'emploi et l'assistance médicale postérieure à l'emploi ;

+ les avantages à long terme comprenant les congés liés à l'ancienneté, congés sabbatiques, jubilés ou autres avantages liés à l'ancienneté, indemnités d'incapacité de longue durée et, s'ils sont payables douze mois ou plus après la fin de l'exercice, l'intéressement, les primes et rémunérations différées ;

+ les indemnités de fin de contrat de travail ;

+ les avantages sur capitaux propres.

Les avantages à court terme

La norme impose à l'entreprise de comptabiliser les avantages à court terme lorsque le membre du personnel a rendu des services lui donnant droit à ces avantages. Lorsqu'un membre du personnel a rendu des services à une entreprise au titre d'un exercice, l'entreprise doit comptabiliser le montant non-actualisé des avantages à court terme qu'elle s'attend à lui payer en contrepartie au passif (charges à payer), après déduction du montant déjà payé et comptabilisé en charges.

Les régimes d'avantages postérieurs à l'emploi

Les régimes d'avantages postérieurs à l'emploi sont classés soit en régimes à contributions définies, soit en régimes à prestations définies.

Dans les régimes à contributions définies, l'employeur paye des cotisations fixes à une entité distincte (un fonds) et n'aura aucune obligation juridique ou implicite de payer des cotisations supplémentaires si le fonds n'a pas suffisamment d'actifs pour servir tous les avantages correspondant aux services rendus par le personnel pour l'exercice et les exercices antérieurs. La norme impose à l'entreprise de comptabiliser les cotisations versées au régime à contributions définies lorsque le membre du personnel a rendu des services en échange de ces cotisations. Dans ce cas, qui correspond aux régimes de retraite de base, il n'y a pas à effectuer de calculs d'engagements de retraite.

Lorsqu'un membre du personnel a rendu des services à une entreprise au titre d'un exercice, celle-ci doit comptabiliser la cotisation à payer à un régime à cotisations définies en échange de ces services au passif (charges à payer) après déduction des cotisations déjà payées et comptabilisées en charges.

L'entreprise doit indiquer le montant comptabilisé en charges pour les régimes à cotisations définies.

Tous les autres régimes d'avantages postérieurs à l'emploi sont des régimes à prestations définies. Les régimes à prestations définies peuvent être non-financés, ou partiellement ou intégralement financés.

La norme IAS 19 impose à l'entreprise pour les régimes à prestations définies :

- de comptabiliser non seulement son obligation juridique mais aussi toute obligation implicite générée par les pratiques passées de l'entreprise ;

- de déterminer la valeur actuelle des obligations au titre des prestations définies et la juste valeur des actifs des régimes avec une régularité suffisante pour que les montants comptabilisés dans les états financiers ne diffèrent pas de façon significative des montants qui auraient été déterminés à la date de clôture ;

- d'utiliser la méthode des unités de crédit projetées pour évaluer ses obligations et ses coûts ;

- d'affecter les droits à prestations aux périodes de services en vertu de la formule de calcul des prestations du régime, à moins que les services rendus lors des exercices ultérieurs aboutissent à un niveau de droits à prestations sensiblement supérieur à celui des exercices antérieurs ;

◆ d'utiliser des hypothèses actuarielles objectives et mutuellement compatibles concernant les variables démographiques (telles que la rotation du personnel et la mortalité) et financières (telles que les augmentations futures des salaires, les changements dans les coûts médicaux futurs et certains changements dans les régimes généraux et obligatoires). Les hypothèses financières doivent être basées sur les attentes du marché à la date de clôture de l'exercice au cours duquel les obligations doivent être réglées ;

◆ de déterminer le taux d'actualisation par référence à un taux du marché ;

◆ de déduire la juste valeur des éventuels actifs du régime du montant comptable de l'obligation ;

◆ de limiter la valeur comptable d'un actif de telle façon qu'il ne dépasse pas le total, du coût non-comptabilisé des services passés et des pertes actuarielles, plus la valeur actuelle des éventuels avantages économiques disponibles sous la forme de remboursements du régime ou de réductions de contributions futures au régime ;

◆ de comptabiliser le coût des services passés selon un mode linéaire sur la durée moyenne restant à courir jusqu'à ce que les avantages correspondant au régime adopté ou modifié soient acquis au personnel ;

◆ de comptabiliser les profits ou pertes liés à une réduction ou liquidation d'un régime à prestations définies au moment où la réduction ou liquidation a lieu ;

◆ de comptabiliser une part spécifiée des écarts actuariels cumulés nets excédant la plus grande des deux valeurs suivantes : 10 % de la valeur actualisée de l'obligation au titre des prestations définies et 10 % de la juste valeur des éventuels actifs du régime.

L'entreprise doit comptabiliser non seulement l'obligation juridique ressortant des termes formels du régime à prestations définies, mais aussi toute obligation implicite résultant de ses usages.

Au bilan, le montant comptabilisé au passif au titre des prestations définies doit être égal au total de la valeur actualisée de l'obligation au titre des prestations définies à la date de clôture, puis être :

- ◆ majorée des profits actuariels (minorée des pertes actuarielles) non-comptabilisés ;
- ◆ diminuée du coût des services passés non encore comptabilisé ;
- ◆ diminuée de la juste valeur à la date de clôture des actifs du régime (s'ils existent) utilisés directement pour éteindre les obligations.

Les entreprises doivent déterminer la valeur actualisée de leurs obligations au titre des prestations définies et la juste valeur des actifs du régime avec une régularité suffisante pour que les montants comptabilisés dans les états financiers ne diffèrent pas de manière significative des montants qui seraient déterminés à la date de clôture.

Au compte de résultat, l'entreprise comptabilise en charges ou en produits :

- ◆ le coût des services rendus au cours de l'exercice ;
- ◆ le coût financier ;
- ◆ le rendement attendu des actifs du régime et de tous les droits au remboursement ;
- ◆ les écarts actuariels dans la mesure où ils sont comptabilisés en suivant la norme IAS 19 ;
- ◆ le coût des services passés, dans la mesure où la norme IAS 19 impose à l'entreprise de les comptabiliser ;
- ◆ l'effet de toute réduction ou liquidation de régime.

Divergences avec la comptabilité française

Le Conseil national de la comptabilité (CNC) a publié récemment la recommandation 2003 R 01 qui fixe des règles de comptabilisation semblables à celles de la norme

IAS 19. Le CNC recommande d'utiliser la méthode des unités de crédits projetés comme la norme IAS 19. Le Code de commerce pour sa part impose une évaluation des régimes de retraites sans préciser de méthodes spécifiques.

Exemple : Présentation dans le rapport financier 2002 du groupe Nestlé

Précisions relatives aux engagements envers le personnel

« Avantages postérieurs à l'emploi

Les engagements du Groupe résultant de régimes à prestations définies, ainsi que leur coût, sont déterminés selon la méthode des unités de crédit projetées. Des évaluations ont lieu chaque année pour les régimes les plus importants et selon un intervalle régulier pour les autres régimes. Les conseils actuariels sont fournis par des consultants externes ainsi que par les actuaires employés par le Groupe. Les hypothèses actuarielles utilisées pour déterminer les engagements varient selon les conditions économiques prévalant dans le pays dans lequel le régime est situé.

Ces régimes sont soit financés, leurs actifs étant alors gérés séparément et indépendamment de ceux du Groupe, soit non-financés, leurs engagements faisant l'objet d'une dette au bilan.

Pour les régimes à prestations définies financés, l'insuffisance ou l'excédent de la juste valeur des actifs par rapport à la valeur actualisée des obligations est comptabilisé comme dette ou actif au bilan, en tenant compte des écarts actuariels cumulés ainsi que du coût des services passés non encore comptabilisés au compte de résultat. Cependant, un excédent d'actifs n'est comptabilisé au bilan que dans la mesure où il représente des avantages économiques futurs qui sont effectivement disponibles pour le Groupe par exemple sous la forme de remboursements du régime ou de diminutions des cotisations futures au régime. Si un tel excédent d'actifs n'est pas disponible ou ne représente pas d'avantages économiques futurs, il n'est pas comptabilisé au bilan, mais est indiqué dans les notes.

Des écarts actuariels résultent principalement des modifications d'hypothèses et de la différence entre les résultats selon les hypothèses actuarielles et les résultats effectifs des régimes à prestations définies. Ces écarts sont comptabilisés au compte de résultat pour la partie excédant les 10 % du plus élevé de la valeur actualisés de l'obligation ou de la juste valeur des actifs à la fin de l'exercice précédent, cette partie excédentaire étant imputée en fonction de la durée de vie active moyenne résiduelle attendue des membres du personnel du régime concerné. Les écarts actuariels non encore comptabilisés au compte de résultat sont pris en compte au bilan.

La charge actuarielle comptabilisée au compte de résultat pour les régimes à prestations définies comprend le coût des services rendus au cours de l'exercice, le coût financier, le rendement attendu des actifs et le coût des services passés ainsi que les écarts actuariels, dans la mesure où ces derniers sont comptabilisés au compte de résultat. Le coût des services passés relatifs aux améliorations de prestations est comptabilisé lorsque ces avantages sont acquis ou lorsqu'ils représentent une obligation implicite.

Certains avantages sont également fournis par des régimes à cotisations définies dont les cotisations sont inscrites en charge lorsqu'elles sont encourues.

Pensions et prestations de retraites

La majorité du personnel du Groupe est au bénéfice de prestations de retraites octroyées par divers régimes à prestations définies ; elles sont usuellement basées sur la rémunération assurée de fin de carrière et la durée de service.

**Prestations de maladie postérieures à l'emploi
et autres prestations en faveur du personnel**

Des sociétés du Groupe, principalement aux États-Unis et au Canada offrent des régimes d'assurance maladie en faveur des retraités.

Les engagements résultant d'autres avantages à long terme consistent principalement en indemnités de départ qui n'ont pas le caractère de pensions. »

L'impôt sur le résultat et les impôts différés

La norme IAS 12 prescrit le traitement comptable des impôts sur le résultat et définit les termes suivants.

Le bénéfice comptable

Le bénéfice comptable est le résultat net d'un exercice avant déduction de la charge d'impôt.

Le bénéfice imposable

Le bénéfice imposable (ou la perte fiscale) est le résultat net (ou la perte) d'un exercice, déterminé(e) selon les règles établies par les administrations fiscales et sur la base desquelles l'impôt sur le résultat doit être payé (recouvré).

La charge d'impôt

La charge (ou le produit) d'impôt est égale (égal) au montant total de l'impôt exigible et de l'impôt différé inclus dans la détermination du résultat net de l'exercice.

L'impôt exigible

L'impôt exigible est le montant des impôts sur le bénéfice payables (ou récupérables) au titre du bénéfice imposable (ou perte fiscale) d'un exercice.

Les passifs d'impôt différé

Les passifs d'impôt différé sont les montants d'impôts sur le résultat payable aux cours d'exercices futurs au titre de différences temporelles imposables.

Les actifs d'impôt différé

Les actifs d'impôt différé sont les montants d'impôts sur le résultat recouvrables au cours d'exercices futurs au titre :

◆   de différences temporelles déductibles ;

◆   du report en avant de pertes fiscales non-utilisées ;

◆   du report en avant de crédits d'impôts non-utilisés.

La base fiscale et les différences temporelles

La base fiscale d'un actif ou d'un passif est le montant attribué à cet actif ou à ce passif à des fins fiscales.

Les différences temporelles sont les différences entre la valeur comptable d'un actif ou d'un passif au bilan et sa base fiscale. Les différences temporelles peuvent être soit des différences temporelles imposables, dans ce cas on a comptabilisé plus d'impôts sur la base comptable que sur la base fiscale ; soit des différences temporelles déductibles, dans ce cas on a comptabilisé moins d'impôts sur la base comptable que sur la base fiscale.

L'impôt exigible de l'exercice et des exercices précédents doit être comptabilisé en tant que passif dans la mesure où il n'est pas payé. Si le montant déjà payé au titre de l'exercice et des exercices précédents excède le montant dû pour ces exercices, l'excédent doit être comptabilisé en tant qu'actif.

Un passif d'impôt différé doit être comptabilisé pour toutes les différences temporelles imposables c'est-à-dire lorsque le montant d'impôt réel est inférieur à l'impôt comptable.

Exemple

Passifs d'impôts différés présentés dans la norme IAS 12

Un actif qui a coûté 150 a été amorti comptablement pour 50, il a donc une valeur comptable de 100. En suivant les règles d'amortissement autorisées sur le plan fiscal, on obtient un cumul d'amortissement de 90, l'actif a donc une valeur fiscale de 60. Le taux d'impôt est de 25 %.

La différence entre la valeur comptable de 100 et la base fiscale de 60 constitue une différence temporelle taxable de 40. L'entreprise comptabilise un passif d'impôt différé de 10 (40 à 25 %) qui représente la différence d'impôts entre la base comptable et la base fiscale. On a donc comptabilisé un montant plus important d'impôts sur la base comptable que sur la base fiscale, car on a amorti moins vite comptablement que ce qui est prévu fiscalement.

Un actif d'impôt différé doit être comptabilisé pour toutes les différences temporelles déductibles, c'est-à-dire lorsque le montant d'impôt réel est supérieur à l'impôt comptable. Cette comptabilisation intervient dans la mesure où il est probable qu'un bénéfice imposable, sur lequel ces différences temporelles déductibles pourront être imputées, sera disponible.

Exemple

Actifs d'impôts différés présenté dans la norme IAS 12

Une entreprise comptabilise une provision pour garantie de 100. Fiscalement, les coûts de garantie ne sont déductibles que lorsque l'entreprise paye les réclamations. Le taux d'impôt est de 25 %.

La base fiscale du passif est nulle. En réglant le passif pour sa valeur comptable, l'entreprise va réduire son bénéfice imposable futur de 100 et, par conséquent, réduire ses paiements futurs d'impôt de 25 (100 x 25 %). La différence entre la valeur comptable de 100 et la base fiscale de zéro est une différence temporelle déductible de 100. L'entreprise comptabilise donc un actif d'impôt différé de 25 (100 au taux de 25 %), s'il est probable que l'entreprise dégagera au cours des exercices futurs un bénéfice imposable suffisant pour pouvoir profiter de cette réduction de paiement d'impôt.

L'impôt exigible et différé doit être comptabilisé en produit ou en charge et compris dans le résultat net de l'exercice, sauf si l'impôt différé est généré par une transaction ou un événement qui est comptabilisé directement en capitaux propres et si l'impôt est généré par un regroupement d'entreprises qui est une acquisition. L'impôt exigible et différé doit être directement débité ou crédité dans les capitaux propres si l'impôt concerne des éléments qui ont été crédités ou débités directement dans les capitaux propres, lors du même exercice ou d'un exercice différent.

Les entreprises doivent présenter les actifs et les passifs d'impôt séparément des autres actifs et passifs. Les actifs et passifs d'impôts différés doivent être distingués des actifs et des passifs d'impôts exigibles.

Exemple : Présentation dans le rapport financier 2002 du groupe Nestlé

Précisions relatives aux impôts

« Cette rubrique comprend les impôts sur les bénéfices et d'autres impôts tels que les impôts sur le capital. Elle inclut également les impôts effectifs et potentiels retenus à la source sur les transferts de fonds courant ou prévus par les sociétés du Groupe et les ajustements d'impôts d'années précédentes. L'effet fiscal sur les éléments comptabilisés à fonds propres est également enregistré à fonds propres.

Des impôts différés sont enregistrés sur les différences temporelles qui surviennent lorsque les autorités fiscales enregistrent et évaluent les actifs et les passifs avec des règles qui diffèrent de celles utilisées pour l'établissement des comptes consolidés.

Les impôts différés sont calculés selon la méthode du report variable sur la base des taux d'impôts attendus au moment de la concrétisation de la créance ou de l'engagement. Tout changement de taux d'impôt est enregistré au compte de résultat sauf s'il est lié directement aux éléments de fonds propres. Des impôts différés passifs sont enregistrés sur toutes les différences temporelles imposables à l'exception du *goodwill* non-déductible. Des impôts différés actifs sont enregistrés sur toutes les différences temporelles déductibles dans la mesure où il est probable que de futurs bénéfices imposables seront disponibles. »

La présentation du bilan

Les normes comptables internationales n'imposent pas une présentation type du bilan, ce qui est également vrai pour le compte de résultat. La norme IAS 1 révisée en décembre 2003 détaille néanmoins les postes qui doivent être présents et demande d'établir le bilan en distinguant (de façon préférentielle) les actifs courants et non-courants et les passifs courants et non-courants. Les entreprises peuvent également présenter des postes, rubriques et sous-totaux supplémentaires lorsqu'une norme internationale l'impose ou lorsqu'une telle présentation est nécessaire pour donner une image fidèle de la situation financière de l'entreprise. L'IASC laisse, comme le mentionne B. Colasse[1], une grande liberté d'appréciation aux préparateurs des états financiers, sous condition que cette liberté soit utilisée pour donner une image aussi fidèle que possible de la situation financière de l'entreprise.

Tableau 7 – Exemple de bilan conforme à la norme IAS 1

Actif	Montant	Passif	Montant
Actifs non-courants		**Capitaux propres**	
• Immobilisations incorporelles		• Capital émis	
• Goodwill (écart d'acquisition)		• Réserves	
• Brevets et licences		• Résultats accumulés	
• Marques		**Intérêts minoritaires**	
• Immobilisations corporelles		**Passifs non-courants**	
• Terrains		• Dettes financières	
• Bâtiments		• Provisions	
• Machines		• Impôts différés passifs	
• Participations dans des entreprises associées		**Passifs courants**	
• Actifs financiers et autres		• Dettes financières	
• Impôts différés		• Fournisseurs et autres créditeurs	
Actifs courants			
• Stocks			
• Clients et autres débiteurs			
• Trésorerie et équivalent de trésorerie			

---

1. B. Colasse, *Comptabilité générale (PCG 1999, IAS et ENRON)*, Economica, 2003, p. 133.

Les immobilisations incorporelles

Une immobilisation incorporelle est un actif non-monétaire, identifiable, sans substance physique et détenu en vue d'une utilisation pour la production ou la fourniture de biens ou de services, pour la location à des tiers ou à des fins administratives (définition de l'IASB). Les immobilisations incorporelles sont régies par les normes IAS 38 (Actifs incorporels) et IFRS 3 (Regroupements d'entreprises). De par leur spécificité, les *goodwills* font généralement l'objet d'une ligne à part dans les états financiers.

Les immobilisations corporelles

Les immobilisations corporelles sont (selon la définition de l'IASB) des actifs corporels qui sont détenus par une entreprise soit pour être utilisés dans la production ou la fourniture de biens ou de services, soit pour être loués à des tiers, soit à des fins administratives et dont on s'attend à ce qu'ils soient utilisés sur plus d'un exercice.

Les immobilisations corporelles sont régies par la norme IAS 16 (Immobilisations corporelles), la norme IAS 11 (Contrats de construction), la norme IAS 36 (Dépréciation des actifs), la norme IAS 17 (Contrats de location), la norme IAS 40 (Comptabilisation des placements financiers), la norme IAS 41 (Agriculture).

Participations dans des entreprises associées

Une entreprise associée est une entreprise dans laquelle l'investisseur a une influence notable et qui n'est ni une filiale ni une coentreprise de l'investisseur (définition de l'IASB).

Les participations dans des entreprises associées sont régies par les normes IAS 28 (Participations dans les entreprises associées) et IAS 31 (Participations dans les coentreprises).

Actifs financiers et autres

Les actifs financiers et autres regroupent principalement les prêts ainsi que les autres créances à long terme conformément aux normes IAS 32 (Instruments financiers : informations à fournir et présentation) et IAS 39 (Instruments financiers : constatation et évaluation).

Impôts différés actifs

Les impôts différés actifs sont les montants d'impôts sur le résultat recouvrables au cours d'exercices futurs au titre :

◆ de différences temporelles déductibles ;

◆ du report en avant de pertes fiscales non-utilisées ;

◆ du report en avant de crédits d'impôt non-utilisés.

La norme IAS 12 (Impôts sur le résultat) traite de la comptabilisation des impôts sur le résultat. Les impôts sur le résultat incluent tous les impôts nationaux et étrangers dus sur la base des bénéfices imposables. Les différences temporelles sont les différences entre la valeur comptable d'un actif ou d'un passif au bilan et sa base fiscale.

Stocks

Dans la définition de l'IASB, les stocks sont des actifs :

◆ détenus pour être vendus dans le cours normal de l'activité ;

◆ en cours de production pour une telle vente ;

◆ sous forme de matières premières ou de fournitures devant être consommées dans le processus de production ou de prestation de services.

La norme IAS 2 (Stocks) traite des stocks, de leur évaluation et des informations à fournir dans les états financiers.

Clients et autres débiteurs

Il s'agit des montants que l'entreprise doit recevoir de ses clients et des autres tiers. Par exemple, les ventes et les prestations de services qu'elle a facturées mais qui ne lui ont pas encore été réglées. L'IASB ne définit pas le poste clients et autres débiteurs dans une norme particulière.

Trésorerie et équivalent de trésorerie

La trésorerie comprend les fonds en caisse et les dépôts à vue, les équivalents de trésorerie sont des placements à court terme, très liquides qui sont facilement convertibles en un montant connu de trésorerie et qui sont soumis à un risque négligeable de changement de valeur. La norme IAS 7 (Tableaux de flux de trésorerie) traite des flux de trésorerie et de leur présentation dans un tableau qui fait partie intégrante des états financiers.

Capitaux propres

Il s'agit de l'intérêt résiduel dans les actifs de l'entreprise après déduction de tous ses passifs. Le niveau des capitaux propres est donc lié à l'évaluation des actifs et des passifs. Les capitaux propres ne font pas l'objet d'une norme particulière mais sont définis dans le cadre conceptuel de l'IASB.

Intérêts minoritaires

Les intérêts minoritaires sont la quote-part dans les résultats nets et dans l'actif net d'une filiale, attribuable aux intérêts qui ne sont pas détenus par la société mère, ni directement ni indirectement par l'intermédiaire des filiales. Ils sont définis dans la norme IAS 27 (États financiers consolidés et individuels).

Dettes financières

Les dettes financières classées dans les passifs non-courants représentent des dettes à moyen et long terme. On retrouve dans ce poste, les emprunts auprès des établissements financiers, les emprunts obligataires, les contrats de crédit-bail. Les dettes financières ne font pas l'objet d'une norme particulière.

Provisions

Les provisions correspondent à des passifs dont l'échéance ou le montant sont incertains. Les provisions sont traitées dans la norme IAS 37 (Provisions, passifs éventuels et actifs éventuels). Une provision doit être comptabilisée en normes internationales si, et seulement si :

◆   une entreprise a une obligation actuelle (juridique ou implicite) résultant d'un événement passé ;

◆   il est probable qu'une sortie de ressources représentatives d'avantages économiques sera nécessaire pour éteindre l'obligation ;

◆   le montant de l'obligation peut être estimé de manière fiable.

Impôts différés passifs

Les impôts différés passifs sont les montants d'impôts sur le résultat payables au cours d'exercices futurs au titre de différences temporelles imposables.

La norme IAS 12 (Impôts sur le résultat) traite de la comptabilisation des impôts sur le résultat et en particulier des différences temporelles qui correspondent aux différences entre la valeur comptable d'un actif ou d'un passif au bilan et sa base fiscale. Ce sont ces différences temporelles qui génèrent des impôts différés.

Dettes financières

Les dettes financières classées dans les passifs courants représentent des dettes à court terme. On retrouve dans ce poste les emprunts auprès de établissements financiers exigibles dans le délai d'un an, les billets de trésorerie, les avances en comptes courants. Les dettes financières ne font pas l'objet d'une norme particulière.

Fournisseurs et autres créditeurs

Ce sont des montants que l'entreprise doit verser à ses fournisseurs et à ses autres créanciers. Par exemple, les achats de biens ou de prestations de services qui ont été facturés mais que l'entreprise n'a pas encore réglés. L'IASB ne définit pas le poste fournisseurs et autres créditeurs dans une norme particulière.

Exemple : Présentation dans le rapport annuel 2003 du groupe Novartis

Présentation du bilan

Le groupe Novartis effectue la présentation suivante de son bilan consolidé, au 31 décembre 2003 et 2002 (nous avons inscrit entre parenthèses la traduction en anglais des différents postes).

Bilans consolidés *(Consolidated Balance Sheets)*	2003 M USD	2002 M USD
Actif *(Assets)*		
Actif immobilisé *(Long-term assets)*		
Immobilisations corporelles *(Tangible fixed assets)*	7 597	6 321
Immobilisations incorporelles *(Intangible assets)*	4 708	4 395
Participations dans des sociétés associées *(Investments in associated companies)*	6 848	6 483
Impôts différés *(Deferred taxes)*	2 401	2 178
Actifs financiers et autres *(Financial and other assets)*	5 490	4 833
Total actif immobilisé *(Total long-term assets)*	**27 044**	**24 210**
Actif circulant *(Current assets)*		
Stocks *(Inventories)*	3 346	2 963
Comptes clients *(Trade accounts receivable)*	4 376	3 697
Autres actifs circulants *(Other current assets)*	1 292	1 613
Titre de placement et instruments financiers dérivés *(Marketable securities & financial derivatives)*	7 613	6 744
Liquidités et équivalents de liquidités *(Cash and cash equivalents)*	5 646	5 798
Total actif circulant *(Total current assets)*	**22 273**	**20 815**
Total actif *(Total assets)*	**49 317**	**45 025**

Passif (*Equity and liabilities*)		
Capitaux propres (*Equity*)		
Capital actions (*Share capital*)	1 017	1 025
Actions tenues en réserve (*Treasury shares*)	- 121	- 127
Réserves (*Reserves*)	29 533	27 371
Total capitaux propres (*Total equity*)	**30 429**	**28 269**
Intérêts minoritaires (*Minority interests*)	**90**	**66**
Fonds de tiers (*Liabilities*)		
Dettes à long terme (*Long-term liabilities*)		
Dettes financières (*Financial debts*)	3 191	2 729
Impôts différés (*Deferred taxes*)	3 138	2 821
Provisions et autres dettes à long terme (*Provisions and other long-term liabilities*)	3 149	2 868
Total dettes à long terme (*Total long-term liabilities*)	**9 478**	**8 418**
Dettes à court terme (*Short-term liabilities*)		
Fournisseurs (*Trade accounts payable*)	1 665	1 266
Dettes financières (*Financial debts*)	2 779	2 841
Autres dettes à court terme (*Other short-term liabilities*)	4 876	4 165
Total dettes à court terme (*Total short-term liabilities*)	**9 320**	**8 272**
Total fonds de tiers (*Total liabilities*)	**18 798**	**16 690**
Total passif (*Total equity, minority interests and liabilities*)	**49 317**	**45 025**

L'ANALYSE DU BILAN

Le bilan fournit des informations sur la situation financière de l'entreprise et en particulier sa liquidité et sa solvabilité. Il permet de connaître les ressources dont dispose l'entreprise ainsi que leur utilisation. En matière d'évaluation, le bilan en normes IAS est une bonne base de départ, mais l'analyse devra être effectuée à l'aide de différents modèles tels que le DCF (*Discounted Cash Flow*), pour intégrer certains éléments qui n'apparaissent pas au bilan mais qui ont néanmoins une valeur (parts de marché, qualité du personnel…).

Pour effectuer une première analyse du bilan, le lecteur devra se poser les questions suivantes :

Les immobilisations incorporelles n'ont-elles pas été surévaluées ?

Concernant les immobilisations incorporelles, le lecteur des états financiers devra s'attacher à vérifier que leur valeur n'est pas trop importante dans le total du bilan. Par ailleurs, en cas de regroupement d'entreprise, l'analyste portera une attention particulière sur la valorisation des marques ou autres actifs incorporels qui peut être exagérée afin de diminuer la valeur du *goodwill*. Ce dernier ne devra pas représenter une part trop élevée du total des actifs incorporels car cela indiquerait que des prises de contrôles ont été effectuées pour des montants trop importants.

Des réévaluations des immobilisations corporelles ont-elles été effectuées ?

Au niveau des immobilisations corporelles, il est utile d'analyser si des réévaluations ont été effectuées et, si c'est le cas, analyser leur impact sur le résultat à travers la variation du niveau des amortissements. L'analyste devra également étudier quelles immobilisations ont été réévaluées, par exemple, les terrains n'étant pas amortissables, ils sont souvent privilégiés car leur réévaluation ne fait pas diminuer le résultat comptable.

Dans le cas d'une entreprise en difficulté, il faudra faire attention aux manœuvres dont le but est d'augmenter les capitaux propres pour améliorer les ratios d'endettement (et lui permettre ainsi d'augmenter son endettement). Il est essentiel d'examiner sur quelle base a été menée cette réévaluation et si celle-ci a été effectuée par l'entreprise ou par un expert extérieur.

Quelle est la politique d'amortissement des actifs corporels ?

Un autre point important concerne l'amortissement. Les IAS précisent que le montant amortissable d'une immobilisation corporelle doit être réparti de façon systématique sur sa durée d'utilité. Mais la durée d'utilité est différente selon les entreprises et celles-ci peuvent être amenées à jouer sur cette durée pour augmenter ou diminuer les rythmes des amortissements, afin d'influer sur le résultat ou sur le niveau des actifs. Ces durées sont précisées dans les états financiers, mais le lecteur n'a pas toujours assez d'informations pour juger de leur validité.

Comment les composants des actifs sont-ils définis ?

L'approche par composants risque de poser des problèmes de lisibilité. En effet, le coût d'un actif doit désormais être considéré comme une somme de composants. Et les composants doivent être comptabilisés séparément s'ils ont des durées d'utilité différentes. Cela peut pousser certaines entreprises à définir des composants en trop grand nombre (avec de durées d'amortissement différentes) et ainsi rendre les comptes difficilement lisibles.

Quelles sont les méthodes de valorisation des stocks ?
Ont-elles changé ?

Pour l'analyse des stocks, le lecteur des états financiers n'a généralement pas d'autre choix que de faire confiance à l'évaluation indiquée par l'entreprise. Les normes IAS en limitant les méthodes de calcul des sorties de stocks tentent d'harmoniser les pratiques. Néanmoins, une certaine latitude demeure dans l'interprétation des concepts de coûts directement liés aux unités produites (charges directes) ou dans l'incorporation des frais généraux au coût des stocks. Le lecteur des états financiers portera une attention particulière aux changements de méthodes ou aux importantes variations du niveau des provisions qui peuvent avoir des répercussions significatives sur les résultats.

Quelle est la proportion d'actifs en location-financement ?

Au sujet des contrats de location-financement (crédit-bail), les normes IAS imposent l'inscription à l'actif de biens dont l'entreprise n'est pas propriétaire mais locataire. La comptabilité internationale repose sur le principe de prééminence de la substance sur la forme qui conduit à ne pas regarder uniquement la forme juridique de la transaction mais sa substance ou son objectif. Dans le cas du crédit-bail cela permet d'avoir une vision plus claire de l'endettement de l'entreprise qui relève de ses engagements en matière de location.

Quel est le niveau d'engagement sur les contrats de retraite à prestations définies ?

Concernant les engagements de retraite, le lecteur des états financiers devra porter une attention particulière sur les montants comptabilisés au bilan et au compte de résultat. Pour les régimes à cotisations définies, celles-ci doivent être comptabilisées en charges et l'entreprise n'a pas d'engagements particuliers si le régime de retraite n'est pas équilibré. Pour les régimes à prestations définies, la question est plus complexe et le lecteur des états financiers dispose généralement de peu d'informations pour se faire une idée de la validité des hypothèses retenues pour évaluer les engagements. Certaines entreprises prennent des conseils actuariels auprès de consultants externes ce qui renforce la crédibilité des hypothèses actuarielles retenues.

Le niveau de l'endettement n'est-il pas trop élevé ?

L'endettement ne doit pas être trop élevé en proportion des capitaux propres. Il convient aussi d'être attentif au niveau des dettes à court terme qui ne doit pas être trop important.

Chapitre 3

Le compte de résultat

L'ESSENTIEL À RETENIR

Le compte de résultat fournit des informations sur la performance. Les éléments qui sont liés à l'évaluation de la performance dans le compte de résultat sont les produits et les charges.

Le cadre conceptuel de l'IASB définit les produits comme des accroissements d'avantages économiques au cours de l'exercice, sous forme d'entrées ou d'accroissements d'actifs, ou de diminutions de passifs qui ont pour résultat l'augmentation des capitaux propres autres que les augmentations provenant des apports des participants aux capitaux propres.

Les charges sont définies comme des diminutions d'avantages économiques au cours de l'exercice sous forme de sorties ou de diminutions d'actifs, ou de survenance de passifs qui ont pour résultat de diminuer les capitaux propres autrement que par des distributions aux participants aux capitaux propres.

Le compte de résultat peut être présenté avec une classification des charges soit par nature, soit par fonction (destination). Les entreprises qui classent les charges par fonction doivent fournir des informations supplémentaires sur la nature des charges, y compris les dotations aux amortissements et les frais de personnel. La norme IAS 1 précise les informations minimales que le compte de résultat doit comporter selon le classement des charges retenues.

Les produits liés aux ventes de biens sont comptabilisés uniquement lorsque le vendeur a transféré à l'acheteur les risques et les avantages liés à la propriété du bien. Pour les prestations de services, la méthode à l'avancement est obligatoire en normes internationales.

Les sociétés anglo-saxonnes présentent le plus souvent leur compte de résultat par fonction (marketing et distribution, administration…). Cette présentation ne fait pas apparaître les dotations aux amortissements et aux provisions, ce qui amène ces sociétés à présenter un indicateur de performance, l'EBITDA. Cet indicateur, qui est proche de l'EBE français, n'est pas normalisé en comptabilité internationale.

Dans la philosophie des normes IAS/IFRS, le compte de résultat est secondaire par rapport au bilan car il ne permet pas la meilleure mesure de la performance de l'entreprise au cours de l'exercice. En effet, des éléments sont inscrits directement dans les capitaux propres (réévaluations, écarts de conversion,…) et seule une étude approfondie de l'état de variation des capitaux propres permet une analyse plus globale de la performance. À ce sujet l'IASB prépare un projet de norme qui imposerait la publication d'un état de mesure de la performance.

Si ce projet devait aboutir, les entreprises seraient amenées à présenter dans un tableau les performances liées à l'activité mesurées par le compte de résultat et les variations de valeur des actifs et des passifs.

Le contenu du compte de résultat

Les sociétés qui appliquent les normes IAS/IFRS doivent présenter, dans leurs états financiers, un compte de résultat.

L'IASB souhaite, dans l'avenir, obliger les entreprises à présenter un « état des performances » (projet de norme *performance reporting*). Cet état des performances réunirait les éléments qui apparaissent

© Éditions d'Organisation

dans le compte de résultat comme le résultat opérationnel avec des éléments comptabilisés directement dans le bilan comme les variations de valeur de certains actifs et de certains passifs.

Pour donner une vision plus complète des performances, les entreprises doivent déjà présenter, conformément à l'IAS 1, un état de variation des capitaux propres, qui permet d'analyser les éléments de produits ou de charges qui sont comptabilisées directement dans les capitaux propres.

Tous les éléments de produits et de charges comptabilisés dans un exercice doivent être inclus dans la détermination du résultat net (*net profit and loss*) conformément à la norme IAS 8. Pour calculer le résultat net de l'exercice, il convient de calculer tout d'abord le produit des activités ordinaires (*ordinary activities*). Avant la révision de décembre 2003, les normes IAS 1 et 8 prévoyaient le calcul du résultat des activités extraordinaires (*extraordinary items*). Les éléments extraordinaires concernaient les produits ou les charges résultant d'événements ou de transactions clairement distincts des activités ordinaires de l'entreprise, et dont on ne s'attend pas qu'elles se reproduisent de manière fréquente ou régulière. Les événements ou les transactions qui donnent en général lieu à des éléments extraordinaires pour la plupart des entreprises comprenaient, par exemple, l'expropriation d'actifs, un tremblement de terre ou une autre catastrophe naturelle. Pour simplifier le compte de résultat et éviter l'inscription en éléments extraordinaires des événements qui ne l'étaient pas, cette disposition a été supprimée.

Les produits

Parmi les produits, nous analyserons les produits des activités ordinaires (IAS 18), les contrats de construction (IAS 11), les subventions publiques (IAS 20) et l'effet des variations des cours des monnaies étrangères (IAS 21).

Les produits des activités ordinaires

La définition des produits est présente dans le cadre conceptuel de l'IASC publié en 1989. « Les produits sont les accroissements d'avantages économiques au cours de l'exercice, sous forme d'entrées ou d'accroissements d'actifs, ou de diminutions de passifs qui ont pour résultat l'augmentation des capitaux propres autres que les augmentations provenant des apports des participants aux capitaux propres. »

La norme IAS 18 (Produit des activités ordinaires) reprend la même définition des produits. Cette norme précise également que les produits regroupent à la fois les produits des activités ordinaires et les profits. Les produits des activités ordinaires sont les produits qui proviennent des activités ordinaires de l'entreprise comme les ventes, les honoraires, les intérêts, les dividendes, les redevances. Les profits représentent des accroissements d'avantages économiques et ne diffèrent pas par nature des produits des activités ordinaires. Les profits correspondent, par exemple, à des sorties d'actifs à long terme comme des sorties d'immobilisations ou les profits latents qui proviennent de la réévaluation de titres négociables.

N.B.

L'IASB a décidé, avec la révision de l'IAS 1 en décembre 2003, de supprimer le concept d'« éléments extraordinaires » pour la présentation du compte de résultat. Les normes IAS avaient déjà une vision plus restrictive de la notion d'éléments extraordinaires que les normes françaises qui utilisent le terme d'exceptionnel.

Les produits ne sont pas uniquement abordés dans l'IAS 18, mais également dans d'autres normes telles que l'IAS 11 (Contrats de construction) et l'IAS 20 (Comptabilisation des subventions publiques et informations à fournir sur l'aide publique).

Les produits des activités ordinaires doivent être évalués à la juste valeur de la contrepartie reçue ou à recevoir, en tenant compte de toute remise commerciale ou rabais consentis par l'entreprise.

Dans la plupart des cas, la contrepartie se présente sous forme de trésorerie. Mais lorsque l'entrée de trésorerie est différée (par exemple un crédit sans intérêt), la juste valeur de la contrepartie peut être inférieure au montant nominal de la trésorerie reçue ou à recevoir. Dans ce cas, il convient de séparer la juste valeur et le montant nominal, la différence est alors comptabilisée en produits financiers.

Exemple

Le crédit gratuit

Une société propose à un client de payer sa facture dans six mois sans intérêt. Celle-ci doit inscrire dans ses comptes la juste valeur de la créance (créance actualisée grâce à un taux d'actualisation). L'entreprise inscrit également dans ses comptes le montant des produits financiers qui correspondent à la différence entre le montant nominal de la créance et sa juste valeur. L'idée est que le crédit gratuit n'existe pas et que le montant des intérêts est présent dans le montant facturé (on peut noter à ce sujet que les entreprises peuvent souvent obtenir un escompte en cas de paiement au comptant ce qui accrédite cette thèse).

Toujours dans la même logique, lorsque le prix de vente d'un produit comprend un montant identifiable au titre de services ultérieurs (par exemple un service après-vente), ce montant est différé et comptabilisé en produit des activités ordinaires sur la période au cours de laquelle ce service sera exécuté.

Exemple

Les produits garantis par un service après-vente

Une entreprise vend des produits qu'elle garantit trois ans. Le montant de ces ventes doit être ventilé entre la vente des biens (dès que le produit a été livré et le risque transféré) et la vente des services correspondant à ces biens (les revenus correspondants aux services seront étalés durant la période au cours de laquelle le service sera exécuté).

Divergences avec la comptabilité française

En France, les produits liés aux ventes sont comptabilisés pour le montant exigible à l'échéance. On ne distingue pas, en cas de règlement différé sur une longue période, un montant du prix de vente relatif aux intérêts.

Les ventes de biens

Les produits des activités ordinaires qui proviennent de la vente de biens doivent être comptabilisés lorsque toutes les conditions suivantes ont été satisfaites (IAS 18) :

- l'entreprise a transféré à l'acheteur les risques et les avantages importants inhérents à la propriété des biens ;

- l'entreprise a cessé d'être impliquée dans la gestion, telle qu'elle incombe normalement au propriétaire, et dans le contrôle effectif des biens cédés ;

◈ le montant des produits des activités ordinaires peut être évalué de façon fiable ;

◈ il est probable que des avantages économiques associés à la transaction iront à l'entreprise ;

◈ les coûts encourus ou à encourir concernant la transaction peuvent être évalués de façon fiable.

Pour déterminer le fait générateur du transfert à l'acheteur des risques et des avantages importants inhérents à la propriété, l'IAS 18 précise qu'il faut examiner les conditions dans lesquelles la transaction s'effectue. Dans la majorité des cas, le transfert des risques et des avantages inhérents à la propriété coïncide avec le transfert du titre de propriété ou avec l'entrée en possession par l'acheteur. Tel est le cas dans la plupart des ventes au détail. Dans d'autres cas, le transfert des risques et des avantages inhérents à la propriété a lieu à une date différente de celle du transfert du titre de propriété ou de l'entrée en possession.

Lorsqu'une entreprise ne conserve qu'une part non-importante des risques inhérents à la propriété, la transaction constitue une vente et le produit des activités ordinaires est comptabilisé. Par exemple, un vendeur peut conserver le titre de propriété des biens uniquement pour protéger la recouvrabilité du montant dû.

Dans un tel cas, si l'entreprise a transféré les risques et les avantages importants inhérents à la propriété, la transaction est une vente et le produit des activités ordinaires est comptabilisé.

L'IAS 18 présente un autre exemple où l'entreprise ne conserve qu'une part non importante des risques inhérents à la propriété. Il s'agit du cas d'une vente au détail chaque fois que l'on propose un remboursement si le client n'est pas satisfait. Dans une telle situation, le produit des activités ordinaires est comptabilisé au moment de la vente, à condition que le vendeur puisse estimer de façon fiable les futurs retours. Le vendeur doit également comptabiliser un passif pour les retours sur la base de son expérience antérieure et d'autres facteurs pertinents.

Divergences avec la comptabilité française

En France, les produits liés aux ventes de biens sont comptabilisés dans l'exercice au cours duquel ils sont livrés par l'entreprise (vision juridique du transfert du titre de propriété). En comptabilité internationale, c'est le transfert à l'acheteur des avantages et des risques liés à l'élément transféré qui importe (c'est la substance qui prime sur la forme), ce qui peut créer des décalages de comptabilisation des produits provenant de la vente des biens selon les référentiels.

Les prestations de services

Le produit des activités ordinaires associé à cette transaction doit être comptabilisé en fonction du degré d'avancement de la transaction à la date de clôture. Le résultat d'une transaction peut être estimé de façon fiable, lorsque toutes les conditions suivantes sont satisfaites (IAS 18) :

- le montant du produit des activités ordinaires peut être évalué de façon fiable ;
- il est probable que les avantages économiques associés à la transaction iront à l'entreprise ;
- le degré d'avancement de la transaction à la date de clôture peut être évalué de façon fiable ;
- les coûts encourus pour la transaction et les coûts pour achever la transaction peuvent être évalués de façon fiable.

Suivant la méthode du degré d'avancement, le produit des activités ordinaires est comptabilisé lors des exercices au cours desquels les services sont rendus. La comptabilisation du produit des activités ordinaires sur cette base apporte des informations utiles sur l'étendue de l'activité de prestation de services et sur sa réalisation au cours d'un exercice. La norme IAS 11 (Contrats de construction) impose également la comptabilisation des produits des activités ordinaires sur cette base.

Il est en général nécessaire que l'entreprise dispose d'un système d'information interne, budgétaire et financier efficace. L'entreprise doit examiner et, le cas échéant, réviser les estimations du produit des activités ordinaires à mesure que le service est exécuté.

Pour déterminer le degré d'avancement d'une transaction, les entreprises peuvent utiliser plusieurs méthodes telles que :

◆ l'examen des travaux exécutés ;

◆ les services rendus à la date considérée exprimés en pourcentage du total des services à exécuter ;

◆ la proportion des coûts encourus à la date considérée par rapport au total des coûts estimés de la transaction.

Il arrive souvent, selon l'IAS 18, que les paiements partiels et les acomptes reçus des clients ne reflètent pas les services rendus.

Divergences avec la comptabilité française

La méthode à l'avancement est préférentielle en France, alors qu'elle est obligatoire en normes internationales. La France autorise également la méthode à l'achèvement.

Les intérêts, redevances et dividendes

Les intérêts, les redevances, les dividendes sont comptabilisés comme produits des activités ordinaires, s'il est probable que les avantages économiques associés à la transaction iront à l'entreprise, et que le montant du produit des activités ordinaires peut être évalué de façon fiable (IAS 18).

Les intérêts sont comptabilisés en fonction du temps écoulé en tenant compte du rendement effectif de l'actif. Les redevances sont comptabilisées au fur et à mesure qu'elles sont acquises, conformément à la substance de l'accord concerné. Les dividendes sont comptabilisés lorsque le droit de l'actionnaire de percevoir le paiement est établi.

Divergences avec la comptabilité française

En normes internationales, pour la comptabilisation des produits d'intérêt, les entreprises doivent utiliser la méthode du taux d'intérêt effectif qui conduit à ne pas suivre le plan d'amortissement contractuel. Ceci peut conduire à une prise en compte différente des produits d'intérêts entre les normes IAS et les normes françaises qui retiennent le taux d'intérêt contractuel.

Il est obligatoire, en normes internationales, de comptabiliser les dividendes provenant de résultats antérieurs à l'acquisition de la participation en diminution du coût des titres. Cette disposition permet d'éviter une pratique autorisée en France qui consiste à acheter des actions juste avant le détachement des coupons pour gonfler les produits de l'entreprise.

Pour les redevances, il arrive que celles-ci soient comptabilisées en une seule fois selon les normes internationales (conformément à la substance de l'accord) alors qu'elles seront généralement étalées sur la durée de l'accord en normes françaises.

Les contrats de construction

Un contrat de construction est un contrat spécifiquement négocié pour la construction d'un actif ou d'un ensemble d'actifs qui sont étroitement liés ou interdépendants en terme de conception, de technologie et de fonction, ou de finalité et d'utilisation (IAS 11).

Lorsque le résultat d'un contrat de construction peut être estimé de façon fiable, les produits et les coûts du contrat doivent être comptabilisés respectivement en produits et en charges, en fonction du degré d'avancement de l'activité du contrat à la date de clôture. Une perte attendue sur le contrat de construction doit être immédiatement comptabilisée en charge.

Lorsque le résultat d'un contrat de construction ne peut pas être estimé de façon fiable, les produits seront comptabilisés dans la limite des coûts du contrat encourus qui seront probablement recouvrables.

Divergences avec la comptabilité française

En normes IFRS, les contrats de construction sont obligatoirement comptabilisés selon la méthode de l'avancement, alors que la méthode à l'achèvement est autorisée en France.

Les subventions publiques

La comptabilisation des subventions publiques et les informations à fournir sur l'aide publique sont définies dans l'IAS 20.

Parmi les subventions publiques (qui sont des aides publiques prenant la forme de transferts de ressources) on distingue les subventions liées à des actifs et les subventions liées à des résultats. Les subventions liées à des actifs sont des subventions publiques dont la condition principale est qu'une entreprise répondant aux conditions d'obtention doit acheter, construire ou acquérir par tout autre moyen des actifs à long terme. Les subventions liées au résultat sont des subventions publiques autres que les subventions liées à des actifs.

Les subventions publiques doivent être comptabilisées en produits, sur les différents exercices, pour les rattacher aux coûts liés qu'elles sont censées compenser. Elles ne doivent pas être comptabilisées directement en capitaux propres.

N.B.

L'interdiction en normes IAS (alors que cela est autorisé en France) de comptabiliser des subventions liées à des actifs (subventions d'investissement) dans les capitaux propres, va conduire à une diminution de ceux-ci. Cette diminution des capitaux propres aura un impact sur les ratios de structure financière.

Deux méthodes sont acceptées pour comptabiliser les subventions liées à des actifs. Soit les subventions sont présentées au bilan en produits différés, soit elles sont présentées au bilan en déduisant la subvention de l'actif pour arriver à sa valeur comptable. Dans cette deuxième méthode, la subvention est comptabilisée en produits sur la durée d'utilité de l'actif amortissable par l'intermédiaire d'une réduction de la charge d'amortissement.

Pour comptabiliser les subventions liées au compte de résultat, deux méthodes sont autorisées par l'IAS 20. Elles peuvent être soit présentées en tant que crédit au compte de résultat, séparément ou dans une rubrique générale telle que « autres produits » ; soit être comptabilisées en déduction des charges auxquelles elles sont liées.

N.B.

La norme IAS 20 précise que, pour les subventions, les partisans de la comptabilisation en crédit au compte de résultat prétendent qu'il est inapproprié de compenser les éléments de charges et de produits. Distinguer la subvention des charges facilite alors la comparaison avec d'autres charges non affectées par une subvention.

L'argument pour la deuxième méthode (déduction de la subvention des charges auxquelles elles sont liées) repose sur l'idée que les charges auraient pu ne pas être encourues par l'entreprise si la subvention n'avait pas été octroyée. La présentation de la charge sans compensation avec la subvention est alors trompeuse.

En ce qui concerne les subventions publiques, les entreprises doivent présenter la méthode comptable adoptée pour la présentation des états financiers.

Divergences avec la comptabilité française

Les subventions liées aux actifs (subventions d'investissement) ne peuvent pas être inscrites dans les capitaux propres, alors que cela est autorisé en France si celles-ci sont imputables sur plusieurs exercices. Dans ce cas, en normes IFRS, les subventions d'investissement sont inscrites en produits différés. Par ailleurs, il est possible en normes IFRS de déduire les subventions d'investissement du coût des actifs concernés, alors que cela est interdit en France.

Concernant les subventions liées au compte de résultat (subventions d'exploitation), les normes IFRS obligent à étaler la comptabilisation de la subvention au compte de résultat en tenant compte du rythme des dépenses correspondantes, alors qu'en France elles peuvent être comptabilisées en résultat dès qu'elles sont juridiquement acquises. Par ailleurs, en comptabilité française les subventions d'exploitation sont comptabilisées en produits, alors que les normes IFRS autorisent la présentation des subventions en déduction des charges.

L'effet des variations des cours des monnaies étrangères

La norme IAS 21 s'applique à la comptabilisation des transactions en monnaie étrangère et à la conversion des états financiers des activités à l'étranger qui sont comprises dans les états financiers de l'entreprise par intégration globale ou par intégration proportionnelle (voir à ce sujet le chapitre 6 relatif à la consolidation).

Dans les normes internationales, une activité à l'étranger est une filiale, une entreprise associée, une coentreprise ou une succursale de l'entreprise présentant des états financiers et dont les opérations sont basées ou conduites dans un pays autre que celui de l'entreprise.

Une transaction en monnaie étrangère doit être enregistrée, lors de sa comptabilisation initiale dans la monnaie de représentation, en appliquant au montant en monnaie étrangère le cours de change entre la monnaie de présentation et la monnaie étrangère à la date d'acquisition (IAS 21).

En normes internationales, les éléments monétaires correspondent à l'argent détenu et aux éléments d'actifs et de passifs devant être reçus ou payés pour des montants d'argent fixes déterminables.

À chaque date de clôture, les éléments monétaires en monnaie étrangère sont comptabilisés en utilisant le cours de clôture qui correspond au cours du jour de la date de clôture.

Un écart de change survient lorsqu'un changement intervient dans le cours de change entre la date de la transaction et la date de règlement de tout élément monétaire résultant d'une transaction en monnaie étrangère. Lorsque la transaction est réglée dans le même exercice que celui pendant lequel elle a été effectuée, l'écart de change est comptabilisé en totalité dans cet exercice, il est alors enregistré en produit ou en charge. Mais lorsque la transaction est réglée lors d'un exercice ultérieur, l'écart de change comptabilisé sur chaque exercice jusqu'à celui au cours duquel a lieu le règlement, est déterminé en fonction du changement des cours de change intervenu au cours de chacun des exercices.

En ce qui concerne l'investissement net dans une entité étrangère, la norme IAS 21 autorise d'inscrire en capitaux propres les écarts de change relatifs à un élément monétaire qui, en substance, fait partie intégrante de cet investissement, par exemple une créance ou un prêt à long terme envers une entité étrangère. Cette inscription est valable jusqu'à la sortie de cet investissement, date à laquelle les écarts doivent être comptabilisés en produits ou en charges. La norme précise que l'investissement net dans une entité étrangère correspond à la part de l'entreprise présentant ses comptes dans l'actif net de cette entité.

Les charges

La définition des charges se trouve dans le cadre conceptuel de l'IASC. « Les charges sont des diminutions d'avantages économiques au cours de l'exercice sous forme de sorties ou de diminutions d'actifs, ou de survenance de passifs qui ont pour résultat de diminuer les capitaux propres autrement que par des distributions aux participants aux capitaux propres. » À l'inverse du concept de produits qui est développé dans plusieurs normes, le concept de charges n'est pas développé dans une norme spécifique.

Le cadre conceptuel précise que la définition des charges comprend les pertes ainsi que les charges qui proviennent des activités ordinaires de l'entreprise. Les charges qui proviennent des activités ordinaires de l'entreprise comprennent, entre autres, le coût des ventes, les salaires, les amortissements. Les charges prennent, le plus souvent, la forme d'une sortie ou d'une diminution d'actifs comme la trésorerie, les stocks, les immobilisations corporelles. La plupart des charges de l'exercice sont comptabilisées au compte de résultat.

Néanmoins, il existe certaines exceptions. Tout d'abord, la réévaluation des actifs ou des passifs peut donner naissance à des augmentations ou des diminutions des capitaux propres. Ces augmentations ou diminutions sont conformes à la définition des produits et des charges mais elles ne sont pas comptabilisées dans le compte de résultat. Elles entrent dans les capitaux propres en tant qu'ajustements de maintien du capital ou réserves de réévaluation.

La norme IAS 38 sur les immobilisations incorporelles permet de comptabiliser des charges de développement en immobilisations incorporelles. Concernant les coûts d'emprunt, la norme IAS 23 indique que, s'ils sont directement attribuables à l'acquisition, la construction ou la production d'un actif éligible doivent être incorporées dans le coût de cet actif.

Divergences avec la comptabilité française

En normes internationales, à l'inverse de la comptabilité française, il est interdit d'inscrire à l'actif les frais d'établissements, les charges à étaler, les frais de recherche.

Parmi les charges nous analyserons plus particulièrement les coûts d'emprunt (IAS 23), les avantages du personnel (IAS 19) et le paiement sur la base d'actions (IFRS 2).

Les coûts d'emprunt

De manière générale, la norme IAS 23 impose que les coûts d'emprunt soient immédiatement comptabilisés en charge. Toutefois, elle admet, au titre d'autre traitement autorisé, l'incorporation dans le coût d'un actif des coûts d'emprunt qui sont directement attribuables à l'acquisition, la construction ou la production d'un actif éligible.

Le coût d'un emprunt est défini en normes internationales comme la somme des intérêts et autres coûts supportés par une entreprise dans le cadre d'un emprunt de fonds. Un actif exigible est un actif qui exige une longue période de préparation avant de pouvoir être utilisé ou vendu.

Les états financiers doivent fournir la méthode comptable utilisée pour les coûts d'emprunt, mais également le montant des coûts d'emprunt incorporés dans le coût d'actifs au cours de l'exercice et le taux de capitalisation utilisé pour déterminer le montant du coût d'emprunt pouvant être incorporé dans le coût d'actifs.

Les avantages du personnel

Un avantage du personnel est défini dans la norme IAS 19, comme étant toute forme de contrepartie donnée par une entreprise au titre des services rendus par son personnel. La norme identifie cinq catégories d'avantages du personnel :

◆ les avantages à court terme, tels que les salaires, les rémunérations, les cotisations de sécurité sociale, les congés payés, les congés maladie, l'intéressement et les primes (s'ils sont payables dans les douze mois suivant la fin de l'exercice) et les

avantages monétaires (tels que l'assistance médicale, le logement, les voitures et les biens ou les services gratuits ou subventionnés) accordés au personnel en activité ;

◆ les avantages postérieurs à l'emploi tels que les pensions de
retraite et autres prestations postérieures à l'emploi, l'assurance-vie postérieure à l'emploi et l'assistance médicale postérieure à l'emploi ;

◆ les avantages à long terme comprenant les congés liés à
l'ancienneté, les congés sabbatiques, jubilés ou autres avantages liés à l'ancienneté, indemnités d'incapacité de longue
durée et, s'ils sont payables douze mois ou plus après la fin de
l'exercice, l'intéressement, les primes et les rémunérations
différées ;

◆ les indemnités de fin de contrat de travail ;

◆ les avantages sur capitaux propres.

Les avantages du personnel relatifs à la première catégorie sont
considérés comme des charges de l'exercice et sont donc comptabilisés dans le compte de résultat. Les avantages sur capitaux propres
font désormais l'objet d'une norme IFRS 2 qui prévoit la comptabilisation des « stocks-options » en charges dans le compte de résultat.

Les avantages postérieurs à l'emploi désignent les avantages du personnel (autres que les indemnités de fin de contrat de travail et les
avantages sur capitaux propres) qui sont payables postérieurement à
la cessation de l'emploi. Il s'agit des régimes de pension à cotisations
définies et à prestations définies qui ont été présentés dans le
chapitre 2 consacré au bilan.

Le montant des autres avantages à long terme (avantages liés à
l'ancienneté, congés sabbatiques…) doit être comptabilisé au passif
pour sa valeur actualisée. Au compte de résultat, l'entreprise comptabilise en charge le coût des services rendus au cours de l'exercice.

Concernant les indemnités de fin de contrat de travail, l'entreprise
doit inscrire au passif et en charges ces indemnités si elle a décidé de

résilier le contrat de travail d'un membre du personnel avant l'âge normal de départ en retraite, ou si un membre du personnel décide de partir volontairement en échange de ces indemnités.

Le paiement sur la base d'actions

La norme IFRS 2 a été publiée en février 2004. Elle impose d'évaluer à la juste valeur les transactions qui sont réglées sur la base d'actions.

La norme IFRS 2 est une norme qui était très attendue car elle impose la comptabilisation des stocks-options en charges et à la juste valeur, dès leur attribution. Jusqu'à l'adoption de l'IFRS 2, la norme IAS 19 sur l'avantage du personnel des entreprises précisait que celles-ci devaient uniquement indiquer la nature et les termes des plans d'avantages sur capitaux propres et n'obligeait pas une comptabilisation de ces avantages.

Désormais, les coûts relatifs au paiement sur la base d'actions, que ce soit avec les salariés ou avec des tiers, seront comptabilisés dans le compte de résultat avec une application rétroactive. Pour les transactions avec les salariés, les sociétés doivent évaluer les instruments de capitaux propres qui sont accordés à la juste valeur. Pour les transactions avec des tiers c'est la juste valeur des biens et des services reçus qui est prise en compte. Enfin lorsque les transactions sont réglées en numéraires (avec un calcul basé sur des actions), les biens ou les services que l'entreprise a acquis et le passif qui est encouru sont évalués à la juste valeur de ce passif.

Afin d'informer le lecteur des états financiers, la norme IFRS 2 impose aux entreprises de fournir des informations sur le calcul de la juste valeur des biens et des services reçus ou des instruments de capitaux propres accordés. Les entreprises doivent également préciser l'impact de ces transactions sur le résultat de l'entreprise.

N.B.

La comptabilisation en charge des stock-options va avoir un effet important sur le résultat des sociétés. En effet, beaucoup d'entreprises ont émis des programmes de stocks options ces dernières années. Par ailleurs, les entreprises vont être fortement incitées à réduire le nombre de bénéficiaires de stocks-options ainsi que le nombre d'options émises. Les sociétés vont probablement réduire la durée de vie des options et augmenter leur prix d'exercice. Une autre solution pour réduire les charges va consister à conditionner le prix d'exercice de l'option en fonction d'objectifs de résultat.

Il est important de noter que l'organisme de normalisation américain FASB compte publier une norme semblable. La France, pour sa part, n'impose pas encore la comptabilisation en charge des stocks-options.

Le résultat net de l'exercice

L'objectif de la norme IAS 8 sur le résultat net de l'exercice est de prescrire le classement, les informations à fournir, et le traitement comptable de certains éléments du compte de résultat de façon à ce que l'ensemble des entreprises établissent et présentent un tel compte sur une base cohérente et permanente.

Cette norme permet de renforcer la comparabilité des états financiers d'une entreprise concernant ses exercices précédents, mais également d'effectuer une comparaison avec les états financiers d'autres entreprises. En conséquence, cette norme impose la classification et l'indication de certains éléments du résultat. Elle précise également le traitement comptable applicable aux changements d'estimations comptables, aux changements de méthodes comptables et à la correction des erreurs fondamentales.

Les activités ordinaires

Avant sa réforme de décembre 2003, la norme IAS 1 distinguait, dans le calcul du résultat net, les activités ordinaires de l'entreprise et les activités extraordinaires. Désormais, afin de simplifier la lecture des états financiers et éviter les abus liés au classement en éléments extraordinaires, cette dernière catégorie a été supprimée.

Les activités ordinaires recouvrent toute activité engagée par une entreprise dans le cadre de ses affaires ainsi que les activités liées qui en résultent, ou en sont le prolongement ou l'accessoire.

Lorsque des éléments de produit et de charge figurant dans le résultat des activités ordinaires sont d'une importance, d'une nature ou d'une incidence telles que leur indication est pertinente pour expliquer la performance de l'entreprise au cours de l'exercice, la nature et le montant de ces éléments doivent être indiqués séparément.

Les circonstances pouvant donner lieu à l'indication séparée des éléments de produits et de charges comprennent :

◆ la dépréciation des stocks à la valeur réalisable nette ou des immobilisations corporelles à la valeur nette de réalisation, ainsi que la reprise de telles dépréciations ;

◆ une restructuration des activités d'une entreprise et la reprise des provisions comptabilisées pour faire face aux coûts de restructuration ;

◆ les sorties d'immobilisations corporelles ;

◆ les sorties de placement à long terme ;

◆ les activités abandonnées ;

◆ les règlements de litiges ;

◆ les autres reprises de provisions.

On peut noter que la restructuration des activités d'une entreprise ou les sorties d'une immobilisation corporelle fait partie, selon l'IASB, des activités ordinaires de la vie de l'entreprise.

La norme IAS 8 précise également le traitement comptable approprié en cas d'erreurs fondamentales.

Les erreurs fondamentales sont les erreurs découvertes durant l'exercice qui sont d'une telle importance que les états financiers d'un ou plusieurs exercices antérieurs ne peuvent plus être considérés comme ayant été fiables à la date de leur publication.

En cas de changement de méthode comptable, les utilisateurs des états financiers doivent être informés car ceci peut avoir un impact sur le résultat de l'exercice. Les méthodes comptables sont les principes, les bases, les conventions, les règles et les pratiques spécifiques appliquées par une entreprise pour établir et présenter ses états financiers.

Un changement de méthode comptable doit être effectué seulement s'il est imposé par une réglementation ou par un organisme de normalisation comptable ou si ce changement conduit à une présentation plus appropriée des événements ou des transactions inclus dans les états financiers de l'entreprise.

Exemple : Présentation dans le rapport financier 2002 du groupe Nestlé

Changements de principes comptables

« Il n'y a pas eu de changement de principes comptables durant l'exercice.

La présentation du compte de résultat a cependant été améliorée de manière à présenter séparément l'EBITA du groupe (Résultat d'exploitation avant intérêts, impôts et amortissement du *goodwill*), une mesure utilisée à la fois par la Direction et les utilisateurs externes des rapports financiers pour suivre la performance du Groupe. Compte tenu de leur importance croissante au sein du Groupe, l'activité dans les eaux « Nestlé Waters » est désormais présentée de manière distincte dans le segment primaire, ainsi que celle des « Produits pour animaux de compagnie » dans le segment secondaire. Les chiffres comparatifs ont été traités dans la mesure du possible.

Le groupe a modifié l'application de la norme IAS 39 en ce qui concerne les instruments dérivés sur taux de change acquis en rapport avec la gestion des risques de certains actifs et passifs financiers figurant au bilan. Ces instruments dérivés sont à présent traités comme étant des dérivés utilisés à des fins de négoce, leur efficacité n'étant pas testée selon les règles de l'IAS 39 relatives à la comptabilité des instruments de couverture. »

Les commentaires de cette société sont intéressants car ils traitent successivement de l'introduction d'indicateurs financiers non-obligatoires en IAS comme l'EBITA. Ils traitent également de l'information sectorielle et de la nécessité de présenter de manière distincte l'activité « eau » qui prend désormais une place importante dans le groupe. Enfin, les commentaires relatifs à l'application de la norme IAS 39, montrent la difficulté d'application de cette norme en particulier pour la comptabilisation des instruments de couverture.

Le résultat par action

Le résultat par action (*Earning Per Share* ou EPS) est un indicateur important de mesure de la performance. Cet indicateur permet de calculer le PER (*Price Earning Ratio*) qui est une méthode d'évaluation par les multiples. Le PER est le rapport entre le cours de l'action et son résultat net par action. Le résultat (ou bénéfice) par action indique l'enrichissement théorique de l'actionnaire. Mais le résultat net n'est pas le dividende, il s'agit d'un solde calculé et non d'un flux financier. Le PER permet de comparer les entreprises d'un même secteur ou de comparer une entreprise à la moyenne du secteur. Si le PER d'une entreprise est plus important que la moyenne cela signifie que l'on s'attend à une croissance des bénéfices de l'entreprise.

L'IAS 33 traite du résultat par action. Cette norme indique que les entreprises doivent présenter le résultat de base par action et le résultat dilué par action au compte de résultat.

Pour le calcul du résultat de base par action (*Basic Earnings Per Share* – BEPS), le résultat net de l'exercice attribuable aux actionnaires ordinaires est le résultat net de l'exercice après déduction des dividendes préférentiels. Pour le calcul du résultat de base par action, il suffit de diviser le résultat net de l'exercice attribuable aux actionnaires ordinaires par le nombre moyen pondéré d'actions ordinaires en circulation au cours de l'exercice. Le nombre moyen pondéré d'actions ordinaires au cours de l'exercice reflète le fait que le montant du capital a pu varier au cours de l'exercice du fait de la variation du nombre d'actions en circulation.

Une action ordinaire (*ordinary share)* est un instrument de capitaux propres qui est subordonné à toutes les autres catégories d'instruments de capitaux propres. Une action ordinaire potentielle (*potential ordinary share)* est un instrument financier ou autre contrat qui peut donner à son détenteur droit à des actions ordinaires.

N.B.

L'IASB a prévu de modifier la norme IAS 33. Les entreprises devront probablement dans l'avenir, publier un résultat par action des activités qu'elles continuent et des activités qu'elles abandonnent, ceci afin de mieux informer les actionnaires.

© Éditions d'Organisation

Les entreprises doivent également publier leur résultat dilué par action au compte de résultat, même si les montants indiqués sont négatifs (pertes par action). Pour ce calcul, le bénéfice net attribuable aux actionnaires ordinaires et le nombre d'actions en circulation doivent être ajustés des effets de toutes les actions ordinaires potentiellement dilutives. La dilution provient de la conversion, au même moment, des instruments financiers et des autres contrats qui peuvent être réglés en actions (par exemple les obligations convertibles). Il s'agit bien évidemment d'une dilution maximale si tous les détenteurs de ces instruments financiers décidaient de les convertir en actions ordinaires.

Le résultat dilué par action se calcule en divisant le résultat net attribuable aux actions ordinaires, corrigé des effets dilutifs sur le résultat, par le nombre total d'actions ordinaires en circulation suite à la conversion des instruments financiers et autres contrats qui peuvent être réglés en actions.

Mais toutes les actions ordinaires potentielles ne doivent pas être traitées comme dilutives. Celles-ci doivent être traitées comme dilutives uniquement dans le cas où leur conversion en actions ordinaires aurait pour effet de réduire le bénéfice net par action des activités ordinaires poursuivies.

N.B.

La conversion en actions d'instruments financiers n'a pas toujours pour effet de réduire le bénéfice par action. Il est vrai que le dénominateur augmente ce qui a pour effet de diminuer le bénéfice par action, mais la conversion permet aussi d'augmenter ce bénéfice par la réduction de la charge d'intérêt suite à la conversion d'obligations.

Exemple : Présentation dans le rapport annuel 2003 du groupe Novartis

Le résultat par action et le résultat dilué par action

	2003	2002
Nombre moyen d'actions en circulation (M)	2 473,5	2 515,3
Résultat de base par action (USD)	2,03	1,88
Résultat dilué par action (USD)	2	1,84

Lorsque l'on étudie le résultat par action du groupe Novartis, on est rapidement informé du nombre moyen d'actions en circulation et en particulier si celui-ci a tendance à augmenter ou diminuer. On peut également étudier la dilution suite à la conversion d'actions ordinaires potentielles.

Les autres indicateurs de mesure de la performance

Parmi les indicateurs les plus importants de mesure de la performance, on peut citer les soldes intermédiaires du compte de résultat avec le résultat opérationnel, le résultat avant impôt. Beaucoup d'entreprises utilisent d'autres indicateurs de mesure de la performance qui ne sont pas normalisés comme l'EBIT, l'EBITDA ou même l'EBITA.

Les soldes intermédiaires du compte de résultat

Le résultat net de l'exercice (*net profit and loss for the period*) n'est qu'un des trois soldes intermédiaires les plus importants du compte de résultat en normes internationales.

Le résultat opérationnel

Il est tout d'abord demandé de calculer le résultat opérationnel (*results of operating activities*) qu'il ne faut pas confondre avec le résultat d'exploitation français. En effet, comme nous l'avons vu précédemment, les normes internationales ne distinguent plus les activités ordinaires et extraordinaires alors que la comptabilité française sépare les activités courantes des activités exceptionnelles. Le résultat opérationnel se calcule avant le résultat financier.

Pour obtenir le résultat opérationnel, il faut effectuer les calculs suivants à partir d'un compte de résultat par fonction :

RÉSULTAT OPÉRATIONNEL = Produits des activités ordinaires – Coût des ventes + Autres produits opérationnels – Autres charges opérationnelles + Coûts commerciaux + Charges administratives.

À partir d'un compte de résultat par nature :

RÉSULTAT OPÉRATIONNEL = Produits des activités ordinaires + Autres produits opérationnels + Variation des stocks de produits finis et des travaux en cours + Production immobilisée – Marchandises et matières consommées – Frais de personnel – Dotations aux amortissements et provisions – Autres charges opérationnelles.

Le détail des postes est analysé dans la présentation du compte de résultat.

Résultat avant impôt

Le deuxième solde intermédiaire est le résultat avant impôt. Celui-ci se calcule à partir du résultat opérationnel. Le calcul est identique à partir des deux présentations du compte de résultat.

> RÉSULTAT AVANT IMPÔT = Résultat opérationnel – Charges financières + Produits financiers + Quote-part dans le résultat net des entreprises associées et des coentreprises comptabilisées selon la méthode de mise en équivalence.

Les entreprises doivent indiquer la part du résultat avant impôt qui provient des activités que l'entreprise a abandonnées.

Le résultat net

Le résultat net de l'exercice est le quatrième solde, il se calcule à partir du résultat avant impôt.

> RÉSULTAT NET DE L'EXERCICE = Résultat avant impôt – Charge d'impôt sur le résultat – Intérêts minoritaires.

Le résultat net permet de calculer plusieurs ratios qui vont permettre de comparer les entreprises. Parmi les ratios de rentabilité les plus utilisés, on trouve le résultat net en pourcentage du chiffre d'affaires et le ROE.

Exemple : Présentation dans le rapport annuel 2003 du groupe Novartis

Le ratio de rentabilité

	2003	2002
Résultat net en % du chiffre d'affaires	23,7	24,4

Un autre ratio important est le ROE (*Return On Equity*) c'est-à-dire le retour sur fonds propres.

ROE = Résultat net/Capitaux propres

Ce ratio a été très critiqué pour la comparaison des entreprises au niveau international, car il utilise le résultat net qui peut varier de manière conséquente suivant les normes comptables en vigueur dans chaque pays (activation ou non de certaines charges, politiques plus ou moins restrictives en matière de provision, options possibles dans les politiques d'amortissement) et en fonction des politiques comptables de chaque entreprise (choix de minorer ou majorer les provisions, choix d'une méthode d'amortissement plutôt qu'une autre…). Ce ratio repose sur une définition des fonds propres qui peut également varier suivant les normes comptables des différents pays.

L'intérêt des normes IAS/IFRS vient du fait qu'elles limitent le nombre des options comptables et qu'elles permettent la comparabilité des entreprises de plus de quatre-vingt-dix pays qui les ont adoptées. Les ROE des entreprises peuvent à nouveau être comparables, même si certaines entreprises tentent d'augmenter ceux-ci par des rachats d'actions.

L'EBIT, l'EBITDA et l'EBITA

L'EBIT (*Earnings Before Interest and Taxes*) et l'EBITDA (*Earnings Before Interest, Taxes, Depreciation and Amortization*) sont des indicateurs de mesure de la performance qui se sont beaucoup développés ces dernières années dans les pays anglo-saxons et en France. Ces indicateurs ne font l'objet d'aucune normalisation, ni en normes internationales IAS/IFRS ni en normes américaines US-GAAP.

L'EBITDA

Il est proche de l'EBE français, mais il est loin d'être identique en raison des divergences entre les comptabilités française et anglo-saxonne. L'intérêt de l'EBITDA est de présenter le *cash flow* avant la prise en compte des intérêts (*before interest*), qui correspondent à la charge de la dette c'est-à-dire la politique de financement de l'entreprise (les entreprises très endettées ont donc intérêt à communiquer sur l'EBITDA). Cet indicateur est calculé avant la comptabilisation de l'impôt sur les bénéfices (*before taxes*) ce qui permet de gommer les différences de fiscalité entre les pays. L'EBITDA est calculé avant amortissements et dotations aux provisions (*before depreciation and amortization*) ce qui permet d'annuler l'impact des politiques d'amortissement (linéaire, dégressif) et de provisions (certaines entreprises peuvent avoir tendance à sous-provisionner ses risques en cas de difficultés pour faire apparaître un résultat net positif).

L'intérêt de l'EBITDA, pour les groupes, est de permettre un calcul avant amortissement des *goodwills* qui se sont énormément développés ces dernières années. À noter que cet indicateur va perdre de son importance avec l'abandon de l'amortissement du *goodwill*. Il permet également le calcul d'un ratio de rentabilité : EBITDA/Total du bilan.

Certains analystes ont proposé d'évaluer les entreprises non pas par des multiples de résultat, mais par des multiples d'EBITDA. Cette idée peut sembler intéressante : en effet cet indicateur représente un *cash flow* calculé avant les politiques d'investissement et de financement de l'entreprise qui peuvent fausser le résultat net.

Exemple : Présentation dans le rapport annuel 2003 du groupe Novartis

La communication sur l'EBITDA

Le groupe Novartis indiquait dans son rapport annuel de 2003, le calcul de l'EBITDA : « Pour le groupe, l'EBITDA représente le résultat opérationnel avant intérêts, impôts et amortissements pour immobilisations corporelles et incorporelles y compris le *goodwill*, et autres charges pour perte de valeur ».

La présentation du calcul de l'EBITDA est la suivante :

	2003 M USD	2002 M USD
Résultat opérationnel	5 889	5 092
Amortissement des immobilisations corporelles	737	592
Amortissement des immobilisations incorporelles	410	355
Pertes de valeur sur immobilisations corporelles et incorporelles	136	348
EBITDA du groupe	7 172	6 387

L'entreprise présente aussi la répartition de son EBITDA par division et unités d'affaire. On apprend ainsi que l'EBITDA représente 28,8 % du chiffre d'affaires en 2003.

L'EBITDA permet donc d'obtenir un résultat d'exploitation qui ne soit pas minoré par l'amortissement du *goodwill* qui représente, comme le rappellent J. Grant et L. Parker[1] une part importante du résultat de beaucoup de sociétés qui ont procédé à des acquisitions.

1. J. Grant et L. Parker, EBITDA ! *Research in Accounting Regulation*, volume XV, JAI, 2002, p. 205-211.

L'EBIT

Il est proche du résultat d'exploitation français. L'EBIT traduit la performance de l'entreprise en dehors de ses choix financiers. Il tient compte des charges et des produits calculés comme les dotations et les reprises d'amortissements et de provisions.

Ces indicateurs qui ne font pas l'objet d'une normalisation se sont développés au point que la COB (AMF) dans un communiqué du 12 mars 2004[1] a tenu à rappeler que, bien qu'elle ne se soit pas opposée à la publication d'indicateurs financiers spécifiques qui peuvent répondre à une attente des investisseurs ou des analystes, l'information donnée au public doit être comparable dans le temps. Ces indicateurs, s'ils sont utilisés, doivent être précisés (en particulier le mode de calcul) et utilisés de manière stable d'un exercice à l'autre (en particulier pour pouvoir effectuer des comparaisons).

L'EBITA

Il s'agit du résultat d'exploitation avant intérêts, impôts et amortissement du *goodwill*. Mais cet indicateur est calculé après amortissement et provisions non-liés au *goodwill*.

La principale limite de ces indicateurs provient de l'absence de normalisation et du peu de détails de son calcul dans les états financiers de la plupart des sociétés.

Pour répondre à ces limites un nouvel indicateur de performance a fait son apparition le *free cash flow* ou « cash flow libre ». Cet indicateur très utilisé pas les sociétés est présenté dans le chapitre 4 relatif au tableau des flux de trésorerie.

---

1. On pourra se référer à ce sujet au document publié le 23 janvier 2004 par l'AMF (autorité des marchés financiers) intitulé « Recommandations pour l'élaboration des documents de référence relatifs à l'exercice 2003 ». Ce document qui est disponible sur le site Internet de l'AMF retrace les recommandations de la COB sur les comptes *pro forma*, les indicateurs financiers spécifiques, les engagements hors bilan, le développement durable etc.

L'information sectorielle

Les entreprises qui publient leurs états financiers conformément aux normes internationales doivent publier une information sectorielle (IAS 14). L'information sectorielle regroupe d'une part les informations sur les produits et services que l'entreprise offre et d'autre part les informations sur les différences entre les zones géographiques sur lesquelles elle exerce.

N.B.

L'information sectorielle est très utile pour le lecteur des états financiers. En effet, elle indique au lecteur les secteurs d'activité sur lesquels l'entreprise est présente avec les différents produits et services inclus dans chaque secteur d'activité. Cette information est également nécessaire pour comprendre la composition de chaque secteur géographique. Les informations relatives aux secteurs d'activités et aux secteurs géographiques permettent tout d'abord d'effectuer une analyse de la rentabilité de l'entreprise, mais également d'évaluer ses risques, elles permettent ensuite d'effectuer une comparaison avec la concurrence par secteur d'activité et zone géographique.

Selon l'origine des risques et de la rentabilité l'entreprise présentera un premier niveau d'information sectorielle appelé segment primaire et un deuxième niveau appelé segment secondaire. Le secteur d'activité est généralement considéré comme le segment primaire.

Les entreprises doivent indiquer, pour chaque secteur correspondant au segment primaire, un certain nombre d'informations telles que :

◆ les produits sectoriels et le résultat sectoriel de chaque secteur à présenter ;

- la valeur comptable totale des actifs et des passifs sectoriels pour chaque secteur ;

- le coût des immobilisations corporelles et incorporelles acquises ;

- les dotations aux amortissements et aux provisions ;

- les autres dépenses qui ne donnent pas lieu à un flux de trésorerie ;

- la part du bénéfice ou de la perte nette d'une participation comptabilisée selon la méthode de mise en équivalence ;

- un rapprochement entre les informations fournies pour les secteurs à présenter et les informations globales fournies dans ses états financiers consolidés concernant les produits, le résultat, les actifs et les passifs sectoriels.

Pour le deuxième niveau, les entreprises doivent indiquer le montant des produits sectoriels provenant des clients externes (par zone géographique si le premier niveau est organisé par secteur d'activité), la valeur comptable des actifs sectoriels, le montant des coûts encourus pour acquérir les actifs sectoriels corporels et incorporels.

Exemple : Présentation dans le rapport annuel 2003 du groupe Novartis

La communication sur l'information sectorielle

Le groupe Novartis dans son rapport annuel 2003 effectue une segmentation primaire par secteur d'activité et une segmentation secondaire par zone géographique. Sur le plan opérationnel et au niveau mondial, cette société est divisée en deux secteurs d'activités, la Division Pharma et la Division Consumer Health. La Division Consumer Health est composée de six unités d'affaires. La division Corporate permet de relier l'information sectorielle avec le compte de résultat. En effet, cette division comprend des produits et des charges afférentes au siège social du groupe et aux organisations dans les pays. Elle comprend également certains éléments de produits et de charges non habituellement imputés aux divisions.

L'entreprise publie également des informations par zone géographique. Elle distingue ainsi l'Europe, le continent américain, l'Asie/Afrique/Australie. Les données publiées contiennent : le chiffre d'affaires, le résultat opérationnel, l'amortissement des immobilisations corporelles compris dans le résultat opérationnel, le capital d'exploitation net, les entrées d'immobilisations corporelles comprises dans le capital d'exploitation net, les entrées d'immobilisations incorporelles, les frais de personnel, l'effectif en fin d'exercice.

Le groupe Novartis présente dans ses informations par région le chiffre d'affaires, les investissements en immobilisations corporelles, le capital d'exploitation net pour les pays qui ont représenté au moins 5 % du chiffre d'affaires du groupe.

La présentation du compte de résultat

Les normes comptables internationales n'imposent pas une présentation type du compte de résultat. La norme IAS 1 révisée en décembre 2003 stipule néanmoins que le compte de résultat doit comporter des postes présentant les montants suivants :

◆ produits des activités ordinaires ;

◆ charges financières ;

◆ quote-part dans le résultat net des entreprises associées et des coentreprises comptabilisées selon la méthode de la mise en équivalence ;

◆ charge d'impôt sur le résultat ;

◆ intérêts minoritaires ;

◆ résultat net de l'exercice.

L'entreprise doit présenter une analyse selon une classification établie par nature ou par fonction, des charges dans l'entreprise. En plus des montants obligatoires, les entreprises peuvent faire figurer au compte de résultat des rubriques supplémentaires, afin d'améliorer la communication financière. Les normes internationales n'obligent pas les entreprises à présenter les écarts d'acquisition dans une ligne spécifique, néanmoins les entreprises doivent indiquer la rubrique dans laquelle cette charge est comprise.

Le compte de résultat par nature

La première analyse est appelée méthode des charges par nature. Elle consiste à regrouper les charges du compte de résultat selon leur nature (par exemple : dotation aux amortissements, achats de matières premières, frais de transport, salaires et rémunérations, dépenses de publicité), et à ne pas les réaffecter aux différentes fonctions de l'entreprise. Dans un grand nombre de petites entreprises cette méthode est simple à appliquer car elle ne nécessite aucune répartition des charges opérationnelles entre les différentes fonctions. Mais elle est peu utilisée par les entreprises anglo-saxonnes.

Produits des activités ordinaires

Initialement, les normes IAS distinguaient les activités ordinaires et extraordinaires. La distinction française courant/exceptionnel n'existe pas en normes internationales.

Le produit des activités ordinaires (*revenue*) regroupe les ventes de biens, les prestations de services, les intérêts, les redevances et les dividendes.

Les ventes sont inscrites pour leur montant net c'est-à-dire après déduction des rabais, remises ou ristournes consentis par l'entreprise.

À la différence de la présentation en France qui distingue les ventes de marchandises et la production vendue, les normes IAS imposent de les regrouper dans les produits des activités ordinaires. Pour le calcul du produit des activités ordinaires, les matières premières sont valorisées au coût d'achat tout comme les produits finis achetés.

Tableau 8 – Compte de résultat
selon la classification des charges par nature (conforme à l'IAS 1)

	Montant
Produits des activités ordinaires	
Autres produits opérationnels	
Variation des stocks de produits finis et des travaux en cours	
Production immobilisée	
Marchandises et matières consommées	
Frais de personnel	
Dotations aux amortissements et provisions	
Autres charges opérationnelles	
Résultat opérationnel	
Charges financières	
Produits financiers	
Quote-part dans le résultat net des entreprises associées et des coentreprises comptabilisées selon la méthode de mise en équivalence	
Résultat avant impôt	
• des activités maintenues	
• des activités abandonnées	
Charge d'impôt sur le résultat	
Résultat après impôt	
Intérêts minoritaires	
Résultat net de l'exercice	
Résultat par action	

Autres produits opérationnels

Il s'agit des produits opérationnels qui ne relèvent pas des activités courantes ou ordinaires. La norme IAS 20 autorise d'inscrire dans une rubrique « autres produits » les subventions liées au résultat (par exemple une subvention destinée à couvrir des frais de recherche). La rubrique « autres produits opérationnels » (*other operating income*) est souvent présentée par les entreprises mais elle n'est pas obligatoire, la norme IAS 8 précise néanmoins que certaines circonstances doivent donner lieu à une présentation séparée des activités ordinaires. Ces circonstances sont par exemple : les sorties d'immobilisations corporelles, les règlements de litiges, les sorties de placements à long terme.

Variation des stocks de produits finis et des travaux en cours

La variation des stocks permet de mesurer la part de la production que l'entreprise n'a pas vendue ainsi que la part des travaux en cours de production. Les produits finis et les travaux en cours sont valorisés au coût de revient.

Production immobilisée

La production immobilisée est la production que l'entreprise a effectuée pour elle-même.

Marchandises et matières consommées

Les normes IAS imposent de regrouper les ventes de marchandises et la production vendues dans le produit des activités ordinaires (appelé aussi chiffre d'affaires net). Il est donc logique de regrouper les marchandises et les matières consommées.

Frais de personnel

Les frais de personnel regroupent les salaires et les charges sociales et fiscales liés à la rémunération des salariés.

Dotations aux amortissements et provisions

Ce sont les dotations aux amortissements et aux provisions qui sont liées à l'exploitation.

Autres charges opérationnelles

Ce poste concerne les charges opérationnelles qui ne relèvent pas des activités courantes ou ordinaires. Même si aucune norme ne détaille les éléments qui peuvent être inscrits dans ce poste, il est logique d'y inscrire les pertes de valeur qui sont comptabilisées en charges dans le compte de résultat (IAS 36), ainsi que les dépenses relatives à un élément incorporel (IAS 38).

Résultat opérationnel

C'est le même résultat que celui provenant d'un compte de résultat par fonction.

Le résultat opérationnel ou profit d'exploitation se calcule en ajoutant tous les produits liés à l'exploitation et en enlevant toutes les charges liées à l'exploitation. Il traduit la performance industrielle et commerciale de l'entreprise en dehors de ses choix financiers. Ce résultat est important car il conditionne l'existence de l'entreprise. En effet, c'est sur ce résultat que l'entreprise va payer ses frais financiers et en particulier les intérêts des emprunts.

Charges financières

Ce sont par exemple des charges d'intérêts sur les fonds empruntés à l'extérieur, les pertes sur des instruments de couverture.

Quote-part dans le résultat net des entreprises associées et des coentreprises comptabilisées selon la méthode de mise en équivalence

Une entreprise associée est une entreprise dans laquelle l'investisseur a une influence notable et qui n'est ni une filiale ni une coentreprise de l'investisseur.

Les participations dans les entreprises associées doivent être comptabilisées dans les états financiers consolidés selon la méthode de mise en équivalence (sauf si la participation est acquise dans l'unique perspective d'une cession dans un avenir proche).

Une coentreprise est un accord contractuel en vertu duquel deux parties ou plus conviennent d'exercer une activité économique sous contrôle conjoint. Les normes IAS donnent la possibilité de comptabiliser les coentreprises dans les comptes consolidés en utilisant la méthode de mise en équivalence.

Selon la norme IAS 28, le compte de résultat doit refléter la quote-part du coentrepreneur dans les résultats de l'entité contrôlée conjointement.

Produits financiers

Ce sont par exemple des intérêts produits sur des fonds placés auprès de tiers ou des gains sur des instruments de couverture.

Résultat avant impôt

C'est le résultat avant impôt qui concerne les activités que l'entreprise continue et celles qu'elle a abandonnées. Cette distinction permet, par exemple, de savoir si l'entreprise a abandonné une activité fortement rémunératrice qui pourrait affecter le résultat des années suivantes.

Charge d'impôt sur le résultat

Il s'agit de l'impôt sur les bénéfices. Dans les comptes consolidés, il peut s'agir d'impôts différés actifs ou passifs qui sont enregistrés sur les différences temporelles imposables ou déductibles.

Résultat après impôt

Le résultat après impôt est le résultat calculé après déduction de la charge d'impôt sur le résultat. Le calcul de l'impôt s'effectue sur la base comptable et non fiscale ce qui fait naître des actifs d'impôts différés ou des passifs d'impôts différés qui sont comptabilisés dans le bilan (IAS 12).

Intérêts minoritaires

Il s'agit de la quote-part dans les résultats nets et dans l'actif net d'une filiale, attribuable aux intérêts qui ne sont pas détenus par la société mère, ni directement ni indirectement par l'intermédiaire des filiales (IAS 27).

Résultat net de l'exercice

Le résultat net de l'exercice indique ce qui reste à la disposition de l'entreprise après le paiement de l'impôt et la prise en compte des intérêts minoritaires. C'est sur le résultat net que sont rémunérés les propriétaires de l'entreprise.

Résultat par action

Le résultat par action ou bénéfice par action (*Earning Per Share* ou EPS) est un solde calculé et non un flux financier (dividende). Les entreprises doivent présenter le résultat de base par action (résultat net divisé par le nombre d'actions en circulation) et le résultat dilué par action (résultat net théorique en supposant qu'ont été exercées toutes les options émises et que toutes les actions détenues en propres ont été vendues).

Le compte de résultat par fonction

La deuxième analyse qui est la méthode des charges par fonction est la plus utilisée par les pays anglo-saxons. L'IASB a envisagé de rendre cette présentation obligatoire pour unifier la présentation des états financiers et faciliter la lecture pour ses utilisateurs. Aux États-Unis la SEC exige de la part des entreprises une présentation faisant apparaître le coût des ventes, ce qui implique un classement des charges par fonction.

Tableau 9 – Compte de résultat selon la classification des charges par fonction (ou destination) conforme à l'IAS 1

	Montant
Produits des activités ordinaires	
Coût des ventes	
Marge brute	
Autres produits opérationnels	
Coûts commerciaux	
Charges administratives	
Autres charges opérationnelles	
Résultat opérationnel	
Produits financiers	
Charges financières	
Quote-part dans le résultat net des entreprises associées et des coentreprises comptabilisées selon la méthode de mise en équivalence	
Résultat avant impôt	
Charge d'impôt sur le résultat	
Résultat après impôts	
Intérêts minoritaires	
Résultat net de l'exercice	
Résultat par action	

Le produit des activités ordinaires

Le produit des activités ordinaires (*revenue*) correspond aux ventes de biens, prestations de services, intérêts, redevances et dividendes. Certaines entreprises n'utilisent pas le terme « produit des activités ordinaires », mais indiquent le « chiffre d'affaires ». Dans les rapports annuels anglo-saxons, c'est le terme « *sales* » – ventes – qui est utilisé. Les ventes sont enregistrées dans le compte de résultat lorsque les risques et les avantages importants inhérents à la propriété des biens sont transférés à l'acheteur.

Le coût des ventes

Le coût des ventes correspond aux charges relatives aux ventes c'est-à-dire le coût d'achat des marchandises ou le coût de production des produits vendus.

Le coût des ventes (*cost of sales*) est calculé différemment suivant que l'entreprise a une activité commerciale et/ou une activité de production.

Dans le cas d'une entreprise commerciale, le coût des ventes se calcule de la manière suivante :

COÛT DES VENTES = Stock initial de marchandises + Achat de marchandises de la période – Stock final de marchandises

L'évaluation des stocks est présentée dans la norme IAS 2 qui précise que le coût des stocks doit comprendre tous les coûts d'acquisition, les coûts de transformation et les autres coûts encourus pour amener les stocks à l'endroit et dans l'état où ils se trouvent.

Les coûts d'acquisition des stocks comprennent le prix d'achat, les droits de douane et autres taxes (autres que les taxes ultérieurement récupérables par l'entreprise auprès des administrations fiscales), ainsi que les frais de transport, de manutention et autres coûts

directement attribuables à l'acquisition des produits finis, des matières premières et des services. Les rabais commerciaux, remises et
autres éléments similaires sont déduits pour déterminer les coûts
d'acquisition.

N.B.

Le coût des stocks d'un prestataire de services se compose
essentiellement de la main d'œuvre et des autres frais de
personnel directement engagés pour fournir le service, y
compris le personnel d'encadrement et des frais généraux
attribuables.

Dans le cas d'une entreprise industrielle, le coût de production des
produits vendus se calcule la manière suivante :

COÛT DES VENTES = Stock initial de produits finis +
Coût des produits fabriqués – Stock final de produits finis

Dans une entreprise industrielle, pour calculer le coût des ventes, il
faut calculer le coût des produits fabriqués (*cost of goods manu-
factured*).

Les coûts de transformation des stocks comprennent, selon la norme
IAS 2, les coûts directement liés aux unités produites, comme la
main-d'œuvre directe. Ils comprennent également l'affectation des
frais généraux de production fixes et variables qui sont encourus
pour transformer les matières premières en produits finis. Les frais
généraux de production fixes sont les coûts indirects de production
qui demeurent relativement constants indépendamment du volume
de production, tels que l'amortissement et l'entretien des bâtiments
et de l'équipement industriels et les frais de gestion et d'administration de l'usine. Les frais de production variables sont les coûts

indirects de production qui varient directement, ou presque, en fonction du volume de production, tels que les matières premières indirectes et la main-d'œuvre indirecte.

Le coût des ventes d'une entreprise industrielle comprend donc :

- le coût d'acquisition des matières premières, fournitures, énergie que l'entreprise a consommée pour sa production ;

- les coûts directs ou indirects que l'on peut rattacher à cette production ;

- la variation de stocks de produits finis.

Un solde essentiel : la marge brute

Dans le compte de résultat par fonction, la première partie de celui-ci est consacrée au calcul de la marge brute (*gross profit*). Le compte de résultat en IAS/IFRS ne fait pas apparaître ni la valeur ajoutée (VA) ni la production totale de l'exercice, comme en France.

La marge brute s'obtient par différence entre les ventes ou les produits des activités ordinaires (*revenue* ou *sales*) et le coût des ventes (*cost of goods sold*). Dans ce calcul, il n'y a pas de distinction entre le coût des marchandises vendues et le coût de la production vendue.

> MARGE BRUTE ou *gross profit* = Ventes de marchandises et de produits fabriqués (*sales*) − Coût d'achat des marchandises et/ou coût de production (*cost of goods sold*)

Le lecteur français, habitué au compte de résultat par nature, sera surpris de ne pas retrouver les achats et les variations de stocks. En effet ceux-ci sont inclus dans le coût des ventes.

N.B.

Une des limites de la présentation du compte de résultat par fonction vient de l'absence de distinction entre les activités industrielles (produits vendus après transformation) et commerciales (produits revendus sans transformation) des entreprises. C'est la raison pour laquelle on parle de marge brute et non de marge commerciale qui exprime en France la marge du commerçant. La notion de valeur ajoutée est aussi absente. En effet celle-ci correspond, en France, à l'excédent de la production (vendue, stockée et immobilisée) sur la consommation externe ; or en normes internationales on ne comptabilise que la production vendue.

À partir de la marge brute, on peut calculer un premier ratio qui est la marge brute sur le produit des activités ordinaires :

GROSS MARGIN = Gross profit/Revenue

Autres produits opérationnels

Il s'agit des produits opérationnels qui ne relèvent pas des activités courantes. La norme IAS 20 autorise d'inscrire dans les autres produits opérationnels les subventions liées au résultat (par exemple une subvention destinée à couvrir des frais de recherche).

Coûts commerciaux

Ce poste regroupe généralement les salaires des vendeurs, les frais de publicité.

Charges administratives

On retrouve dans ce poste, entre autres, les salaires et les amortissements liés à l'administration.

Autres charges opérationnelles

Comme pour le compte de résultat par nature, il s'agit des charges opérationnelles qui ne relèvent pas des activités courantes ou ordinaires.

Le résultat opérationnel

Le résultat opérationnel (*Operating income* ou *Operating profit*) ou profit d'exploitation se calcule en ajoutant à la marge brute les autres produits opérationnels et en enlevant les autres charges opérationnelles ainsi que les charges administratives et les coûts commerciaux.

Étant donné que les normes internationales n'obligent pas les entreprises à inscrire des postes spécifiques concernant les charges liées à l'exploitation (*Operating expenses*), ces postes peuvent être différents suivant les entreprises. On retrouve généralement les charges liées au marketing et à la distribution (*Marketing and sales*), les charges d'administration et les frais généraux (*General and administration*) ; pour les entreprises où la recherche occupe une part importante, un poste recherche et développement est également présent (*General and administration*).

Le résultat opérationnel issu du classement par nature est le même que celui issu du classement par fonction. Les postes qui suivent le résultat opérationnel étant les mêmes dans les deux présentations nous ne les avons pas détaillés à nouveau.

N.B.

La présentation du compte de résultat par fonction ne fait pas apparaître de manière distincte la masse salariale. Celle-ci est incluse dans différents postes comme les coûts commerciaux, les frais de recherche et développement. Par ailleurs l'EBITDA ne peut pas se calculer à partir d'un compte de résultat par fonction car on ne connaît pas le montant des amortissements. C'est la raison pour laquelle certaines entreprises, qui ont adopté les normes IAS/IFRS et qui présentent leur compte de résultat par destination, intègrent dans le compte de résultat le calcul de l'EBITDA même si celui-ci n'est pas normalisé.

Les entreprises qui classent les charges par fonction doivent fournir des informations supplémentaires sur la nature des charges, y compris les dotations aux amortissements et les frais de personnel.

Le choix entre la méthode du coût des ventes et celle des dépenses par nature dépend à la fois de facteurs historiques, et de facteurs liés au secteur d'activité et de la nature de l'organisation. Chacune des deux méthodes de présentation comporte des avantages selon les types d'entreprises. Les normes IAS/IFRS imposent de choisir la classification qui présente le plus fidèlement les éléments de performance de l'entreprise. Toutefois, puisqu'il est utile d'avoir des informations sur la nature des charges pour prédire les flux de trésorerie futurs, la présentation d'informations supplémentaires est imposée lorsqu'on utilise la méthode du coût des ventes, c'est-à-dire la classification par fonction.

Par ailleurs, l'entreprise doit indiquer, soit au compte de résultat, soit dans les notes annexes, le montant du dividende par action voté ou proposé au titre de l'exercice couvert par les états financiers.

Exemple : Présentation dans le rapport annuel 2003 du groupe Novartis

Présentation du compte de résultat

Le groupe Novartis effectue la présentation suivante de son compte de résultat, pour les exercices clos au 31 décembre 2003 et 2002 (nous donnons entre parenthèses la traduction en anglais des différents postes).

Comptes de résultat consolidés (*Consolidated income statements*)	2003 M USD	2002 M USD
Chiffre d'affaires (*Sales*)	**24 864**	**20 877**
Prix de revient des marchandises vendues (*Cost of Goods Sold*)	- 5 894	- 4 994
Bénéfice brut (*Gross Profit*)	**18 970**	**15 883**
Marketing et distribution (*Marketing & Sales*)	- 7 854	- 6 737
Recherche et développement (*Research & Development*)	- 3 756	- 2 843
Administration et frais généraux (*General & Administration*)	- 1 471	- 1 211
Résultat opérationnel (*Operating income*)	**5 889**	**5 092**
Résultat provenant de sociétés associées (*Result from associated companies*)	- 200	- 7
Résultat financier net (*Financial income, net*)	379	613
Résultat avant impôts et intérêts minoritaires (*Income before taxes and minority interests*)	**6 068**	**5 698**
Impôts (*Taxes*)	- 1 008	- 959
Résultat avant intérêts minoritaires (*Income before minority interests*)	**5 060**	**4 739**
Intérêts minoritaires (*Minority interests*)	- 44	- 14
Résultat net (*Net income*)	**5 016**	**4 725**
Résultat de base par action (*Earnings per share*) (USD)	2,03	1,88
Résultat dilué par action (*Diluted earnings per share*) (USD)	2,00	1,84

Le résultat provenant des sociétés associées vient des participations que le groupe Novartis détient et qui sont intégrées dans le périmètre de consolidation par la méthode de la mise en équivalence.

Le résultat financier net du groupe Novartis est détaillé de la manière suivante dans une note annexe (nous donnons entre parenthèses la traduction en anglais des différents postes).

Résultat financier net (*Financial income, net*)	2003 M USD	2002 M USD
Produits d'intérêts (*Interest income*)	323	416
Dividendes reçus (*Dividend income*)	17	68
Gains en capital (*Capital gains*)	11	
Revenus d'options et de contrats à terme (*Income on options and forward contracts*)	1 113	1 659
Autres produits financiers (*Other financial income*)	9	3
Produits financiers (*Financial income*)	**1 473**	**2 146**
Charges d'intérêt (*Interest expense*)	- 243	- 194
Pertes en capital (*Capital losses*)		- 79
Pertes de valeurs sur titres de placement (*Impairment of marketable securities*)	- 66	
Charges pour options et contrats à terme (*Expenses on options and forward contracts*)	- 809	- 1 261
Autres charges financières (*Other financial expense*)	- 40	- 68
Charges financières (*Financial expense*)	**- 1 158**	**- 1 602**
Gains de change nets (*Currency result, net*)	**64**	**69**
Total résultat financier net (*Total financial income, net*)	**379**	**613**

© Éditions d'Organisation

L'ANALYSE
DU COMPTE DE RÉSULTAT

Le compte de résultat permet d'effectuer une analyse de la rentabilité. Il explique comment s'est formé le résultat à partir des activités opérationnelles et financières. Il donne des éléments de calcul de coûts et permet de faire une analyse de la création de richesse de l'entreprise. Le lecteur des états financiers est amené à se poser une série de questions afin d'effectuer une première analyse du compte de résultat.

L'entreprise a-elle changé ses méthodes de comptabilisation ?

On doit retrouver dans les états financiers, les méthodes comptables adoptées pour la comptabilisation des produits des activités ordinaires.

Quels sont les produits provenant des différentes activités de l'entreprise ?

Le lecteur devra analyser le montant de chaque catégorie importante des produits des activités ordinaires comptabilisés au cours de l'exercice provenant des ventes de biens, prestations de services, intérêts, redevances, dividendes. Ceci permet d'étudier l'activité de l'entreprise et l'origine de ses produits.

Les entreprises doivent distinguer le montant des produits des activités ordinaires provenant de l'échange de biens ou de services figurant dans chaque catégorie importante de produits des activités ordinaires.

Comment a évolué le chiffre d'affaires ?

Le chiffre d'affaires, qui est constitué par les ventes et les prestations de services, constitue un indicateur essentiel en analyse financière. Le chiffre d'affaires est souvent présenté par région et par groupe de produits en suivant les principes de la norme relative à l'information sectorielle (IAS 14). Le lecteur des états financiers pourra donc étudier les évolutions de chiffre d'affaires suivant les activités de l'entreprise et analyser les commentaires relatifs à cette évolution.

La norme IAS 18 encadre de manière stricte la comptabilisation des revenus, ce qui devrait limiter les comptabilisations abusives de produits (produits comptabilisés en avance ou en retard pour lisser le chiffre d'affaires).

Quel est le niveau du résultat financier ?

Le lecteur des états financiers pourra analyser le résultat financier qui correspond à la différence entre les produits financiers et les charges financières. Le niveau des charges financières qui comprennent, entre autres, les charges d'intérêts, les pertes de valeur sur les titres de placement, les pertes sur les instruments de couverture devra être étudié avec attention.

Comment est calculé le résultat par action et quel est son niveau ?

Les entreprises indiquent les montants utilisés pour calculer le résultat de base par action et le résultat dilué par action. Ces informations permettent, entre autres, de connaître le nombre d'actions sur le marché et les effets potentiels sur le résultat par action de la conversion des obligations convertibles ou des autres instruments financiers.

Le lecteur des états financiers sera attentif à l'évolution du résultat par action qui, rappelons-le, ne représente pas le dividende qui sera distribué.

Pourquoi le compte de résultat n'est pas suffisant pour analyser la performance de l'entreprise en normes internationales ?

Le compte de résultat est secondaire en normes IAS/IFRS. En effet, il ne comprend pas tous les gains ou toutes les pertes de l'exercice (qui dans certains cas peuvent être comptabilisés directement dans le bilan). Le bilan et l'état de variation des capitaux propres sont donc les éléments essentiels des états finnciers

Le lecteur devra effectuer une analyse en priorité sur l'évolution des capitaux propres s'il souhaite connaître la création de valeur pour les propriétaires de l'entreprise. Rappelons que la comptabilité en normes IAS/IFRS est orientée principalement vers les investisseurs ce qui explique, sans doute, le peu de place que tient le compte de résultat dans sa présentation actuelle.

L'IASB prépare actuellement un projet de norme sur la présentation des performances de l'entreprise (*reporting performance*). Une évolution possible consisterait à publier un état de mesure de la performance qui consacrerait une conception élargie du résultat.

Chapitre 4

Le tableau des flux de trésorerie

L'ESSENTIEL À RETENIR

Les entreprises qui appliquent les normes IAS/IFRS doivent établir un tableau des flux de trésorerie conformément à la norme IAS 7.

Le bilan et le compte de résultat sont établis selon une comptabilité dite d'engagement (*Accruals Accounting*). Selon cette méthode (présentée dans le chapitre 1), les transactions et les événements sont comptabilisés au moment où ils se produisent et non pas lors de l'entrée ou de la sortie de trésorerie. On comptabilise donc les produits et les charges au moment de leur réalisation et non pas au moment des encaissements ou des décaissements de fonds. C'est justement cette différence qui fait apparaître un besoin en fonds de roulement (exemple : des marchandises ont été livrées mais n'ont pas encore été payées).

Le bilan, le compte de résultat et le tableau des flux de trésorerie sont liés. En effet, c'est à partir du compte de résultat et du tableau des flux de trésorerie que l'on va pouvoir analyser les variations de certains postes du bilan.

Le compte de résultat va par exemple déterminer le résultat qui sera inscrit au bilan, mais également le montant des amortissements et des provisions. Le tableau des flux de trésorerie fera apparaître, entre autres, les acquisitions d'immobilisations qui ne transitent pas par le compte de résultat mais qui génèrent des sorties de trésorerie et font l'objet d'une inscription au bilan.

Le compte de résultat et le tableau de flux de trésorerie permettent d'analyser les mouvements de charges et de produits ou de trésorerie. Ils sont établis pour un exercice qui est clos à une date déterminée, généralement le 31 décembre (*for the year ended December 31 200X*). Le bilan informe sur la situation financière de l'entreprise à une date déterminée, généralement le 31 décembre (*at December 31 200X*).

Le concept de trésorerie est essentiel en comptabilité internationale. En effet, il permet une bonne comparaison entre les entreprises car il n'est pas lié aux conventions comptables. Il informe également sur la capacité de l'entreprise à générer de la trésorerie pour financer ses investissements. Il permet d'effectuer une analyse de la liquidité et de la solvabilité de l'entreprise. Enfin, il est tout à fait adapté aux méthodes d'évaluation les plus récentes, car il donne aux utilisateurs le moyen d'élaborer des modèles pour apprécier et comparer la valeur actuelle des flux de trésorerie futurs de différentes entreprises.

Le tableau des flux de trésorerie en normes IAS/IFRS présente trois flux fondamentaux : les flux de trésorerie opérationnels, les flux de trésorerie liés aux opérations de financement et les flux de trésorerie liés aux opérations d'investissement.

L'intérêt de présenter un tableau des flux de trésorerie

La publication du tableau de flux de trésorerie (*statement of cash flows*) est obligatoire en normes IAS/IFRS. La première version de la norme IAS 7 approuvée par le conseil en octobre 1977, prévoyait la présentation d'un tableau de financement (*statement of changes in financial position*). Depuis, les comptables américains ont défendu l'idée qu'il fallait remplacer le tableau de financement par un tableau des flux de trésorerie (norme américaine SFAS 95 publiée en 1987). En effet, les utilisateurs des états financiers préféraient une présentation basée sur les flux de trésorerie (*cash flows*) plutôt que sur le fonds de roulement (*working capital*). La norme IAS 7 a donc évolué en 1992 et impose désormais de présenter un tableau des flux de trésorerie. En France, l'ordre des experts comptables (OEC) a également préconisé, dans une de ses recommandations (avis n° 30 de 1997), d'établir un tableau des flux de trésorerie.

Selon la norme IAS 7, les informations concernant les flux de trésorerie d'une entreprise sont utiles aux utilisateurs des états financiers, car elles leur apportent une base d'évaluation de la capacité de l'entreprise à générer de la trésorerie et des équivalents de trésorerie. Ces informations permettent également aux utilisateurs d'étudier comment l'entreprise a utilisé cette trésorerie. Les entreprises utilisent leur trésorerie pour conduire leurs activités, s'acquitter de leurs obligations et assurer une rentabilité à leurs investisseurs. Les utilisateurs des états financiers d'une entreprise sont intéressés par la façon dont l'entreprise génère et utilise sa trésorerie ou ses équivalents de trésorerie.

Le tableau des flux de trésorerie doit être utilisé avec les autres éléments des états financiers, comme le compte de résultat et le bilan. Dans le cas d'un investissement dans une machine effectué grâce à un emprunt, le compte de résultat enregistre l'usure de la machine par le biais des amortissements (qui ne correspondent pas à des sorties de trésorerie), il comptabilise également les intérêts de la dette (qui correspondent à des sorties de trésorerie). Le tableau des flux de trésorerie inscrit les sorties de trésorerie liées à cet emprunt qui représentent le remboursement du capital et des intérêts (les annuités de remboursement). Enfin, le bilan permet d'enregistrer l'achat de la machine à l'actif et la dette au passif.

**Tableau 10 – Les activités opérationnelles, d'investissement
et de financement et leur comptabilisation dans le tableau des flux
de trésorerie et le compte de résultat**

	Tableau de flux de trésorerie	Compte de résultat
Activités opérationnelles • Ventes de biens et prestations de services	Inscription lors du paiement effectif	Inscription généralement à la facturation (lors du transfert à l'acheteur des risques et avantages importants inhérents à la propriété)
Activités d'investissement • Achat d'un actif	Inscription du prix payé à l'achat	Inscription de l'amortissement qui correspond à la constatation de la dépréciation ou de l'usure de l'actif
Activités de financement • Par endettement	Inscription d'une entrée de trésorerie pour le montant de la dette puis des sorties de trésorerie correspondant aux annuités de remboursement (capital et intérêts)	Inscription uniquement des intérêts

Le tableau des flux de trésorerie fournit des informations qui permettent aux utilisateurs d'évaluer les changements dans les actifs d'une entreprise, d'analyser sa structure financière et sa capacité à modifier les montants et l'échéancier des flux de trésorerie pour s'adapter aux évolutions de l'environnement et saisir des opportunités.

L'analyse du tableau de flux de trésorerie d'une même entreprise, sur plusieurs années, permet d'étudier si les dépenses que l'entreprise a consacrées à ses investissements ont permis d'aboutir à une augmentation de la trésorerie relative aux activités opérationnelles (d'exploitation). En effet, l'investisseur accepte de renoncer à une consommation immédiate des flux de trésorerie (en les réinvestissant) uniquement s'il pense que les flux futurs générés par l'investissement seront supérieurs.

Le tableau des flux de trésorerie permet aux utilisateurs d'élaborer des modèles pour apprécier et comparer la valeur actuelle des flux de trésorerie futurs de différentes entreprises.

Sachant que les flux de trésorerie sont indépendants des méthodes de comptabilisation cela renforce la comparabilité des informations sur la performance opérationnelle des entreprises.

Par ailleurs, l'information sur l'historique des flux de trésorerie est souvent utilisée comme un indicateur utile des montants et des échéances des flux futurs de trésorerie. Elle permet également de vérifier l'exactitude des anciennes estimations de flux futurs de trésorerie, d'examiner la relation entre la rentabilité et les flux de trésorerie nets, d'analyser l'effet des changements de prix.

Le contenu du tableau des flux de trésorerie

Le tableau des flux de trésorerie présente les flux de trésorerie de l'exercice classés en activités opérationnelles, d'investissement et de financement.

Une transaction peut inclure des flux de trésorerie qui sont classés différemment. Par exemple, lorsque le remboursement en trésorerie d'un emprunt porte à la fois sur les intérêts et le capital, la partie correspondant aux intérêts peut être classée dans les activités opérationnelles tandis que la partie correspondant au capital est classée dans les activités de financement.

Les activités opérationnelles

Le montant des flux de trésorerie provenant des activités opérationnelles (*cash flow from operating activities*) est un indicateur-clé pour mesurer si les opérations de l'entreprise ont généré suffisamment de flux de trésorerie pour rembourser ses emprunts, maintenir la capacité opérationnelle de l'entreprise, verser des dividendes et faire de nouveaux investissements sans recourir à des sources externes de financement.

Les flux de trésorerie opérationnels sont essentiellement issus des principales activités génératrices de produits de l'entreprise.

Exemple

Les flux de trésorerie provenant des activités opérationnelles (cités par l'IAS 7)

- les entrées de trésorerie provenant de la vente de biens et de la prestation de services ;

- les entrées de trésorerie provenant de redevances, d'honoraires, de commissions et d'autres produits ;

- les sorties de trésorerie envers des fournisseurs de biens et de services ;

- les sorties de trésorerie envers les membres du personnel ou pour leur compte ;

- les entrées et les sorties de trésorerie d'une entreprise d'assurance relatives aux primes et aux sinistres, aux rentes et autres prestations liées aux polices d'assurance ;

- les sorties de trésorerie ou remboursements d'impôts sur le résultat, à moins qu'ils ne puissent être spécifiquement associés aux activités de financement et d'investissement ;

- les entrées et les sorties de trésorerie provenant de contrats détenus à des fins de négoce ou de transaction.

Certaines transactions, telle que la cession d'un élément d'une installation de production, peuvent donner lieu à une plus ou moins-value incluse dans la détermination du résultat net. Mais les flux de trésorerie liés à de telles transactions sont des flux provenant des activités d'investissement.

Par ailleurs, une entreprise peut détenir des titres à des fins de négoce ou de transaction. Dans ce cas ils sont, selon l'IAS 7, similaires à des stocks acquis spécifiquement en vue de leur revente. En conséquence, les flux de trésorerie provenant de l'acquisition et de la cession des titres détenus à des fins de négoce ou de transaction sont classés parmi les activités opérationnelles.

Les entreprises doivent présenter leurs flux de trésorerie liés aux activités opérationnelles, d'investissement et de financement de la façon la plus appropriée à leurs activités. Ainsi les avances de trésorerie et les prêts consentis par les institutions financières sont généralement classés en activités opérationnelles, étant donné qu'ils se rapportent à la principale activité génératrice de produits de ces entreprises.

N.B.

L'analyse des flux de trésorerie liée aux activités opérationnelles est importante car elle permet de mesurer le montant des liquidités que l'entreprise a dégagées par la vente de ses produits et de ses services. Les intérêts payés sur les emprunts peuvent être déduits des flux de trésorerie liés aux activités opérationnelles car les normes internationales autorisent leur inscription en flux de financement. Si l'on souhaite comparer les flux de trésorerie d'exploitation de plusieurs entreprises, il est alors nécessaire de tenir compte de ces différences de comptabilisation.

Les activités d'investissement

La présentation séparée des flux de trésorerie provenant des activités d'investissement (*cash flow from investing activities*) est utile car cela permet d'étudier dans quelle mesure des dépenses ont été effectuées pour l'accroissement de ressources destinées à générer des produits et des flux de trésorerie futurs.

Exemple

Les flux de trésorerie provenant des activités d'investissement (cités par l'IAS 7)

- les sorties de trésoreries effectuées pour l'acquisition d'immobilisations corporelles, incorporelles et d'autres actifs à long terme. Ces sorties comprennent les frais de développement inscrits à l'actif et les dépenses liées aux immobilisations corporelles produites par l'entreprise pour elle-même ;

- les entrées de trésorerie découlant de la vente d'immobilisations corporelles, incorporelles et d'autres actifs à long terme ;

- les sorties de trésorerie effectuées pour l'acquisition d'instruments de capitaux propres ou d'emprunts d'autres entreprises et de participations dans des coentreprises (autres que les sorties effectuées pour les instruments considérés comme des équivalents de trésorerie ou détenus à des fins de négoce ou de transaction) ;

- les entrées de trésorerie relatives à la vente d'instruments de capitaux propres ou d'emprunts d'autres entreprises, et de participations dans des coentreprises (autres que les entrées relatives aux instruments considérés comme équivalents de trésorerie et à ceux détenus à des fins de négoce ou de transaction) ;

- les avances de trésorerie et de prêts qui sont faits à des tiers (autres que les avances et prêts consentis par une institution financière) ;

- les entrées de trésorerie découlant du remboursement d'avances et de prêts consentis à des tiers (autres que les avances et prêts faits par une institution financière) ;

- les sorties de trésorerie au titre de contrats à terme, de contrats d'option ou de contrats de *swap*, sauf lorsque ces contrats sont détenus à des fins de négoce ou de transaction ou que ces sorties sont classées parmi les activités de financement ;

- les entrées de trésorerie au titre des contrats à terme sur des marchés organisés et de gré à gré, de contrats d'options ou de contrats de *swap*, sauf lorsque ces contrats sont détenus à des fins de négociation ou de transaction ou que ces entrées sont classées parmi les activités de financement.

N.B.

Certaines entreprises peuvent être amenées à céder des activités qui ne sont pas stratégiques afin de limiter l'endettement. En effet, la vente d'un actif à long terme peut en partie compenser la sortie de trésorerie liée à un investissement. Mais les entreprises ne peuvent pas financer pendant longtemps leurs investissements nécessaires par des désinvestissements dans des activités non-stratégiques. Le lecteur devra donc être attentif aux explications fournies par l'entreprise concernant ces cessions d'actifs et étudier si l'entreprise a la possibilité d'investir sans ces cessions, en particulier si les ratios d'endettement ne sont pas déjà trop élevés.

Les activités de financement

La présentation séparée des flux de trésorerie provenant des activités de financement (*cash flow from financing activities*) est utile à la prévision des flux futurs de trésorerie de l'entreprise attendus par les apporteurs de capitaux.

Exemple

Les flux de trésorerie provenant des activités de financement (cités par l'IAS 7)

- les entrées de trésorerie provenant de l'émission d'actions ou d'autres instruments de capitaux propres ;

- les sorties de trésorerie envers les actionnaires pour acquérir ou racheter les actions de l'entreprise ;

- les produits de l'émission d'emprunts obligataires, d'emprunts ordinaires, de billets de trésorerie, d'emprunts hypothécaires et autres emprunts à court ou à long terme ;

- les sorties de trésorerie pour rembourser des montants empruntés ;

- les paiements effectués par un preneur dans le cadre de la réduction du solde de la dette relative à un contrat de location-financement.

Le tableau des flux de trésorerie distingue donc bien les flux générés par l'activité de l'entreprise qui correspondent à ses flux d'exploitation et d'investissement et les flux qui sont relatifs à son financement (par endettement ou par capitaux propres).

N.B.

Concernant les flux de trésorerie provenant des activités de financement, il faut noter que les entrées de trésorerie provenant de l'émission d'actions (augmentation de capital) ne sont pas les plus courantes. Le financement provient souvent d'une augmentation de la dette financière (il permet en outre de bénéficier d'un effet de levier). Pendant les périodes d'expansion économique, les entreprises peuvent être amenées à rembourser plus rapidement leur dette financière et donc à se désendetter ce qui est une bonne chose si les ratios d'endettement sont élevés. Enfin, il est important d'étudier si l'entreprise verse des dividendes et si ce versement est régulier.

La présentation du tableau des flux de trésorerie

Les règles relatives à la présentation des flux de trésorerie sont différentes suivant qu'il s'agit des flux de trésorerie liés aux activités opérationnelles, aux activités d'investissement et aux activités de financement.

Pour présenter les flux de trésorerie liés aux activités opérationnelles, les entreprises doivent utiliser :

- soit la méthode directe, suivant laquelle les principales catégories d'entrées et de sorties de trésorerie brutes sont présentées ;
- soit la méthode indirecte, suivant laquelle le résultat net est ajusté des transactions qui n'ont pas d'effet sur la trésorerie (les dotations et les reprises d'amortissements et de provisions…), de tout décalage ou régularisation d'entrées ou de sorties de trésorerie opérationnelle passées ou futures liées à

l'exploitation (variation des comptes clients et fournisseurs…)
et des éléments de produits ou de charges liés aux flux de
trésorerie concernant les investissements ou le financement
(produits financiers, charges financières…).

La norme IAS 7 encourage les entreprises à présenter les informations sur les flux de trésorerie des activités opérationnelles en utilisant la méthode directe. En effet, la méthode directe apporte des
informations qui peuvent être utiles pour l'estimation des flux futurs
de trésorerie et qui ne sont pas disponibles à partir de la méthode
indirecte. Avec la méthode directe, les informations sur les principales catégories d'entrées et de sorties de trésorerie brutes peuvent être
obtenues.

Les entreprises doivent présenter séparément les principales catégories d'entrées et de sorties de trésorerie brutes provenant des activités d'investissement et de financement.

Tableau 11 – Flux de trésorerie avec la méthode directe (conforme à l'IAS 7)

(+) Flux d'entrée de trésorerie

(-) Flux de sortie de trésorerie

(1) Les notes correspondent à des explications particulières que les entreprises
peuvent développer pour permettre une meilleure compréhension des différents flux.

(2) Les intérêts payés (versés) peuvent être également inscrits en flux de financement.

(3) L'impôt sur le résultat aurait pu être ventilé entre les activités d'exploitation,
d'investissement et de financement. En particulier si l'entreprise a procédé à
d'importantes cessions d'immobilisations qui ont abouti à un paiement d'impôt sur
les plus values.

(4) Les dividendes versés auraient pu être comptabilisés dans les flux provenant des
activités opérationnelles.

	Notes (1)	Année N	Année N-1
Flux de trésorerie provenant des activités opérationnelles		I	
Encaissements reçus des clients			
(-) Versements aux fournisseurs et au personnel			
(-) Intérêts liés aux activités opérationnelles, payés (2)			
(-) Impôt sur le résultat payé (3)			
= Flux net de trésorerie provenant des activités opérationnelles			
Flux de trésorerie provenant des activités d'investissement		II	
(-) Acquisition de filiale sous déduction de la trésorerie acquise			
(+) Cession de filiale			
(-) Acquisition d'immobilisations (corporelles, incorporelles, financières)			
(+) Cession d'immobilisations (corporelles, incorporelles, financières)			
(-) Acquisition de titres de placement			
(+) Cession de titres de placement			
(+) Intérêts encaissés			
(+) Dividendes reçus			
= Flux net de trésorerie provenant des activités d'investissement			
Flux de trésorerie provenant des activités de financement		III	
(+) Augmentation de capital			
(-) Réduction de capital			
(-) Remboursement des emprunts			
(+) Augmentation des emprunts			
(-) Remboursement des dettes provenant des contrats de location- financement			
(-) Dividendes versés (4)			
= Flux net de trésorerie provenant des activités de financement			
Variation nette de trésorerie ou d'équivalents de trésorerie		IV = I + II + III = VI-V	
Trésorerie ou équivalents de trésorerie à l'ouverture de l'exercice		V	
Trésorerie ou équivalents de trésorerie à la clôture de l'exercice		VI	

N.B.

La norme IAS 7 ne précise pas les différentes rubriques à présenter. La présentation détaillée des trois grands flux est donc différente selon les sociétés. Les entreprises présentent également des rubriques relatives aux effets de la variation des taux de change.

La deuxième présentation (méthode indirecte) qui est souvent utilisée par les entreprises part du résultat net avant impôt.

Tableau 12- Flux de trésorerie avec la méthode indirecte (conforme à l'IAS 7)

(+) Flux d'entrée de trésorerie ; (-) Flux de sortie de trésorerie

(1) Les notes correspondent à des explications particulières que les entreprises peuvent développer pour permette une meilleure compréhension des différents flux.

(2) Il s'agit des produits et des charges qui n'ont pas d'effet sur la trésorerie (produits non-encaissables et charges non-décaissables).

(3) Il s'agit d'éliminer les flux qui ne sont pas liés à l'exploitation.

(4) Les intérêts payés (versés) peuvent être également inscrits en flux de financement.

(5) Permet de connaître la variation du besoin en fonds de roulement provenant des activités opérationnelles. C'est-à-dire la variation des stocks, la variation des comptes clients et autres actifs circulants, la variation des fournisseurs.

(6) L'impôt sur le résultat aurait pu être ventilé entre les activités d'exploitation, d'investissement et de financement.

(7) Les dividendes versés auraient pu être comptabilisés dans les flux provenant des activités opérationnelles.

	Notes (1)	Année N	Année N-1
Flux de trésorerie provenant des activités opérationnelles		I	
Bénéfice net avant impôt			
(+) Dotation aux amortissements et aux provisions (2)			
(-) Reprises sur amortissements et provisions (2)			
(+)(-) Résultat des cessions d'immobilisations corporelles et incorporelles (3)			
(+) Charges financières (3)			
(-) Produits financiers (3)			
(-) Intérêts liés aux activités opérationnelles, payés (4)			
(+) (-) Variation du besoin en fonds de roulement opérationnel (5)			
(-) Impôt sur le résultat payé (6)			
= Flux net de trésorerie provenant des activités opérationnelles			
Flux de trésorerie provenant des activités d'investissement		II	
(-) Acquisition de filiale sous déduction de la trésorerie acquise			
(+) Cession de filiale			
(-) Acquisition d'immobilisations (corporelles, incorporelles, financières)			
(+) Cession d'immobilisations (corporelles, incorporelles,financières)			
(-) Acquisition de titres de placement			
(+) Cession de titres de placement			
(+) Intérêts encaissés			
(+) Dividendes reçus			
= Flux net de trésorerie provenant des activités d'investissement			
Flux de trésorerie provenant des activités de financement		III	
(+) Augmentation de capital			
(-) Réduction de capital			
(-) Remboursement des emprunts			
(+) Augmentation des emprunts			
(-) Remboursement des dettes provenant des contrats de location- financement			
(-) Dividendes versés (7)			
= Flux net de trésorerie provenant des activités de financement			
Variation nette de trésorerie ou d'équivalents de trésorerie		IV = I + II + III = VI-V	
Trésorerie ou équivalents de trésorerie à l'ouverture de l'exercice		V	
Trésorerie ou équivalents de trésorerie à la clôture de l'exercice		VI	

Divergences avec la comptabilité française

En France, les entreprises faisant appel public à l'épargne doivent publier un tableau de financement. Il n'y a pas d'obligations pour sa présentation qui reste libre. Plusieurs modèles peuvent donc être appliqués comme celui du PCG qui est centré sur la variation du fonds de roulement et qui s'intéresse principalement aux variations du patrimoine de l'entreprise. L'ordre des experts comptables propose prioritairement un modèle axé sur la trésorerie.

En normes internationales, la présentation doit être conforme à l'IAS 7, c'est-à-dire obligatoirement basée sur la trésorerie et non pas sur le fonds de roulement.

Comme nous le voyons, le tableau de flux de trésorerie est essentiel en comptabilité internationale. Il permet une bonne analyse de la situation financière de l'entreprise et en particulier sa liquidité (une entreprise peut dégager un résultat net positif et connaître des difficultés de trésorerie ou présenter un résultat négatif et disposer d'une trésorerie excédentaire). L'exemple le plus courant concerne les entreprises en forte croissance qui ont des besoins de financement importants qui ne sont pas toujours couverts (achats de marchandises en quantités importantes, clients qui ne payent pas comptant et exigent des délais de paiement). Dans ce cas, la trésorerie est négative et l'entreprise peut faire faillite alors qu'elle est économiquement viable.

Un autre avantage du tableau de flux de trésorerie, qui est essentiel dès que l'on analyse des entreprises de différents pays, concerne la comparabilité. En effet, les flux de trésorerie ne sont pas soumis aux options comptables ou aux changements de méthodes.

Le classement en trois grands types de flux permet à l'analyste de se faire une opinion sur la capacité de l'entreprise à dégager de la trésorerie en provenance de ses activités opérationnelles mais aussi sur l'évolution de cette trésorerie. Le lecteur des états financiers peut juger de la capacité de l'entreprise à s'adapter aux besoins de son marché et en particulier sa capacité à lever des fonds pour financer ses investissements.

À partir du tableau de flux de trésorerie de nombreux financiers calculent le *cash flow* libre ou *free cash flow*[1]. Cet indicateur est intéressant car il permet d'effectuer une analyse de la trésorerie qui est disponible pour les apporteurs de capitaux que sont les actionnaires et les créanciers. Le *free cash flow* provient des activités opérationnelles, il est généralement calculé en déduisant du résultat opérationnel (d'exploitation) les investissements, l'impôt sur les sociétés, l'augmentation du besoin en fonds de roulement et en ajoutant les dotations aux amortissements et provisions (charges non-décaissables) et les cessions d'actifs (nettes d'impôt sur les sociétés).

---

1. Le concept de *cash flow* libre a en particulier été développé par M.C. Jensen dans ses travaux sur les conflits entre actionnaires et dirigeants. Pour cet auteur, le *cash flow* libre représente l'ensemble des flux de trésorerie disponibles après avoir financé les projets rentables. Dans cette approche, le *free cash flow* doit théoriquement être distribué aux actionnaires afin d'éviter qu'il soit dépensé dans des projets peu rentables.

Jensen M.C., « Agency Costs of Free Cash Flow, Corporate Finance and Takeovers », *American Economic Review*, vol. 76, n° 2, mai 1986, p. 323-329.

Exemple : Présentation dans le rapport annuel 2003 du groupe Novartis

Tableau des flux de trésorerie

Le groupe Novartis effectue la présentation suivante de son tableau des flux de trésorerie, pour les exercices clos au 31 décembre 2003 et 2002 (nous donnons entre parenthèses la traduction en anglais des différents postes).

Flux de trésorerie consolidés (*Consolidated Cash Flow Statements*)	2003 M USD	2002 M USD
Résultat net (*net income*)	**5 016**	**4 725**
Reprise d'éléments non-monétaires (*Reversal of non-cash items*) :		
• Intérêts minoritaires (*Minority interests*)	44	14
Impôts (*Taxes*)	1 008	959
Dépréciation, amortissements et pertes de valeur sur (*Depreciation, amortization and impairments on*) :		
• Immobilisations corporelles (*Tangible fixed assets*)	768	622
• Immobilisations incorporelles (*Intangible assets*)	515	673
• Actifs financiers (*Financial assets*)	103	41
Résultat provenant de sociétés associées (*Result from associated companies*)	200	7
Produits liés à des désinvestissements (*Divestment gains*)		- 133
Produits de cessions d'immobilisations corporelles et incorporelles (*Gains on disposal of tangible and intangible assets*)	- 325	- 260
Résultat financier net (*Net financial income*)	- 379	- 613
Dividendes encaissés (*Dividends received*)	12	14
Intérêts encaissés et autres produits financiers (*Interest an other financial receipts*)	501	435
Intérêts payés et autres charges financières (*Interest and other financial payments*)	- 240	- 174
Encaissements provenant de sociétés associées (*Receipts from associated companies*)	62	44
Impôts payés (*Taxes paid*)	- 842	- 769
Flux de trésorerie avant variation du fonds de roulement et des provisions (*Cash flow before working capital and provision changes*)	**6 443**	**5 585**
Charges de restructuration et autres paiements non-provisionnés (*Restructuring payments and other cash payments out of provisions*)	- 248	- 204
Variation de l'actif circulant et d'autres flux de trésorerie des activités d'exploitation (*Change in net current assets and other operating cash flow items*)	457	- 152

Flux de trésorerie net provenant des activités opérationnelles (*Cash flow from operating activities*)	**6 652**	**5 229**
Acquisition d'immobilisations corporelles (*Investment in tangible fixed assets*)	- 1 329	- 1 068
Produits de cessions d'immobilisations corporelles (*Proceeds from disposals of tangible fixed assets*)	92	183
Acquisition d'immobilisations incorporelles (*Purchase of intangible assets*)	- 214	- 90
Produits de cessions d'immobilisations incorporelles (*Proceeds from disposals of intangible assets*)	335	214
Acquisition d'immobilisations financières (*Purchase of financial assets*)	- 816	- 725
Produits de cessions d'actifs financiers (*Proceeds from disposals of financial assets*)	632	582
Acquisition de participations supplémentaires dans des sociétés associées (*Acquisition of additional interests in associated companies*)	- 120	- 1 846
Acquisition/cession de sociétés affiliées (*Acquisition/divestment of subsidiaries*)	- 272	- 542
Acquisition de participations minoritaires (*Acquisition of minorities*)	- 10	- 2
Produits de cessions de titres de placement (*Proceeds from disposals of marketable securities*)	10 511	7 086
Acquisition de titres de placement (*Payments for acquiring marketable securities*)	- 10 107	- 6 657
Flux de trésorerie provenant des activités d'investissement (*Cash flow used for investing activities*)	**- 1 298**	**- 2 865**
Achat d'actions destinées à être tenues en réserve (*Acquisition of treasury shares*)	- 273	- 3 228
Augmentation des dettes financières à long terme (*Increase in long-term financial debts*)	18	999
Remboursement des dettes financières à long terme (*Repayment of long-term financial debts*)	- 31	- 18
Remboursement d'options *call* et *put* sur actions Novartis (*Repayment of put and call options on Novartis shares*)	- 3 458	
Variation des dettes financières à court terme (*Change in short-term financial debts*)	- 296	- 427
Dividendes versés (*Dividends paid*)	- 1 724	- 1 367
Flux de trésorerie provenant des activités de financement (*Cash flow used for financing activities*)	- 5 764	- 4 041
Écarts de conversion relatifs aux liquidités et équivalents de liquidités (*Net effect of currency translation on cash and cash equivalents*)	258	836
Variation des liquidités et équivalents de liquidités (*Net change in cash and cash equivalents*)	- 152	- 841
Liquidités et équivalents de liquidités en début d'exercice (*Cash and cash equivalents at the beginning of the year*)	5 798	6 639
Liquidités et équivalents de liquidités en fin d'exercice (*Cash and cash equivalents at end of the year*)	5 646	5 798

© Éditions d'Organisation

Exemple : Présentation dans le rapport annuel 2003 du groupe Novartis

Calcul du free cash flow

Le groupe Novartis présente dans son rapport opérationnel et financier 2003 le *free cash flow* du groupe.

« Le groupe définit *le free cash flow* comme étant la trésorerie résultant des activités opérationnelles, déduction faite des achats et cessions d'immobilisation corporelles et incorporelles ainsi que d'actifs financiers déduction faite des dividendes versés. Les incidences sur la trésorerie des prises de participation dans des filiales, sociétés associées et intérêts minoritaires ou des cessions ne sont pas prises en compte dans le *free cash flow.* »

Le tableau suivant présente un aperçu du *free cash flow* du groupe :

	2003 M. USD	2002 M. USD
Flux de trésorerie net provenant des activités opérationnelles	6 652	5 229
Achats d'immobilisations corporelles	- 1 329	- 1 068
Achats d'immobilisations incorporelles	- 214	- 90
Achats d'actifs financiers	- 816	- 725
Cessions d'immobilisations corporelles, incorporelles et financières	1 059	979
Dividendes payés à des tiers	- 1 724	- 1 367
Free cash flow	**3 628**	**2 958**

Pour le groupe Novartis : « Le *free cash flow* constitue une information supplémentaire qui est un indicateur utile de la capacité du groupe à opérer sans devoir recourir à des emprunts supplémentaires ou à la trésorerie existante. Le free cash flow constitue une mesure de la trésorerie nette générée et disponible pour rembourser des dettes et saisir des occasions d'investissements stratégiques. Le groupe utilise le *free cash flow* comme mesure de performance lorsqu'il procède à des comparaisons internes des résultats des unités d'affaires et des divisions. La définition du *free cash flow* des divisions et des unités d'affaires est identique à celles du groupe sous réserve des dividendes, impôts, produits ou charges financières non compris dans les calculs des divisions et unités d'affaires. »

L'ANALYSE DU TABLEAU DES FLUX DE TRÉSORERIE

Pour effectuer une analyse du tableau des flux de trésorerie, le lecteur sera amené à se poser une série de questions.

Comment comparer les flux de trésorerie de différentes entreprises ?

Il convient de bien faire attention à la manière dont les entreprises ont classé les intérêts et les dividendes payés afin de permettre une meilleure comparaison. En effet, les intérêts et les dividendes payés peuvent être comptabilisés dans les flux d'exploitation ou dans les flux de financement. Par ailleurs, les intérêts et les dividendes reçus peuvent également être comptabilisés dans les flux d'exploitation ou dans les flux de financement. Un retraitement est donc parfois nécessaire.

Le total des flux de trésorerie issus des activités opérationnelles est-il positif ?

Si le total des flux issus des activités opérationnelles est négatif cela signifie que l'entreprise ne dégage pas de trésorerie mais au contraire en consomme. Dans ce cas, ses encaissements sont inférieurs à ses décaissements, c'est une situation très grave, si elle perdure, car l'entreprise ne peut pas faire face à ses échéances comme le remboursement de ses emprunts, le renouvellement de ses équipements, la rémunération de ses capitaux propres.

Quelle est la performance opérationnelle de l'entreprise ?

L'analyse des flux de trésorerie permet une analyse de la performance de l'entreprise indépendamment de ses choix comptables. Il convient d'étudier attentivement les flux de trésorerie provenant des activités opérationnelles ainsi que les commentaires des sociétés sur ces évolutions. Une augmentation de ces flux peut résulter d'une augmentation des ventes mais également d'une meilleure gestion des délais de paiement. En effet, la trésorerie peut être améliorée grâce à une renégociation des crédits clients et des crédits fournisseurs ou une meilleure rotation des stocks.

L'entreprise maintient-elle sa capacité de production ?

La présentation séparée des flux de trésorerie qui représentent des augmentations de la capacité de production, et des flux de trésorerie qui sont nécessaires au maintien de la capacité de production, est utile pour permettre à l'utilisateur de déterminer si l'entreprise investit suffisamment pour maintenir sa capacité de production.

Une entreprise qui n'investit pas suffisamment pour maintenir sa capacité de production pourrait porter préjudice à sa rentabilité future, en privilégiant la liquidité et les distributions à court terme aux propriétaires.

Il convient donc d'être attentif à l'évolution des flux de trésorerie provenant des activités d'investissement.

Quelles sont les ressources de l'entreprise ?

Le tableau des flux de trésorerie doit permettre à l'analyste d'étudier l'origine des ressources de l'entreprise (emprunts, désinvestissements…) ainsi que leur utilisation. L'analyse du tableau des flux de trésorerie permet de connaître l'autonomie financière de l'entreprise.

Pourquoi la présentation axée sur le fonds de roulement est-elle abandonnée ?

Les analystes financiers considéraient avec le tableau de financement traditionnel que la variation du fonds de roulement provenant de la différence entre les ressources stables (capacité d'autofinancement, cessions d'immobilisations, augmentations de capital, nouvelles dettes financières à long et moyen terme) et les emplois stables (investissements corporels, incorporels, financiers, remboursement des dettes financières, distribution de dividendes) devait financer le besoin en fonds de roulement résultant des différences entre les emplois et les ressources à court terme (stocks, crédits clients, crédits fournisseurs). Or, cette présentation a fait l'objet de nombreuses critiques, en particulier concernant la distinction court terme/long terme qui est moins essentielle actuellement. D'autres critiques concernent le calcul de la capacité d'autofinancement qui dépend des choix comptables relatifs aux stocks ou aux provisions. Enfin, une des principales limites provient du fait que le tableau de financement traditionnel occulte les flux monétaires. En effet, les phénomènes de stockage ou les décalages entre les encaissements et les décaissements font que la capacité d'autofinancement (dont l'élément principal est l'excédent brut d'exploitation) ne permet pas une bonne analyse de la trésorerie disponible.

Chapitre 5

L'état de variation des capitaux propres

L'ESSENTIEL À RETENIR

L'état de variation des capitaux propres fait partie des documents que les entreprises doivent établir conformément à la norme IAS 1.

Les variations des capitaux propres de l'entreprise entre deux dates de clôture traduisent l'augmentation ou la diminution de son actif net ou de son patrimoine au cours de l'exercice, selon les principes d'évaluation particuliers indiqués dans les états financiers. À l'exception des variations résultant de transactions avec les actionnaires, comme les apports en capital et la distribution de dividendes, la variation globale des capitaux propres représente le total des résultats générés par les activités de l'entreprise au cours de l'exercice (IAS 1).

Cet état de variation des capitaux propres est particulièrement intéressant et important pour la lecture des états financiers en normes IAS/IFRS, car il comprend les différents résultats générés par l'entreprise, comme le résultat net issu du compte de résultat (présenté dans le chapitre 3) mais aussi chacun des éléments de produits et de charges qui sont comptabilisés directement dans les capitaux propres.

Le lecteur devra bien entendu effectuer des retraitements pour analyser ce qui provient de l'activité de l'entreprise et ce qui provient des changements de méthodes comptables. Lors de cette étude, il est essentiel de vérifier ce qui relève de transactions sur le capital avec les propriétaires ainsi que les distributions aux propriétaires.

L'intérêt de présenter un état de variation des capitaux propres

L'état de variation des capitaux propres (*changes in equity statement*) est obligatoire en normes IAS/IFRS, sa construction est présentée dans la norme IAS 1. Cet état est utile car il permet au lecteur des états financiers d'analyser les causes de la variation de l'actif net de l'entreprise. En effet, à l'exception des variations résultant de transactions avec les propriétaires (augmentations de capital, distribution de dividendes…) et des changements de méthodes comptables, la variation globale des capitaux propres représente le total des résultats générés par les différentes activités de l'entreprise pendant un exercice.

La norme IAS 8 impose que tous les éléments de produits et de charges comptabilisés au titre d'un exercice soient inclus dans la détermination du résultat net de l'exercice. Mais d'autres normes imposent que les profits et les pertes, telles que les augmentations ou les diminutions liées aux réévaluations et certaines différences de conversion de monnaies étrangères, soient comptabilisés directement au bilan en tant que variation des capitaux propres comme les transactions sur le capital avec les propriétaires (augmentation de capital) et les distributions aux propriétaires de l'entreprise (dividendes). L'état de variation des capitaux propres permet donc de prendre en compte tous les profits et pertes (y compris ceux qui sont comptabilisés directement dans les capitaux propres) dans l'évaluation du changement de la situation financière d'une entreprise entre deux dates de clôture.

L'IASB a pour projet de proposer une norme intitulée *performance reporting*. Ce projet, s'il aboutit, verrait la publication d'un état de la performance financière proche du *comprehensive income* américain. Ce tableau permettrait ainsi de regrouper les performances liées à l'activité mesurées par le compte de résultat et les variations de valeur des actifs et des passifs.

Le contenu et la présentation du tableau de variation des capitaux propres

Les entreprises qui appliquent les normes internationales doivent présenter un état où figurent :

◆ le résultat net de l'exercice ;

◆ les éléments de produits et de charges, de profits ou de pertes comptabilisés directement dans les capitaux propres, comme cela est imposé par certaines normes, ainsi que le total de ces éléments ;

◆ l'effet cumulé des changements de méthodes comptables et des corrections d'erreurs fondamentales comptabilisées.

Le fait de présenter l'effet des changements de méthodes comptables est très utile car l'impact de changements de méthodes comptables sur les capitaux propres peut être important et ne résulte pas de l'activité de l'entreprise.

L'entreprise doit également présenter dans cet état ou dans les notes annexes les transactions sur le capital ; le solde des résultats accumulés non-distribués en début de l'exercice et à la date de clôture ; un rapprochement entre la valeur comptable en début et en fin d'exercice pour chaque catégorie (capital, prime d'émission et réserve...) en indiquant chaque mouvement séparément.

Le tableau est généralement construit avec, en colonne, les différents éléments des capitaux propres (capital, prime d'émission, écarts de conversion, bénéfices accumulés...) et, en ligne, les éléments qui ont un impact sur les capitaux propres (changements des méthodes comptables, bénéfices, écarts de conversion, réévaluations, augmentations de capital, dividendes…). Cette présentation permet de regrouper tous les éléments requis dans un seul tableau.

Divergences avec la comptabilité française

En comptabilité française, le tableau de variation des capitaux propres n'est pas prévu. Mais les entreprises doivent tout de même présenter dans l'annexe des détails relatifs aux variations des capitaux propres.

Tableau 13 – Exemple de tableau de variation des capitaux propres conforme à l'IAS 1

	Primes d'émission	Écarts de conversion	Résultats accumulés	Capital	Total des fonds propres
Au 31/12/20X0					
Ajustements relatifs aux changements de méthodes comptables					
Réévaluations					
Résultat net de l'exercice					
Écarts de conversion					
Dividendes					
Augmentation de capital					
Au 31/12/20X1					

Les entreprises présentent le tableau des flux de trésorerie sur deux exercices. Le tableau commence par le rappel des montants chiffrés qui composent les capitaux propres au 31/12 de l'année précédente.

Puis, sont inscrits en ligne les événements qui affectent les capitaux propres et qui ont eu lieu au cours de l'année, par exemple le bénéfice net de l'année en cours sera inscrit à l'intersection en la ligne résultat de l'exercice et la colonne résultats accumulés. Enfin, à la fin de la période, on additionne le solde de l'année précédente aux évolutions de l'année en cours pour donner le nouveau total des fonds propres.

Exemple : Présentation dans le rapport financier 2002 du groupe Nestlé

Présentation de l'état de variation des capitaux propres

La présentation de l'état de variation des capitaux propres effectuée par le groupe Nestlé dans son rapport financier 2002 (appelé par le groupe « mouvement des fonds propres ») est très intéressante, car elle fait apparaître de façon claire, les éléments de profits et de pertes comptabilisés directement dans les capitaux propres, ainsi que l'effet des changements de méthodes comptables (nous donnons entre parenthèses la traduction en anglais des différents postes).

Mouvements de fonds propres consolidés
(*Consolidated statement of changes on equity*)

En millions de CHF (*In millions of CHF*)	Primes à l'émission (*Share premium*)	Réserve pour Propres actions (*Reserve for Treasury shares*)	Écarts de conversion (*Translation reserve*)	Bénéfices accumulés (*Retained earnings*)	Réserves totales (*Total reserves*)	Capital actions (*Share capital*)	Moins Propres actions (*Less Treasury shares*)	Fonds Propres totaux (*Total equity*)
Fonds propres au 31/12/2000 (***Equity as at 31/12/2000***)	5 926	2 232	571	23 388	32 117	404	(2 617)	29 904
Ajustement relatif à l'introduction de la norme IAS 39 (*Adjustment for the introduction of IAS 39*)								
• Instruments financiers (*financial instruments*)				(55)	(55)			(55)
• Impôts différés y relatifs (*related deferred taxes*)				6	6			6
Ajustement de principes comptables des sociétés associées (*Adjustment of accounting policies of associates*)				(161)	(161)			(161)
Fonds propres ajustés au 31/12/2000 (***Equity restated as at 31/12/2000***)	5 926	2 232	571	23 178	31 907	404	(2 617)	29 694
Profits et pertes (***Gains and losses***)								
Bénéfice net (*Net profit*)				6 681	6 681			6 681
Écarts de conversion (*Currency retranslation*)			(559)		(559)			(559)
Effet fiscal sur éléments de fonds propres (*Taxes on equity items*)				(3)	(3)			(3)
Ajustements à la juste valeur des instruments financiers destinés à la vente (*Fair value adjustments of available-for-sale financial instruments*)								
• Résultats non-réalisés (*Unrealised results*)				(44)	(44)			(44)

• Reprise de résultats réalisés au compte de résultat *(Recognition of realised results in the income statement)*			(3)	(3)			(3)
Ajustements à la juste valeur des couvertures de flux de trésorerie et des couvertures d'investissements *(Fair value adjustments of cash flow hedges and of hedges of net investments in foreign entities)*							
Résultats non-réalisés *(Unrealised results)*			99	99			99
Reprise de résultats réalisés au compte de résultat *(Recognition of realised results in the income statement)*			(41)	(41)			(41)
Total des profits et pertes *(Total gains and losses)*		(559)	**6 689**	**6 130**			**6 130**
Distributions et transactions avec les actionnaires *(**Distributions to and transactions with shareholders**)*							
Dividendes concernant l'exercice précédent *(Dividend for the previous year)*			(2 127)	(2 127)			(2 127)
Mouvement net des propres actions *(Movement of the treasury shares net)*		356	(356)			(356)	(356)
Résultat sur options et propres actions détenues à des fins de négoce *(Result on options and treasury shares held for trading purposes)*			(76)	(76)		179	103
Prime sur émission de warrants *(Premium on warrant issued)*			209	209			209
Total des distributions et transactions avec les actionnaires *(**Total distributions to and transactions with shareholders**)*		356	**(2 350)**	**(1 994)**		**(177)**	**(2 171)**
Fonds propres au 31 décembre 2001 *(**Equity as at 31st December 2001**)*	5 926	2 588	12	27 517	36 043	404	(2 794) 33 653

Dans son rapport financier 2002, le groupe Nestlé présente également le passage des fonds propres du 31 décembre 2001 vers le 31 décembre 2002. La présentation est la même que celle de 2000 à 2001.

L'ANALYSE
DE L'ÉTAT DE VARIATION
DES CAPITAUX PROPRES

L'analyse de l'état de variation des capitaux propres va consister principalement à étudier les trois points importants présentés dans la norme IAS 1 :

Les variations de capitaux propres résultant d'un bénéfice ou d'une perte de l'exercice

Le bénéfice va naturellement augmenter les capitaux propres et la perte va les diminuer. Il s'agit alors d'étudier l'origine de ce bénéfice ou de cette perte grâce au compte de résultat.

Les variations de capitaux propres résultant de profits ou de pertes comptabilisés directement dans les capitaux propres

Il s'agit d'être particulièrement vigilant lors de la lecture des états financiers sur ce point. En effet, certains profits ou pertes peuvent être comptabilisés directement en capitaux propres et ne transitent pas par le compte de résultat alors que cela conduit à un enrichissement ou à un appauvrissement de l'entreprise (par exemple les frais de développement qui peuvent être inscrits directement au bilan).

Les variations de capitaux propres résultant de changements de méthodes comptables

Les changements de méthodes comptables peuvent conduire à augmenter artificiellement les capitaux propres.

L'analyse de la variation des capitaux propres est utile car elle permet de connaître le montant total des résultats que l'entreprise a générés au cours de l'exercice. En effet, tous les produits et les charges ne transitent pas par le compte de résultat et certains sont comptabilisés directement dans les capitaux propres. L'étude de la variation de ceux-ci permet d'avoir une vision plus globale de la profitabilité de l'entreprise.

Chapitre 6

Les états financiers consolidés

L'ESSENTIEL À RETENIR

Une entreprise qui contrôle une ou plusieurs autres entreprises doit établir des comptes consolidés. Il existe trois grands types de contrôle : le contrôle exclusif, l'influence notable et le contrôle conjoint.

Lors d'un contrôle exclusif (IAS 27), la société mère et les entreprises qu'elle contrôle sont consolidées par la méthode de l'intégration globale. Les intérêts minoritaires qui représentent la part que possèdent les actionnaires étrangers au groupe sont présentés de manière distincte dans le bilan consolidé.

Une entreprise est considérée comme associée lorsqu'elle exerce une influence notable mais ne contrôle pas les politiques financières et opérationnelles (IAS 28). La participation dans une entreprise associée doit être comptabilisée dans les états financiers consolidés selon la méthode de mise en équivalence, sauf si la participation est acquise et détenue dans l'unique perspective d'une cession dans un avenir proche, elle doit alors être comptabilisée selon la méthode du coût.

Dans le cas des coentreprises c'est-à-dire des entreprises sous contrôle conjoint, la méthode de comptabilisation préférentielle est la consolidation proportionnelle (IAS 31). Pour appliquer cette méthode, il suffit de remplacer la participation du coentrepreneur par la quote-part de chaque actif et de chaque passif de l'entreprise qui est sous contrôle conjoint. La deuxième méthode autorisée est la mise en équivalence qui consiste à enregistrer la participation, tout d'abord au coût, puis d'ajuster cette valeur pour prendre en compte les changements postérieurs à l'acquisition.

Les techniques de consolidation servent à synthétiser les comptes de plusieurs sociétés en un jeu unique. Le périmètre de consolidation est essentiel car il indique les sociétés qui seront intégrées dans ce jeu unique de comptes. Les méthodes de consolidation vont préciser la manière dont on comptabilise les sociétés que l'on intègre dans les comptes consolidés. Ces méthodes vont varier selon l'importance de la participation. Les normes relatives aux comptes consolidés sont essentielles. En effet, suivant les périmètres de consolidation et les techniques employées, les fluctuations des comptes consolidés peuvent être très importantes. Les exemples récents sur les entités *ad hoc* (ou SPE) en sont un exemple flagrant. Cette technique consistait à exclure (légalement) du périmètre de consolidation, des filiales sous contrôle, dans lesquelles étaient logées des dettes ou des engagements sous prétexte qu'il n'y avait pas de lien en capital. N. Veron, M. Autret et A. Galichon[1] indiquent à ce sujet que la principale ruse pratiquée par la société ENRON a consisté à exclure abusivement de son périmètre de consolidation de nombreuses filiales dans lesquelles étaient logées des dettes et des engagements qu'elle souhaitait occulter pour améliorer l'image de santé financière donnée par son bilan consolidé. Ces auteurs précisent que le groupe a eu recours pour cela aux SPE (*Special Purpose Entities*) appelées aussi SPV (*Special Purpose Vehicle*).

---

1. N. Veron, M. Autret, A. Galichon, *L'information financière en crise, Comptabilité et capitalisme*, Odile Jacob, 2004, p. 49.

Le périmètre de consolidation

Une société mère (entreprise qui a une ou plusieurs filiales) doit présenter des états financiers consolidés. Comme le précise la norme IAS 27, les utilisateurs des états financiers sont intéressés par la situation financière du groupe pris dans son ensemble et ont besoin d'en être informés.

Dans les normes IAS/IFRS, une « mère » est une entreprise qui a plusieurs filiales. Une filiale est une entreprise contrôlée par une autre entreprise (appelée la mère). Un groupe est « une mère » avec toutes ses filiales. Les états financiers consolidés sont les états financiers d'un groupe présentés comme ceux d'une entreprise unique.

Les entreprises qui possèdent des filiales, des participations dans des entreprises associées ou des coentreprises (voir le tableau 14 pour les différences) doivent donc présenter des états financiers consolidés pour informer le lecteur de la situation du groupe.

Tableau 14 – Les différentes catégories d'entreprises selon le type de contrôle

	Filiale	Entreprise associée	Coentreprise
Type de contrôle	Contrôle exclusif	Influence notable	Contrôle conjoint
Norme de référence	IAS 27 (révisée en 2003)	IAS 28 (révisée en 2003)	IAS 31 (révisée en 2003)
Définition	Une filiale est une entreprise contrôlée par une autre société appelée la mère Le contrôle est le pouvoir de diriger les politiques financières et opérationnelles d'une entreprise afin d'obtenir des avantages de ses activités	Une entreprise associée est une entreprise dans laquelle l'investisseur a une influence notable et qui n'est ni une filiale ni une coentreprise de l'investisseur L'influence notable est le pouvoir de participer aux décisions de politique financière et opérationnelle de l'entreprise détenue, sans toutefois exercer un contrôle de ces politiques	Une coentreprise est un accord contractuel en vertu duquel deux parties ou plus conviennent d'exercer une activité économique sous contrôle conjoint Le contrôle conjoint est le partage, en vertu d'un accord contractuel, du contrôle d'une activité économique
Identification des différentes catégories	Détention de plus de la moitié des droits de vote. Si l'entreprise détient la moitié ou moins de la moitié des droits de vote, la norme IAS 27 précise les critères de contrôle	Si un investisseur détient directement ou indirectement par le biais de filiales, 20 % ou plus des droits de vote dans l'entreprise détenue, il est présumé avoir une influence notable La norme IAS 28 liste les différentes façons pour évaluer l'influence notable	L'existence d'un accord contractuel permet de distinguer les participations contrôlées conjointement, des participations dans des entreprises associées

---

Exemple : Présentation dans le rapport financier 2002 du groupe Nestlé

Périmètre de consolidation

« Les comptes consolidés comprennent ceux de Nestlé S.A. ainsi que ceux de ses sociétés affiliées, comprenant les coentreprises, et de ses sociétés associées. Cet ensemble forme le groupe. La liste des principales sociétés figure dans le chapitre Sociétés du groupe Nestlé. »

Lors de la révision en 2003 de la norme IAS 28, l'interprétation SIC 33 a été reprise dans la norme. Cette interprétation imposait de prendre en compte tous les droits de vote potentiel (stocks-options, obligations à bons de souscription d'actions…) pour calculer les droits de vote détenus par l'entreprise mère et ainsi juger du type de contrôle.

Le type de contrôle

Les états financiers consolidés comprennent toutes les entreprises qui sont contrôlées par la mère. Le contrôle dans le cadre de la norme IAS 27 est le pouvoir de diriger les politiques financières et opérationnelles de l'entreprise afin d'obtenir des avantages de ses activités.

Le contrôle est présumé exister selon l'IAS 27 lorsque la mère détient, directement ou indirectement par l'intermédiaire de filiales, plus de la moitié des droits de vote d'une entreprise, sauf si, dans des circonstances exceptionnelles, il peut être clairement démontré que cette détention ne permet pas le contrôle.

Le contrôle existe également lorsque la société mère, détenant la moitié ou moins de la moitié des droits de vote d'une entreprise, dispose :

- du pouvoir sur plus de la moitié des droits de vote en vertu d'un accord avec d'autres investisseurs ;

- du pouvoir de diriger les politiques financières et opérationnelles de l'entreprise en vertu des statuts d'un contrat ;

- du pouvoir de nommer ou de révoquer la majorité des membres du conseil d'administration ou de l'organe de direction équivalent ;

- du pouvoir de réunir la majorité des droits de vote dans les réunions du conseil d'administration ou de l'organe de direction équivalent.

Concernant les entreprises associées, on ne parle pas de contrôle mais d'influence notable (IAS 28). Si un investisseur détient, directement ou indirectement par le biais de filiales, 20 % ou plus des droits de vote dans l'entreprise détenue, il est présumé avoir une influence notable, sauf à démontrer clairement que ce n'est pas le cas. L'existence d'une participation importante ou majoritaire d'un autre investisseur n'exclut pas nécessairement que l'investisseur ait une influence notable.

L'existence de l'influence notable d'un investisseur est habituellement mise en évidence d'une ou plusieurs des façons suivantes :

- représentation au Conseil d'administration ou à l'organe de direction équivalent de l'entreprise détenue ;

- participation au processus d'élaboration des politiques ;

- transactions significatives entre l'investisseur et l'entreprise détenue ;

- échange de dirigeants ;

- fournitures d'informations techniques essentielles.

Pour les coentreprises, le contrôle n'est pas exclusif comme pour les filiales, mais conjoint (IAS 31). La norme IAS 31 identifie trois grandes catégories de coentreprises : les activités contrôlées conjointement, les actifs contrôlés conjointement et les entités contrôlées conjointement.

Toutes les coentreprises partagent les caractéristiques suivantes :

◆ deux coentrepreneurs ou plus sont liés par un accord contractuel ;

◆ l'accord contractuel établit un contrôle conjoint.

L'existence d'un accord contractuel permet de distinguer les participations contrôlées conjointement des participations dans des entreprises associées sur lesquelles l'investisseur exerce une influence notable. La preuve de l'accord contractuel peut être apportée de différentes façons, par exemple par un contrat conclu entre les coentrepreneurs. L'accord contractuel établit le contrôle conjoint sur une coentreprise, cette disposition assure qu'aucun des coentrepreneurs n'est en mesure de contrôler unilatéralement l'activité. L'accord identifie les décisions essentielles à la réalisation des objectifs de la coentreprise qui nécessitent le consentement de tous les coentrepreneurs, et les décisions qui nécessitent le consentement d'une majorité des coentrepreneurs.

La norme IAS 31 précise que l'accord contractuel est généralement constaté par écrit et traite de questions telles que :

◆ l'activité, la durée et les obligations de communication financière de la coentreprise ;

◆ la désignation du Conseil d'administration ou autre organe de direction similaire de la coentreprise et les droits de vote des coentrepreneurs ;

◆ les apports en capital des coentrepreneurs ;

◆ le partage entre les coentrepreneurs de la production, des produits, des charges ou les résultats de la coentreprise.

Suivant le type de contrôle, la méthode de comptabilisation dans les états financiers consolidés va modifier les résultats du groupe.

Divergences avec la comptabilité française

En France, pour pouvoir consolider des entités, il fallait détenir une participation dans le capital de l'entité, même si l'on exerçait un contrôle, ce qui permettait de ne pas consolider les SPE. Avec la loi sur la sécurité financière du 1er août 2003, cette divergence avec les IAS disparaît, les entités *ad hoc* (SPE) doivent désormais être consolidées en fonction de la notion de contrôle et plus selon le critère du lien en capital.

Les cas d'exclusion de la consolidation

Une filiale est exclue de la consolidation lorsque le contrôle est destiné à être temporaire parce que la filiale est acquise et détenue dans l'unique perspective de sa sortie ultérieure dans un avenir proche. Dans la révision de 2003, la notion de « temporaire » est précisée. Il faut à présent prouver que la filiale a été acquise dans l'intention de la céder dans les douze mois, mais également que la direction cherche un acheteur.

La révision de 2003 a également supprimé une disposition qui permettait de ne pas consolider une filiale qui était soumise à des restrictions fortes qui limitaient de façon importante sa capacité à transférer des fonds à sa mère. Cette réforme permet donc de réduire les choix comptables en matière d'exclusion du périmètre de consolidation.

Les variations du périmètre de consolidation

Une société mère peut être amenée à acheter ou à céder certains de ses actifs ou de ses participations. Des filiales, des coentreprises ou des entreprises associées peuvent alors entrer ou sortir du périmètre de consolidation. Mais les variations du périmètre de consolidation ne proviennent pas toujours d'une volonté des entreprises. Il peut s'agir d'une évolution des normes comptables qui peuvent imposer d'intégrer ou de ne pas intégrer certaines participations.

Selon la norme IAS 27, les résultats d'une filiale sont inclus dans les états financiers à partir de la date d'acquisition qui est la date à laquelle le contrôle de la filiale acquise est effectivement transféré à l'acquéreur. À l'inverse, une filiale sort du périmètre de consolidation à la date à laquelle la société mère cesse d'avoir le contrôle. La différence entre les produits de la sortie de la filiale et la valeur comptable de ses actifs moins ses passifs à la date de sortie est comptabilisée dans le compte de résultat consolidé, en tant que résultat de sortie de la filiale.

Il est également précisé dans la norme IAS 27 qu'afin d'assurer la comparabilité des états financiers d'un exercice à l'autre, un complément d'information est souvent fourni, concernant l'effet de l'acquisition et de la sortie de filiales sur la situation financière à la date de clôture et sur les résultats de l'exercice, ainsi que sur les montants correspondants de l'exercice précédent.

Exemple : Présentation dans le rapport financier 2002 du groupe Nestlé

Modification du périmètre de consolidation

« Le périmètre de consolidation a été modifié par les acquisitions et les cessions intervenues en 2002. Les principales affaires sont mentionnées ci-après.

Affaires consolidées par intégration globale

Nouvelles intégrations :

Schöller, Allemagne, glaces/produits surgelés, 100 % (mars)

Chef America Inc., USA, produits surgelés, 100 % (septembre)

Eden Vale, Royaume-Uni, produits réfrigérés laitiers, 100 % (avril)

Garoto, Brésil, chocolat, 100 % (mars)

Sorties :

Food Ingredients Specialities (FIS), (mai)

Introduction en Bourse :

Alcon, Inc., Suisse, produits pharmaceutiques, partiellement introduit en Bourse, 25 % des actions ordinaires d'Alcon, Inc. (mars) »

Le groupe Nestlé présente également dans son rapport financier les principales sociétés affiliées comprises dans ses états financiers selon la méthode de l'intégration globale. Il est en outre indiqué la participation en pourcentage dans la société ainsi que le capital de celle-ci.

Les méthodes de consolidation

Les normes comptables internationales autorisent trois méthodes de consolidation : la consolidation globale (ou intégration globale), la consolidation proportionnelle (ou intégration proportionnelle), la mise en équivalence. La méthode de consolidation est donc différente suivant le type de contrôle : contrôle exclusif (filiales), contrôle conjoint (coentreprise), influence notable (entreprises associées).

Tableau 15 – Les différents types de méthode de consolidation

Catégorie d'entreprise	Méthode de consolidation à adopter
Filiale	Intégration globale
Coentreprise	Intégration proportionnelle (méthode préférentielle)
	Mise en équivalence (autre méthode autorisée)
Entreprise associée	Mise en équivalence

La participation dans des filiales

Pour comptabiliser les participations dans des filiales, les normes internationales imposent l'utilisation de la méthode de l'**intégration globale (consolidation globale)**. Cette méthode consiste à combiner ligne à ligne les états financiers individuels de la mère et de ses filiales en additionnant les éléments semblables d'actifs, de passifs, de capitaux propres, de produits et de charges. On intègre alors dans le bilan et dans le compte de résultat de la société mère la totalité des actifs/passifs et des produits/charges des filiales (après élimination des opérations entre l'entreprise intégrée globalement et les autres sociétés du groupe). Pour que les états financiers consolidés présentent l'information financière du groupe comme celle d'une entreprise unique, il faut tout d'abord éliminer la valeur comptable de la participation de la société mère dans chaque filiale (il peut alors résulter un *goodwill* qui correspond à la différence entre le coût de la participation et la valeur identifiable des actifs). Par ailleurs les intérêts minoritaires dans le résultat net des filiales consolidées de l'exercice sont identifiés et soustraits du résultat du groupe afin d'obtenir un résultat net attribuable aux propriétaires de la mère. Enfin, les intérêts minoritaires dans l'actif net des filiales consolidées sont identifiés et présentés dans le bilan consolidé séparément des passifs et des capitaux propres de la mère.

La participation dans des coentreprises

Pour la comptabilisation des participations dans des coentreprises, la méthode de référence est la **consolidation proportionnelle (intégration proportionnelle)**. Selon la norme IAS 31, la méthode de la consolidation proportionnelle est une méthode de comptabilisation et de présentation selon laquelle la quote-part d'un coentrepreneur dans chacun des actifs, des passifs, des produits et des charges de l'entité contrôlée conjointement est regroupée, ligne par ligne, avec les éléments similaires dans les états financiers du coentrepreneur. Une autre présentation est autorisée : il s'agit d'une présentation en postes distincts dans les états financiers du coentrepreneur.

Il existe donc deux modes de présentation de la consolidation proportionnelle (IAS 28). Mais ces deux formats de présentation aboutissent à la présentation de montants identiques d'actif, des passifs, des charges ou des produits.

Dans le premier format, le coentrepreneur regroupe ligne par ligne, sa quote-part de chacun des actifs, des passifs, des produits et des charges de l'entité contrôlée conjointement avec les éléments similaires dans les états financiers consolidés. Dans ce format de présentation, l'entreprise peut par exemple regrouper sa quote-part des stocks de l'entité contrôlée conjointement avec les stocks du groupe consolidé.

Dans la seconde méthode, le coentrepreneur doit inclure des postes distincts dans ses états financiers consolidés, pour sa quote-part des actifs, des passifs, des charges et des produits de l'entité contrôlée conjointement. Si elle choisit cette solution, l'entreprise peut par exemple faire apparaître sa quote-part des actifs courants de l'entité contrôlée conjointement, de manière séparée, parmi les actifs courants du groupe consolidé.

Divergences avec la comptabilité française

En comptabilité Française, il n'est pas possible de présenter dans des postes distincts des états financiers consolidés, la quote-part des actifs, des passifs ou des produits et des charges de l'entité contrôlée conjointement (seconde méthode proposée par les IAS).

À côté de la consolidation proportionnelle (intégration proportionnelle), l'autre traitement autorisé est la méthode de la **mise en équivalence.** Son principe consiste en une comptabilisation et une présentation selon laquelle la participation dans une entité contrôlée conjointement est initialement enregistrée au coût puis est ensuite ajustée pour prendre en compte les changements postérieurs à l'acquisition de la quote-part du coentrepreneur dans l'actif net de l'entité contrôlée conjointement. La différence correspond alors un gain ou une perte de valeur. Le compte de résultat reflète la quote-part du coentrepreneur dans les résultats de l'entité contrôlée conjointement (IAS 31).

Les normalisateurs internationaux rappellent que la méthode de la mise en équivalence est préconisée par ceux qui font valoir qu'il est inapproprié de regrouper des éléments contrôlés (filiales) avec des éléments contrôlés conjointement (coentreprises). Les normalisateurs de l'IASB ne recommandent pas d'utiliser la méthode de la mise en équivalence car la consolidation proportionnelle rend mieux compte de la substance et de la réalité économique de la participation d'un coentrepreneur dans une entité contrôlée conjointement (c'est-à-dire du contrôle du coentrepreneur sur sa quote-part des avantages économiques futurs).

Si la société mère souhaite ne pas appliquer l'intégration proportionnelle ou la mise en équivalence, il faut qu'elle démontre que le contrôle conjoint est temporaire : elle doit, depuis la réforme de la norme IAS 31 de 2003, démontrer que la participation dans la coentreprise a été acquise dans l'intention de la céder dans un délai maximum de douze mois.

La participation dans des entreprises associées

Une participation dans une entreprise associée doit être comptabilisée dans les états financiers consolidés selon la **méthode de la mise en équivalence**, sauf si la participation est acquise et détenue dans l'unique perspective d'une cession dans un avenir proche. La révision de la norme IAS 28 en 2003 précise qu'il faut désormais démontrer que l'entreprise associée est acquise dans l'intention de la céder dans les douze mois.

Un investisseur doit cesser d'utiliser la méthode de la mise en équivalence à partir de la date à laquelle il n'a plus d'influence notable dans une entreprise associée mais conserve, en tout ou partie, sa participation. Dans ce cas, la valeur comptable de la participation doit être comptabilisée à son coût (méthode qui consiste à enregistrer la participation à son coût historique) pour la suite.

Une participation dans une entreprise associée incluse dans les états financiers individuels d'un investisseur qui émet des états financiers consolidés et qui n'est pas détenue dans l'unique perspective d'une cession dans un avenir proche doit être, soit comptabilisée au coût, soit comptabilisée selon la méthode de mise en équivalence, soit comptabilisée comme un actif financier disponible à la vente selon l'IAS 39. Dans le cas où l'investisseur n'émet pas de comptes consolidés, il peut comptabiliser ses participations dans des entreprises associées en actifs financiers détenus à des fins de transaction selon les définitions de l'IAS 39.

S'il existe un indice qu'une participation a pu perdre de sa valeur, l'investisseur doit réduire la valeur comptable de sa participation pour prendre en compte la baisse de valeur. Cette perte de valeur est calculée en appliquant l'IAS 36 (dépréciations d'actifs). L'entreprise doit alors estimer sa quote-part, dans la valeur actuelle des flux de trésorerie futurs attendus de l'entreprise détenue.

Exemple : Présentation dans le rapport financier 2002 du groupe Nestlé

Méthodes de consolidation

« Les sociétés sont intégralement consolidées lorsque le Groupe a une participation, généralement majoritaire, et en détient le contrôle. [...] L'intégration proportionnelle est appliquée aux sociétés en cas de contrôle conjoint avec des partenaires (coentreprises). Les actifs, passifs, revenus et charges sont consolidés au prorata de la participation de Nestlé au capital action (généralement 50 %). [...] Les sociétés sur lesquelles le Groupe exerce une influence déterminante, sans toutefois en exercer le contrôle (sociétés associées), sont prises en compte selon la méthode de mise en équivalence. »

L'ANALYSE DES ÉTATS FINANCIERS CONSOLIDÉS

Les utilisateurs des états financiers d'une société mère sont intéressés par la situation financière et les résultats du groupe pris dans son ensemble. Les états financiers consolidés présentent l'information financière du groupe comme celle d'une entreprise unique, sans tenir compte des frontières juridiques des différentes entités.

Les entreprises contrôlées doivent être consolidées par intégration. Néanmoins, le concept de contrôle peut être soumis à appréciation. Les normes IAS/IFRS ne se limitent pas à la détention par la société mère de plus de la moitié des droits de vote d'une entreprise. Le contrôle existe également lorsque l'entreprise dispose du pouvoir de diriger les politiques financières ou opérationnelles en vertu des statuts ou d'un contrat, ou par exemple lorsqu'elle bénéficie de plus de la moitié des droits de vote en vertu d'un accord avec d'autres actionnaires.

Un autre point important pour le lecteur des états financiers concerne les exclusions du périmètre de consolidation. Une filiale est exclue du périmètre de consolidation lorsque le contrôle est destiné à être temporaire (IAS 27). Les normes internationales indiquent que certaines entreprises décident d'exclure une filiale du périmètre de consolidation lorsque ses activités sont dissemblables de celles des autres entreprises du groupe. Cette exclusion n'est pas justifiée selon l'IAS 27, car la norme IAS 14 sur l'information sectorielle aide justement l'investisseur à comprendre les différentes activités au sein du groupe. Cette pratique d'exclusion a conduit certaines sociétés à créer des filiales – appelées également « entités ad hoc » – où est transférée une partie des dettes du groupe ainsi que les actifs qui doivent permettre de payer les intérêts et les annuités de remboursement. Cette technique permettait d'alléger l'endettement de la société mère. Une interprétation de la norme IAS 27, est relative aux *Special purpose entities – SPE*, il s'agit du SIC 12. Selon cette interprétation, le contrôle est présumé si l'entreprise porte les risques résiduels de la SPE, si l'entreprise tire la plus grande partie des avantages de la SPE et si les activités de la SPE sont réalisées pour le compte de l'entreprise.

Les états financiers en normes internationales doivent indiquer la liste des filiales importantes et les raisons de la non consolidation d'une filiale. Le lecteur des états financiers devra être très attentif à ces raisons et analyser l'impact qu'aurait eu l'intégration de cette filiale sur les comptes du groupe. Un autre aspect important concerne le périmètre de consolidation. En effet, la variation de celui-ci d'un exercice à l'autre, en l'absence de raisons valables (acquisition ou cession), peut cacher une politique visant à ne consolider que les filiales qui dégagent de bons résultats.

Une attention particulière est à porter aux intérêts minoritaires. Il s'agit de la quote-part dans les résultats nets et dans les actifs nets d'une filiale attribuable aux intérêts qui ne sont pas détenus par la société mère mais par d'autres actionnaires extérieurs au groupe. Les intérêts minoritaires sont à présenter séparément dans les capitaux propres de l'entreprise consolidante. Le résultat du groupe doit également être présenté en distinguant la part des intérêts minoritaires.

Chapitre 7

Les regroupements d'entreprises

L'ESSENTIEL À RETENIR

L'IASB a publié en mars 2004, la norme IFRS 3 relative aux regroupements d'entreprises. Cette norme qui remplace l'IAS 22 consacre l'abandon du *pooling of interest* (mise en commun d'intérêts). Cette méthode qui a été utilisée lors de nombreux regroupements permettait de ne pas constater un *goodwill* ou écart d'acquisition à l'actif. Comme le *goodwill* était amortissable, ne pas l'inscrire à l'actif permettait d'éviter de diminuer le résultat comptable. La norme IFRS 3 permet à l'IASB de se rapprocher de la norme américaine FAS 141 et du consensus international sur l'abandon du *pooling*.

L'unique méthode retenue par les normalisateurs internationaux pour comptabiliser les regroupements est le « coût d'acquisition ». Cette méthode consiste à isoler les actifs (corporels et incorporels) et les passifs identifiables de la société cible et à les inscrire dans les comptes à leur juste valeur. La différence entre le coût d'acquisition et la juste valeur des actifs et des passifs doit être comptabilisé en écart d'acquisition (*goodwill*). Le *goodwill* peut également être défini comme l'écart entre le prix d'acquisition et la part des capitaux propres qui reviennent à la société mère. Rappelons que le *goodwill* peut être justifié par les synergies ou par d'autres avantages attendus du regroupement (avec pour conséquence présumée une augmentation des profits futurs).

Les écarts d'acquisition ne font désormais plus l'objet d'un amortissement (ils étaient amortis en France sur une durée maximale de vingt ans) mais il est remplacé par un *impairment test* ou test de dépréciation. Ce test de dépréciation est annuel ou plus fréquent si la situation de l'entreprise l'exige. À la suite de ce test, si la valeur recouvrable du *goodwill* est inférieure à sa valeur comptable, une perte de valeur est constatée et une provision est enregistrée.

Les entreprises qui appliquent les normes IAS/IFRS en 2005 (avec les états financiers 2004 retraités pour permettre la comparaison) doivent choisir, soit de maintenir les *poolings* antérieurs au 31 mars 2004, soit d'appliquer de façon rétroactive la méthode de l'acquisition. Comme l'amortissement du *goodwill* n'existe plus, il est intéressant pour certaines entreprises, de revenir sur la méthode d'acquisition et d'affecter l'écart d'acquisition sur des éléments identifiables du bilan tels que les marques. Cette solution est alors utile pour les sociétés qui disposent de peu de fonds propres car ceux-ci augmentent du même montant que les éléments qui ont été identifiés pour être inscrits à l'actif. Mais la méthode de l'acquisition présente des inconvénients. En effet, la réévaluation à la hausse des actifs entraîne une augmentation des amortissements (et la diminution du résultat). Les entreprises qui adoptent cette méthode auront donc intérêt à réévaluer des actifs non-amortissables.

La norme IFRS 3 prescrit le traitement comptable applicable aux regroupements d'entreprises. L'IFRS 3 publiée en mars 2004 remplace la norme IAS 22 qui prévoyait deux situations : l'acquisition d'une entreprise par une autre et la mise en commun d'intérêts (*pooling of interest*) dans laquelle un acquéreur ne peut être identifié. L'interprétation SIC-9 publiée en 1998 rendait déjà inapplicable la seconde méthode et précisait que dans pratiquement tous les regroupements d'entreprise un acquéreur peut être identifié. Elle est désormais définitivement supprimée.

Les regroupements d'entreprises

Une acquisition est un regroupement d'entreprises dans lequel l'une des entreprises (l'acquéreur), prend le contrôle de l'actif net et des activités d'une autre entreprise (l'entreprise acquise), en échange d'un transfert d'actifs, de la prise en compte d'un passif ou de l'émission de titres de capitaux propres (définition de l'IASB).

La comptabilisation d'une acquisition implique la détermination du coût de cette acquisition, son affectation aux actifs et aux passifs identifiables de l'entreprise acquise ainsi que la comptabilisation du *goodwill* ou du *goodwill* négatif qui en résulte.

Un regroupement d'entreprise peut être structuré de différentes façons pour des raisons juridiques, fiscales ou autres. Il peut être effectué par l'émission d'actions ou le transfert de trésorerie, d'équivalents de trésorerie ou d'autres actifs. Le regroupement d'entreprises peut impliquer la création d'une nouvelle entreprise qui prendra le contrôle des entreprises se regroupant, ou entraîner le transfert vers une autre entreprise de l'actif net d'une ou plusieurs des entreprises se regroupant ou encore provoquer la dissolution d'une ou plusieurs des entreprises qui se regroupent.

La substance de la plupart des opérations de regroupement entre dans le champ d'application de la norme IFRS 3. Néanmoins, elle ne concerne pas les opérations de regroupement qui donnent naissance à une *joint-venture* ou les opérations impliquant des entités mutualistes. Les réflexions menées au niveau international (FASB, IASB) ont abouti à l'idée que la quasi-totalité des regroupements d'entreprises étaient des regroupements, à l'exception des *joint-ventures*. Comme le précisent P. Quiry et Y. Le Fur[1], la plupart des alliances technologiques ou industrielles se traduisent par la création de *joint-ventures* souvent détenues à 50-50 ou par une société de moyens. Il semble donc logique d'exclure ce type de société de

---

1. P. Vernimmen, P. Quiry, Y. Le Fur, *Finance d'entreprise*, Dalloz, 2002, p. 896.

l'application de la méthode d'acquisition. En n'excluant pas l'idée qu'il existe de « vrais fusions » ou des « fusions entre égaux » dans lesquelles il n'est pas possible d'identifier un acquéreur, D. Thouvenin[1] note que l'IASB s'est démarqué du FASB. Toute la difficulté est alors de trouver les critères objectifs pour différencier une vraie fusion (souvent des entreprises de tailles égales dans lesquelles il est impossible de désigner un acquéreur) des rachats présentés comme une fusion (pour bénéficier de techniques comptables avantageuses).

La méthode de l'acquisition

Le recours à la méthode de l'acquisition (ou méthode de l'achat ou *purchase method*) conduit à comptabiliser l'acquisition d'une entreprise de façon analogue à l'acquisition d'autres actifs. Ce mode de comptabilisation est approprié, selon les normalisateurs internationaux, car une acquisition implique une opération dans laquelle des actifs sont transférés, des passifs sont assumés ou des parts de capital sont émises en échange du contrôle de l'actif net et des activités d'une autre entreprise.

La méthode de l'acquisition utilise le coût comme base d'enregistrement de l'acquisition et s'appuie sur l'opération d'échange sous-jacente pour déterminer le coût.

La date d'acquisition

La date d'acquisition est la date à laquelle le contrôle de l'actif net et des activités de l'entreprise acquise est effectivement transféré à l'acquéreur. C'est également à cette date que commence l'applica-

---

1. D. Thouvenin, « Regroupements d'entreprises et juste valeur », *Revue d'Économie Financière*, n° 71, 2003, p. 87-97.

tion de la méthode d'acquisition. La date d'acquisition correspond donc à la date à partir de laquelle l'acquéreur a le pouvoir de diriger les politiques financières et opérationnelles d'une entreprise afin d'obtenir des avantages de ses activités.

À compter de la date d'acquisition, un acquéreur doit intégrer au compte de résultat les résultats de l'entreprise acquise, et comptabiliser au bilan les actifs et les passifs identifiables de l'entreprise acquise et tout *goodwill* ou *goodwill* négatif.

S'il existe une différence entre la valeur estimée à la date d'acquisition et la valeur définitive retenue, il est possible de corriger le coût d'acquisition dans un délai de douze mois.

Le coût d'acquisition

Une acquisition doit être comptabilisée à son coût, à savoir le montant de trésorerie ou d'équivalents de trésorerie versé ou la juste valeur, à la date de l'échange, des autres éléments du prix d'acquisition consentis par l'acquéreur en échange du contrôle de l'actif net de l'autre entreprise, plus tous les autres coûts directement attribuables à l'acquisition.

Pour déterminer le coût d'acquisition, les titres négociables sur un marché émis par l'acquéreur sont évalués à leur juste valeur qui est leur prix de marché à la date de l'opération d'échange, à moins que des fluctuations non-justifiées ou l'étroitesse du marché ne fasse du prix du marché un indicateur non-fiable. En plus du prix d'acquisition, l'acquéreur peut encourir des coûts directs liés à l'acquisition. Ceux-ci comprennent les coûts d'inscription et d'émission de titres de capital ainsi que les honoraires professionnels versés aux comptables, aux conseils juridiques, aux évaluateurs et autres consultants intervenus pour effectuer l'acquisition.

La comptabilisation des actifs et des passifs identifiables

Les actifs et les passifs identifiables acquis comptabilisés doivent être les actifs et les passifs de l'entreprise acquise qui existaient à la date d'acquisition ainsi que les provisions qui n'étaient pas un passif de l'entreprise acquise à cette date (par exemple si l'acquéreur a élaboré un plan qui implique d'arrêter ou de réduire les activités de l'entreprise acquise).

Ils doivent être comptabilisés de façon séparée à la date d'acquisition si, et seulement s'il est probable que les avantages économiques futurs qui s'y rapportent iront à l'acquéreur ou que des ressources représentatives d'avantages économiques futurs sortiront de chez l'acquéreur et si l'on dispose d'une évaluation fiable de leur coût ou de la juste valeur.

À titre d'exemple, des actifs tels que les brevets, les marques, les logiciels doivent être comptabilisés séparément du *goodwill* s'ils peuvent dégager des avantages économiques futurs. Les entreprises sont donc incitées à identifier de nombreux actifs incorporels (comme les marques, les logos, les noms de domaine…) afin de réduire la valeur du *goodwill*.

Mais en postulant que la condition de probabilité de perception des avantages futurs existent toujours dans le cas des immobilisations incorporelles acquises séparément ou à la suite de regroupements d'entreprises, B. Lebrun[1] estime que la norme IAS 38 déroge au cadre conceptuel de l'IASB car, selon lui, ce n'est pas parce qu'un élément a un coût ou une juste valeur qu'il procurera nécessairement des avantages.

---

1. B. Lebrun, « La capitalisation d'une immobilisation incorporelle suivant la norme IAS 38 », *Revue Française de Comptabilité*, n° 367, juin 2004, p. 4.

N.B.

Même s'ils risquent de diminuer, les *goodwills* ne vont pas disparaître des comptes. En effet, les écarts d'acquisition ne proviennent pas toujours d'éléments incorporels identifiables et contrôlables. Des éléments comme la qualité, la réputation ou le savoir-faire ne peuvent pas être inscrits en actifs incorporels mais représentent une valeur qui sera présente dans le *goodwill*.

La méthode de l'acquisition n'est tout de même pas exempte de critiques. Comme le fait remarquer B. Raffournier[1], même si on utilise la méthode d'acquisition, il est possible d'influencer les résultats futurs en jouant sur la décomposition du prix payé. En effet, selon cet auteur, étant donné le caractère subjectif de toute évaluation, il est en effet facile d'obtenir le *goodwill* que l'on souhaite en sous-estimant ou au contraire en gonflant la valeur des actifs identifiables. Certaines entreprises vont sous-estimer la valeur des actifs identifiables pour éviter d'augmenter la charge d'amortissement des actifs, d'autres entreprises vont surestimer la valeur des actifs pour justifier le prix élevé d'une acquisition.

Divergences avec la comptabilité française

Il existe peu de divergence entre les normes comptables internationales et la comptabilité française à propos des regroupements d'entreprises. En effet, les principes comptables français évoluent avec les réflexions menées au niveau international et les divergences importantes

---

1. B. Raffournier, *Les normes comptables internationales (IAS)*, Economica, 1996, p. 290.

s'estompent peu à peu (cas de la suppression de la méthode du *pooling* ou de la suppression de l'amortissement des immobilisations incorporelles ayant une durée de vie infinie comme les marques). Quelques divergences demeurent néanmoins concernant la comptabilisation des immobilisations incorporelles. À titre d'exemple, les normes IFRS (en raison de la notion de contrôle) interdisent de comptabiliser les portefeuilles clients à l'actif alors que cela est autorisé en France.

L'ANALYSE DES REGROUPEMENTS D'ENTREPRISES

Par le passé deux grandes méthodes étaient autorisées : la mise en commun d'intérêts (*pooling of interest*) et le prix d'acquisition (*purchase accounting*). La méthode de la mise en commun d'intérêts a connu beaucoup de succès car elle permettait de ne pas faire apparaître d'écart d'acquisition (*goodwill*) qui devait alors être amorti.

La nouvelle norme IFRS 3 ne retient que la méthode du coût d'acquisition ce qui devrait simplifier l'analyse des opérations de regroupement. Le lecteur des états financiers pourra étudier l'écart d'acquisition (s'il est positif) qui sera présenté sur une ligne à part dans les actifs incorporels (appelée *goodwill* ou survaleur ou écart d'acquisition). Si l'écart d'acquisition est négatif (*badwill*), il doit être comptabilisé en résultat.

La notion d'actif incorporel fait l'objet de nombreux débats au niveau international. L'IASB dans la définition retenue par la norme IAS 38 considère qu'un actif est une ressource contrôlée par l'entreprise, qui doit procurer des avantages économiques futurs et dont la valeur peut être identifiée de manière fiable. Le contrôle résulte généralement d'une protection juridique qui évite aux tiers l'accès aux avantages économiques futurs. Cette définition relativement stricte ne permet pas d'inscrire à l'actif les parts de marchés (qui ont malgré tout une valeur même si la clientèle n'est pas juridiquement attachée à l'entreprise), elle ne permet pas non plus d'inscrire le capital humain (formation du personnel...).

La nouvelle norme IAS 38 fait tout de même preuve de souplesse pour identifier des éléments incorporels acquis lors d'un regroupement d'entreprise comme les marques ou certains frais de développement qui ne peuvent être activés sans une opération de regroupement. La valeur du *goodwill* dans les comptes devrait donc logiquement diminuer du montant des actifs incorporels identifiables. Il faudra alors vérifier si les incorporels n'ont pas été surévalués pour cacher un prix d'achat trop élevé, par exemple en analysant le montant des actifs incorporels par rapport au total des actifs.

L'IASB a tout de même prévu une contrepartie à l'abandon de l'amortissement. La norme IAS 36 révisée en mars 2004 prévoit un test annuel de dépréciation (*Impairment test*) pour les *goodwills* et les immobilisations incorporelles ayant une durée de vie infinie. La difficulté est alors d'évaluer la valeur recouvrable d'un actif incorporel lorsqu'il existe un indice indiquant qu'il a pu perdre de sa valeur. Comme ce type d'actifs peut difficilement être évalué par le prix de vente (ils n'ont souvent pas de valeur vénale), il faut appliquer la méthode de l'actualisation des *cash flows* (flux de trésorerie) futurs qui sont directement attribuables à cet actif. Mais beaucoup d'actifs ne génèrent pas à eux seuls de la trésorerie, les actifs corporels et les actifs incorporels sont donc regroupés en Unités Génératrices de Trésorerie (UGT). La difficulté pour les entreprises est alors de calculer des flux de trésorerie prévisionnels par UGT pour effectuer ces calculs.

Chapitre 8

Les états financiers du secteur bancaire, de l'assurance et de l'agriculture

L'ESSENTIEL À RETENIR

Certaines normes comptables concernent des secteurs particuliers. La norme IAS 30 est relative aux états financiers des banques et des institutions financières assimilées. La norme IAS 41 s'intéresse à l'agriculture et la nouvelle norme IFRS 4 (phase I) concerne les contrats d'assurance.

Une banque doit présenter son bilan en regroupant ses actifs et ses passifs par nature et en les présentant dans un ordre qui reflète une liquidité relative. Les banques doivent présenter un certain nombre d'informations spécifiques dans le bilan telles que les prêts aux clients, les placements auprès d'autres banques ou les dépôts reçus des autres banques.

Les produits et les charges du compte de résultat des banques doivent être regroupés par nature. Par ailleurs, un certain nombre d'informations doivent être fournies comme les produits et des charges d'intérêt, les commissions ou les pertes sur prêts.

Une réforme de la norme IAS 30 (qui date de 1990) est en cours afin d'intégrer des informations plus qualitatives sur l'exposition aux risques provenant des instruments financiers et concernant les risques de marché ou de liquidité.

Pour les sociétés d'assurance, la norme IFRS 4 n'est que partielle. L'IASB travaille actuellement sur la phase II qui permettra à ces établissements de présenter des comptes conformes au cadre conceptuel. La phase I de la norme définit ce qu'est un contrat d'assurance et impose de comptabiliser en contrats financiers les contrats qui ne comportent pas un risque « significatif » d'assurance (par exemple l'assurance-vie). Les actifs financiers sont valorisés selon les principes de valorisation définis par les normes IAS 32 et 39. Durant la phase I, l'IASB a prévu que seuls les actifs seront comptabilisés en juste valeur, et les passifs resteront comptabilisés selon les normes locales (souvent le coût historique). Cette différence de comptabilisation entraînera un déséquilibre entre les actifs et les passifs (en 2005 et jusqu'à la publication de la norme définitive) ce qui ne facilitera pas la lecture des états financiers.

En ce qui concerne le secteur agricole, la norme IAS 41 prévoit la comptabilisation à la juste valeur des actifs biologiques immobilisés et des en-cours. Ces entreprises doivent donner une description des actifs biologiques et si la juste valeur n'a pas pu être mesurée, elles ont l'obligation d'en indiquer les raisons. Des informations doivent également être fournies sur les diminutions significatives attendues des subventions publiques.

Le secteur bancaire

La norme IAS 30 « Informations à fournir dans les états financiers des banques et des institutions financières » est appliquée aux banques et aux institutions financières assimilées.

Le terme « banque » englobe tous les établissements financiers dont l'une des activités principales consiste à recevoir des dépôts et à emprunter dans le but de consentir des prêts et de faire des placements, et dont les activités sont réglementées par une législation bancaire ou assimilée.

Les normalisateurs internationaux rappellent dans cette norme que le secteur bancaire est un secteur particulier et influent. La plupart des particuliers et des organisations sont en relation avec des banques, que ce soit comme déposant ou emprunteur. Les banques jouent un rôle principal en entretenant la confiance envers le système monétaire, compte tenu de leurs relations étroites avec les autorités de régulation et les États, ainsi que de la réglementation auxquelles les assujettissent ces mêmes États. La connaissance de la santé des banques et en particulier leur solvabilité, leur rentabilité et le degré de risque lié aux diverses activités qu'elles peuvent exercer, est donc essentielle.

En raison de leur spécificité, les obligations en matière de comptabilité et de présentation de l'information sont donc différentes des autres entreprises commerciales. Les utilisateurs des états financiers des banques ont besoin d'informations relatives à leur liquidité. Ils souhaitent savoir si une banque dispose de fonds suffisants pour couvrir les retraits de dépôts et les autres engagements financiers lorsqu'ils arrivent à échéance. Un autre point important concerne la solvabilité qui désigne l'excédent des actifs sur les passifs et, par conséquent, l'adéquation du capital de la banque. Enfin, les utilisateurs des états financiers s'intéressent aux risques liés aux actifs et aux passifs comptabilisés au bilan et aux éléments de hors-bilan. Parmi ces risques, on peut citer le risque résultant des fluctuations des monnaies, des mouvements de taux d'intérêt, des variations des prix des marchés ou de la défaillance des contreparties. Les normalisateurs internationaux précisent que les états financiers peuvent rendre compte de ces risques, mais les utilisateurs en acquièrent une meilleure compréhension si la direction décrit dans un commentaire sur les états financiers, la façon dont elle gère et maîtrise les risques liés aux activités de la banque.

Le compte de résultat

Conformément à l'IAS 30, une banque doit présenter un compte de résultat dans lequel les produits et les charges sont regroupés par nature et où sont indiqués les montants des principaux types de produits et de charges.

En plus des dispositions des autres normes comptables internationales, les informations à fournir dans le compte de résultat ou les notes annexes aux états financiers doivent inclure au minimum les éléments de produits et de charges suivants :

◆ produits d'intérêts et assimilés ;

◆ charges d'intérêts et assimilées ;

◆ dividendes ;

◆ produits d'honoraires et de commissions ;

◆ charges d'honoraires et de commissions ;

◆ gains – nets de pertes – sur titres de transaction ;

◆ gains – nets de pertes – sur titres de placement ;

◆ gains – nets de pertes – résultant des transactions en monnaie étrangère ;

◆ autres produits opérationnels ;

◆ pertes sur prêts et avances ;

◆ charges d'administration générale ;

◆ autres charges opérationnelles.

Les principaux types de produits générés par les activités bancaires comprennent les intérêts, les honoraires pour services, les commissions et les résultats sur opérations de transaction. Selon les normes internationales, chaque type de produit doit être présenté séparément, de façon à ce que les utilisateurs puissent évaluer la performance de la banque. Les principaux types de charges générées par les activités bancaires comprennent les intérêts, les commissions, les pertes sur prêts et avances, les charges correspondant à la réduction de la valeur comptable des placements et les charges d'administration générale.

Le bilan

L'IAS 30 demande aux banques de présenter un bilan qui regroupe les actifs et les passifs par nature, dans un ordre reflétant leur liquidité relative.

En plus des dispositions des autres normes comptables internationales, les informations à fournir au bilan ou dans les notes annexes aux états financiers doivent indiquer au minimum les actifs et passifs suivants :

Actifs

◆   trésorerie et soldes avec la banque centrale ;

◆   bons du trésor et autres effets pouvant être mobilisés auprès de la banque centrale ;

◆   titres d'État et autres titres détenus à des fins de transaction ;

◆   placements auprès d'autres banques, prêts et avances accordées à d'autres banques ;

◆   autres placements sur le marché monétaire ;

◆   prêts et avances aux clients ;

◆   titres de placement.

Passifs

◆   dépôts reçus des autres banques ;

◆   autres dépôts reçus du marché monétaire ;

◆   montants dus aux autres déposants ;

◆   certificats de dépôts ;

◆   billets à ordre et autres passifs attestés par document ;

◆   autres fonds empruntés.

Conformément à la norme IAS 10 « Événements postérieurs à la date de clôture », une banque doit indiquer les éventualités des événements suivants :

- la nature et le montant des engagements d'extension de crédit irrévocables parce que la banque ne peut pas les annuler à son gré sans s'exposer à des pénalités ou à des charges importantes ;
- la nature et le montant des éventualités et des engagements afférents à des éléments de hors-bilan.

La norme IAS 30 rappelle que les banques concluent de nombreuses transactions qui n'entraînent pas la comptabilisation immédiate d'actif ou de passif dans le bilan, mais qui donnent lieu à des éventualités et à des engagements. Parmi ces transactions, on trouve par exemple les contrats de vente et de rachat qui ne sont pas comptabilisés au bilan, les opérations liées au taux d'intérêt et aux cours de change (*swaps*, options…).

Concernant l'échéance des actifs et des passifs, les banques doivent fournir une analyse des actifs et des passifs en les regroupant par classe d'échéance pertinente définie en fonction de la durée restant à courir entre la date de clôture et la date d'échéance contractuelle. Les normalisateurs rappellent qu'il est essentiel que la périodicité des échéances retenues par une banque soit la même pour les actifs et les passifs.

Les banques doivent également indiquer toutes les concentrations importantes de leurs actifs, leurs passifs et éléments de hors-bilan. Ces informations doivent être fournies par zone géographique, par segment de clientèle ou secteur d'activité ou selon d'autres concentrations de risques. Les banques ont aussi l'obligation de fournir le montant de leurs positions nettes importantes en monnaies étrangères.

Un autre point important concerne les informations relatives aux pertes sur prêts et avances. Les banques doivent, par exemple, préciser la méthode comptable utilisée pour comptabiliser en charges et sortir du bilan les prêts et avances irrécouvrables, indiquer le montant des provisions pour pertes sur prêts et avances. L'IASB en améliorant les informations sur la rentabilité et la solvabilité des banques (et des assurances) a pour objectif d'informer les investisseurs mais également de faciliter le contrôle par les régula-teurs[1]. En outre, la réforme du ratio Cooke (ou accord « Bâle II ») a été adoptée le 25 juin 2004 en vue d'une application pour la fin de l'année 2007. Le nouveau « ratio Mc Donough » prévoit trois « piliers ». Le premier pilier fixe des exigences minimales de fonds propres suivant le niveau de risque, ce qui va conduire les banques à une meilleure connaissance de leurs risques (qu'ils soient de crédits, de marché ou opérationnels). Le deuxième pilier concerne le rôle des autorités de surveillance qui devront analyser les procédures d'évaluation des risques propres aux banques et juger si le niveau de fonds propres est suffisant. Le troisième pilier est relatif à la « discipline de marché », l'idée est d'obliger les banques à publier des informations qui permettent d'analyser le niveau de risque de chacune d'entre elle. L'objectif du comité de Bâle et de l'IASB est de promouvoir une bonne gestion des risques, c'est-à-dire une gestion prudente et transparente. La réforme de la norme IAS 30 ira dans le sens d'une information plus détaillée et plus régulière. L'uniformisa-tion des pratiques comptables dans les banques et la réforme du ratio de contrôle bancaire permettront également une meilleure supervi-sion au niveau européen.

N.B.

Le secteur bancaire est également au cœur du débat concernant les normes IAS 32 et 39 qui s'imposent à tou-tes les sociétés mais qui posent de sérieux problèmes aux banques. Un des points de conflit est relatif à la manière de comptabiliser les instruments de couverture sur les marges d'intérêts. Ces instruments permettent de couvrir l'écart entre les taux préteurs et les taux emprunteurs.

---

1. P. Aonzo et G. Heem, « La régulation du secteur bancaire et financier : quel mode d'organisation ? Quel rôle pour l'État ? », *Revue Française de Finances Publiques*, septembre 2003, p. 135-162.

L'IASB estime que ce type d'instrument doit être comptabilisé à sa juste valeur, en faisant apparaître un gain ou une perte au moment de l'établissement des comptes annuels. Mais pour les banquiers européens, ces gains ou ces pertes ne sont que latents (tant que l'échéance de l'opération couverte n'est pas atteinte) et risquent d'introduire de la volatilité dans les comptes.

La pratique des banques européennes qui consiste à transformer des ressources à court et à moyen terme à taux variables, en prêts à long terme à taux fixes risque d'être pénalisée. Les banques européennes s'aligneraient alors sur les pratiques des banques américaines qui consistent à prêter à taux variable. Ce procédé ne nécessite pas de couverture importante sur les taux, car le taux client évolue en même temps que les taux de marché. Certains banquiers dénoncent le fait que la comptabilité leur impose des modes de gestion et que les répercussions risquent d'être importantes pour l'économie.

Selon C. Aubin et G. Gil[1], le modèle proposé par l'IASB devrait conduire à une plus grande hétérogénéité dans le contenu du bilan des groupes bancaires et dans la formation de leur résultat. Pour ces auteurs, cela n'est pas conforme à l'ambition qui vise à assurer la comparabilité des informations financières et comptables. Il est certain que l'évolution des normes comptables dans le secteur bancaire conduira à publier des informations plus riches, plus complexes, plus régulièrement et impliquera nécessairement, pour le lecteur des états financiers, une analyse très approfondie.

---

1. C. Aubin et G. Gil, « Impact des nouvelles normes internationales sur les états financiers des banques », *Revue d'Économie Financière*, n° 71, 2003, p. 99-108.

Le secteur des assurances

Tout comme le secteur bancaire, le secteur des assurances va connaître de grands bouleversements dans ses comptes et sa communication financière. Dans ce secteur les pratiques comptables sont souvent différentes selon les pays et il est devenu essentiel de les normaliser. L'IASB n'est pas parti des référentiels nationaux pour en dégager les meilleures pratiques mais a décidé, comme le souligne J. Le Douit[1], de créer un standard entièrement nouveau compatible avec le cadre conceptuel.

La nouvelle norme IFRS 4 publiée en mars 2004 s'applique aux contrats d'assurance et de réassurance. Cette norme correspond à la phase I du projet de l'IASB sur les contrats d'assurance. Elle prévoit de distinguer dans les comptes, les contrats qui répondent à la définition d'un contrat d'assurance et ceux qui ne répondent pas à la définition. Un contrat d'assurance doit couvrir un risque d'assurance, c'est-à-dire un événement aléatoire précis qui pourrait affecter un bénéficiaire (qui n'est pas forcément l'assuré).

Les risques d'assurance ne comprennent pas les événements liés aux variations de taux d'intérêt, de cours de change, de matières premières ou de variables de ce type car ces événements relèvent, pour les normalisateurs internationaux, du risque financier. Par ailleurs les contrats qui ne comportent pas suffisamment de risque d'assurance sont considérés comme des instruments financiers (par exemple l'assurance-vie avec la composante épargne qui est souvent dominante dans les contrats).

La norme IFRS 4 interdit la reconnaissance comme passif des provisions pour droits futurs qui ne sont que probables et n'ont pas d'existence à la date d'établissement des comptes (par exemple les provisions pour catastrophe). La norme demande de conserver les

---

1. J. Le Douit, « Le projet assurance de l'IASB : enjeux et alternatives », *Risques*, n° 52, décembre 2002, p. 66-73.

passifs d'assurance dans les comptes tant qu'ils ne sont pas expirés ou annulés. Il est également prévu, dans le cas où un assureur change ses méthodes comptables pour les passifs d'assurance, de reclasser les actifs financiers à la juste valeur.

Mais la norme assurance qui sera définitive (appelée phase II) ne sera pas applicable avant 2007. En attendant, le secteur de l'assurance va connaître une période transitoire où les entreprises vont devoir communiquer avec leurs investisseurs et les autres parties prenantes pour expliquer la situation. Les actifs seront évalués en juste valeur et les passifs resteront évalués selon les normes en vigueur dans les pays (souvent le coût historique) ce qui posera des problèmes d'adéquation entre actif et passif. Comme le rappelle M. Weinberg[1], jusqu'à présent, les mouvements de valorisation du passif allaient de pair avec ceux de l'actif, ce modèle vole en éclats pendant la période de transition et alimente l'inquiétude. M. Weinberg signale à ce sujet qu'il n'est pas impossible que certaines compagnies, plutôt que d'essayer de corriger les effets du *mismatch* (l'inadéquation entre l'actif et le passif), choisissent finalement de le laisser apparaître, pour éviter tout problème d'interprétation lourd de conséquences juridiques.

Le secteur de l'assurance pose de sérieux problèmes à l'IASB. Il est en particulier difficile de mesurer la juste valeur des passifs d'assurance. G. de La Martinière et P. Trainar[2] relèvent plusieurs raisons concernant la plus grande difficulté de mesurer les passifs d'assurance à leur juste valeur par rapport aux actifs. Tout d'abord, selon ces auteurs, il n'existe pas dans la plupart des cas de « valeur de marché » des passifs d'assurance. Ensuite la valeur d'un engagement d'assurance dépend de façon déterminante de la surface de mutualisation de l'entreprise d'assurance qui est concernée. Enfin, les

---

1. M. Weinberg, « Les assureurs vont entrer dans une phase transitoire inconfortable », *Les Échos*, Dossier IFRS, 13 mai 2004, p. 25.
2. G. de La Martinière et P. Trainar, « La comptabilisation "en juste valeur" et les métiers de l'assurance », *Revue d'Économie Financière*, n° 71, 2003, p. 109-122.

valeurs qui pourraient résulter des marchés des passifs d'assurance ne seraient pas forcément représentatives du coût des engagements correspondants pour les entreprises qui les ont souscrits.

On peut également penser comme le rappellent justement F. Lustman et V. Leflaive[1] que même si l'importance des placements à l'actif du bilan est une caractéristique commune aux établissements financiers, leur motif de détention en couverture d'engagements est spécifique au secteur de l'assurance. Dès lors une obligation d'enregistrer les investissements en valeur de marché pourrait, comme le fait remarquer P. Picard[2], inciter les assureurs à se tourner vers des investissements sans risques, ce qui aurait un effet défavorable sur les marchés financiers.

La valorisation à la juste valeur des actifs aura un impact important sur les résultats publiés par les sociétés d'assurance et conduira à une plus forte volatilité. Toute la difficulté pour le lecteur des états financiers consistera alors à distinguer les résultats qui relèvent de l'exploitation et ceux qui proviennent des variations de la juste valeur des actifs.

Le secteur agricole

La norme IAS 41 prescrit le traitement comptable, la présentation des états financiers et les informations à fournir concernant l'activité agricole. L'activité agricole est définie comme la gestion par une entreprise de la transformation biologique d'actifs biologiques (animal et plante vivants) pour la vente, en production agricole ou en d'autres actifs biologiques. La production agricole est le produit récolté des actifs biologiques de l'entreprise. La transformation bio-

---

1. F. Lustman et V. Leflaive, « Normes IAS et assurance : le point de vue du contrôle prudentiel », *Risques*, n° 52, décembre 2002, p. 78-84.
2. P. Picard, « Un enjeu crucial pour les assureurs », *Risques*, n° 52, p. 53-54.

logique comprend les processus de croissance, de dégénérescence, de production et de procréation, qui engendrent des changements qualitatifs ou quantitatifs dans l'actif biologique.

La norme ne s'applique pas au traitement comptable des terrains liés à une activité agricole (celui-ci est précisé dans les normes IAS 16 « Immobilisations corporelles » et IAS 40 « Immeubles de placements ») et aux immobilisations incorporelles concernant une activité agricole (traitées dans la norme IAS 38 « Immobilisations incorporelles »).

Une entreprise doit comptabiliser un actif biologique ou une production si et seulement si :

♦   l'entreprise contrôle l'actif du fait d'événements passés ;

♦   il est probable que les avantages économiques futurs associés à cet actif iront à l'entreprise ;

♦   la juste valeur ou le coût de cet actif peut être évalué de façon fiable.

Un actif biologique doit être évalué lors de la comptabilisation initiale et à chaque date de clôture à sa juste valeur diminuée des coûts estimés au point de vente. Les coûts au point de vente comprennent les commissions aux intermédiaires et aux négociants, les montants prélevés par les agences réglementaires, les Bourses de matière première ainsi que les droits et taxes de transfert. Les coûts au point de vente excluent le transport et les autres coûts nécessaires à la mise des actifs sur le marché.

Dans le cadre de la norme IAS 41, une entreprise qui relève de l'activité agricole doit fournir un certain nombre d'informations spécifiques.

Tout d'abord, l'entreprise doit fournir une description de chaque groupe d'actifs biologiques. Ensuite, elle doit donner une évaluation ou une estimation non-financière des quantités physiques de chaque groupe d'actifs biologiques de l'entreprise à la clôture de l'exercice et la production de produits agricoles au cours de l'exercice. Elle doit également indiquer les méthodes et les hypothèses significatives

© Éditions d'Organisation

appliquées pour déterminer la juste valeur de chaque groupe de production agricole au moment de la récolte et de chaque groupe d'actifs biologiques. Enfin, elle doit présenter un rapprochement des variations de la valeur comptable des actifs biologiques entre le début et la fin de l'exercice. Si la juste valeur des actifs biologiques n'a pas pu être mesurée, l'entreprise doit en indiquer les raisons.

Concernant les subventions publiques, l'entreprise doit indiquer l'étendue et la nature des subventions publiques comptabilisées dans les états financiers, les conditions non-remplies et toute autre éventualité relative à des subventions publiques ainsi que les diminutions significatives attendues du niveau des subventions publiques.

Les autres secteurs particuliers

Le secteur de la pharmacie ne dispose pas d'une norme particulière mais il va également connaître de profondes évolutions dans ses comptes. Cela fait dire à T. Le Masson[1] qu'« Une période de flou s'ouvre pour le secteur pharmaceutique ». En effet, plusieurs problèmes viennent se greffer dans ce secteur. Tout d'abord, la nouvelle norme IFRS 3 « Regroupement d'entreprise » met fin au pooling (voir le chapitre 7 sur les regroupements d'entreprises), ensuite les frais de développement devront être inscrits désormais à l'actif et non plus passés en charges.

De nombreuses entreprises du secteur pharmaceutique se sont regroupées ces dernières années en utilisant la méthode du *pooling of interest*. Le groupe suisse Novartis est par exemple né de la fusion entre Sandoz et Ciba-Geigy, la méthode utilisée a été celle du

---

1. T. Le Masson, « Une période de flou s'ouvre dans le secteur pharmaceutique », *Les Échos*, Dossier IFRS, 13 mai 2004, p. 23.

pooling. La norme IFRS 3 prévoit que les entreprises qui le souhaitent, pourront appliquer de manière rétroactive, la seule méthode qui est désormais autorisée, à savoir la méthode d'acquisition.

N.B.

Les entreprises qui souhaitent utiliser la possibilité qui leur est faite de revenir sur la méthode du *pooling* et appliquer de manière rétroactive la méthode de l'acquisition devront reconstituer l'écart d'acquisition et l'affecter à des éléments identifiables de l'actif du bilan. Ces éléments identifiables doivent également être contrôlables c'est-à-dire que l'entreprise doit, dans une application stricte de la norme, disposer de droits qu'elle peut faire appliquer par un tribunal. Par exemple, les marques répondent à cette définition et peuvent être inscrites en actifs incorporels et augmenter d'autant les fonds propres.

Un autre point important pour le secteur pharmaceutique concerne la comptabilisation des frais de recherche et développement. Les entreprises doivent obligatoirement inscrire les frais de développement à l'actif en éléments incorporels si l'entreprise respecte un certain nombre de critères (IAS 38). L'immobilisation (ou non) de certains frais de développement risque alors d'être assez subjective, et donc de différer d'un laboratoire à l'autre. En effet, comment avoir la certitude que la mise sur le marché d'un médicament est en bonne voie ?

Divergences entre la comptabilité des secteurs particuliers et la comptabilité française

Concernant les banques, la principale différence entre les textes français et l'IAS 30 concerne le FRBG (Fonds pour Risques Bancaires Généraux), qui est autorisé en France et représente des provisions à caractère de réserves pour couvrir des risques éventuels. En IAS, si le risque n'est pas probable et identifié, il est interdit de le comptabiliser en charge.

Pour le secteur de l'assurance, les divergences sont nombreuses sur la classification des placements, des immeubles, sur la valeur à l'arrêté des comptes, sur certaines provisions.

Dans le secteur de la pharmacie, c'est principalement l'inscription obligatoire (et non pas optionnelle comme en France) à l'actif des frais de développement qui constitue la principale divergence avec les normes françaises.

L'ANALYSE DES ÉTATS FINANCIERS PARTICULIERS

L'analyse des états financiers des banques

L'analyse des actifs et des passifs, en fonction de la durée qui reste à courir jusqu'aux dates de remboursement donne une très bonne base d'évaluation de la liquidité d'une banque.

Les regroupements d'échéances fondés sur la durée restant à courir, jusqu'à la prochaine date à laquelle les taux d'intérêt peuvent être modifiés, permettent d'effectuer une analyse de l'exposition de la banque au risque de taux d'intérêt.

L'étude des états financiers des banques sous l'angle des concentrations importantes dans la répartition de ses actifs et dans la provenance de ses passifs est indispensable. Conformément à l'IAS 30, ces informations doivent être fournies par zone géographique, par segment de clientèle ou secteur d'activité, ou selon d'autres concentrations des risques jugées pertinentes pour la banque.

L'utilisateur des états financiers des banques peut également rechercher des informations relatives aux expositions nettes importantes sur les monnaies étrangères afin d'apprécier le risque de perte lié aux variations des cours de change.

Enfin, le montant des pertes sur les prêts inscrits dans le compte de résultat ou le montant des provisions est un indicateur du niveau du risque de crédit de la banque.

L'analyse des états financiers des sociétés d'assurance

L'analyse des états financiers des sociétés d'assurance ne va pas être facilitée par le découpage en deux phases du projet « Contrats d'assurance ». Une partie du bilan pourra être comptabilisée en normes locales jusqu'à la phase 2 alors que l'autre partie sera conforme aux IFRS. La lecture des états financiers des sociétés d'assurance sera rendue difficile pendant cette période et cela obligera les sociétés à communiquer sur leurs méthodes comptables.

Les sociétés d'assurance ont l'obligation de présenter les principes comptables et les hypothèses qui ont été retenus pour comptabiliser les contrats d'assurance. Elles doivent également donner des informations relatives aux échéances et aux incertitudes concernant les flux de trésorerie provenant des contrats d'assurance. Le lecteur des états financiers doit trouver des informations sur les risques d'assurance avec des informations sur la concentration des risques.

L'analyse des états financiers des sociétés agricoles

Les actifs biologiques doivent être évalués à leur juste valeur mais lorsque la juste valeur ne peut être évaluée de façon fiable, ils sont évalués à leur coût diminué du cumul des amortissements et du cumul des pertes de valeur à la fin de l'exercice. Il convient alors d'être attentif à la description des actifs biologiques, à l'explication de la raison pour laquelle la juste valeur ne peut être mesurée de façon fiable (si cela se produit) au mode d'amortissement utilisé.

Un autre point important concerne les subventions qui ne doivent pas être trop importantes par rapport au niveau d'activité.

Chapitre 9

L'organisation
de la normalisation comptable
internationale

L'ESSENTIEL À RETENIR

Le référentiel comptable international est produit par l'IASB, organisme de droit privé dont l'origine remonte à 1973. À la suite de sa réforme, entrée en vigueur en avril 2001, l'organisation compte une fondation (IASCF) un conseil ou *Board* (IASB), un comité permanent d'interprétation (IFRIC), un comité consultatif de normalisation (SAC).

La fondation de droit américain a pour objectif de développer, dans l'intérêt public, un ensemble unique de normes comptables de haute qualité, compréhensible et applicable en pratique. L'objectif est d'offrir une information de haute qualité, transparente et comparable dans les états financiers, afin d'aider les acteurs des marchés de capitaux mondiaux à prendre leurs décisions économiques. Elle s'efforce également de promouvoir l'usage de ces normes et de contribuer à la convergence des normes comptables nationales et des normes comptables internationales vers des solutions de haute qualité.

L'IASB *(International Accounting Standards Board)* est un organe qui travaille sous l'égide de l'IASCF et qui est notamment responsable de la préparation, l'adoption et la modification des normes comptables internationales. Le processus de production de normes par le *Board* est appelé le *due process*. Il commence par la consultation du comité consultatif qui donne son avis sur les projets importants, ensuite une proposition de norme est élaborée avec publication d'un exposé sondage qui est soumis pour commentaires du public. Enfin l'IASB publie le texte définitif de la norme. L'agenda relatif à la production et à la révision de normes est également rendu public.

Le travail de l'IFRIC consiste principalement à interpréter les normes IAS/IFRS et à rendre compte au conseil de ses interprétations. Les projets d'interprétations sont également soumis à commentaires avant d'être définitivement adoptés.

Le SAC constitue une tribune qui permet aux organismes et aux individus ayant un intérêt pour l'information financière internationale de conseiller le *Board* sur des questions diverses comme les priorités des travaux ou sur les principaux projets de normalisation.

Le mécanisme communautaire d'approbation des normes comptables internationales est doté d'une double structure, composée d'une part, d'un niveau réglementaire le « Comité de réglementation comptable » (ou ARC) et, d'autre part, d'un niveau technique le « Comité technique comptable » (ou EFRAG). L'ARC opère au niveau politique selon les dispositions communautaires organisant la prise de décision par les comités dits « de réglementation ». Ces dispositions communautaires sont prévues dans la décision du 18 juillet 1987 du Conseil européen, connue sous le nom de « décision de comitologie ». L'EFRAG est chargé d'évaluer les normes IAS en vue de leur application dans l'Union européenne.

L'historique

L'IASC fut créé en 1973 à l'initiative d'un associé du cabinet Coopers & Lybrand de Londres, Henry Benson. L'objectif était de créer une organisation qui proposerait des normes qui pourraient être adoptées par les pays, afin d'aboutir à une convergence des référentiels comptables.

Il s'agit donc, lors de sa création, d'un organisme composé de représentants de la profession comptable de différents pays (Allemagne, Angleterre, Australie, Canada, États-Unis, France, Irlande, Mexique, Japon, Pays-Bas). En 1982, l'IASC a reçu le soutien de l'IFAC ce qui lui a permis d'étendre son rayonnement international. Mais à cette époque, ces normes étaient peu appliquées et comportaient un nombre d'options importantes.

Parallèlement, l'Union européenne se consacrait également à la normalisation comptable en publiant les quatrième et septième directives respectivement en 1978 et 1985. Cette normalisation européenne qui proposait un compromis entre le référentiel continental et le référentiel anglo-saxon limitait de fait la zone d'influence de l'IASC aux pays n'appartenant pas à l'Union.

L'IASC a connu une grande réforme le 24 mai 2000 avec l'adoption de ses nouveaux statuts. L'objectif de la réforme était de séparer le niveau technique (IASB) du travail d'organisation et de promotion (IASCF). Cette réforme a permis à l'IASB d'entrer dans une nouvelle phase, l'objectif n'est plus d'harmoniser (en tentant de rapprocher les référentiels en conservant de nombreuses options) mais de normaliser (les choix comptables deviennent moins nombreux et les règles sont plus strictes). Par ailleurs, l'IASB a également décidé que les nouvelles normes qui seront produites à partir d'avril 2001 porteront le nom d'IFRS (*International Financial Reporting Standard*). Il s'agit désormais de produire des standards de reporting financier qui dépassent les seules informations comptables, pour s'ouvrir à une information plus riche telle que l'information sectorielle.

L'IOSCO, appelée en français OICV (Organisation Internationale des Commissions de Valeurs Mobilières), en recommandant en mai 2000 aux autorités boursières du monde entier d'adopter les normes IAS, allait consacrer l'IASB comme organisme chargé de produire un référentiel comptable international. Cette reconnaissance a également permis de ne pas désigner le modèle comptable américain US GAAP comme seule référence au niveau international.

En adoptant en juin 2000 un plan d'action pour les services financiers, l'Union européenne a ouvert la voie à une reconnaissance de ces normes. Le Conseil européen de Lisbonne des 23 et 24 mars 2000 avait inscrit l'achèvement du marché intérieur des services financiers au rang de ses priorités. Dans cette perspective, il devenait essentiel d'améliorer la comparabilité des états financiers des sociétés cotées. La commission européenne a engagé à partir de 2001 une modernisation de ses directives comptables dans le sens d'une meilleure concordance avec les normes internationales.

Le règlement du Parlement européen et du Conseil du 19 juillet 2002 a décidé l'application des normes comptables internationales au sein de la Communauté, afin d'harmoniser l'information financière indispensable au bon fonctionnement du marché. L'idée est d'imposer des normes identiques à tous les secteurs de manière à favoriser la lecture des états financiers. Le règlement pose plusieurs conditions à l'adoption des normes comptables internationales. Il prend soin de préciser notamment que les normes comptables internationales ne sont applicables que si elles répondent à l'intérêt public communautaire. Les autorités communautaires disposent désormais d'un pouvoir de blocage sur l'application des normes comptables internationales dans la communauté européenne.

Les différents intervenants

Nous présenterons les différents intervenants de la normalisation comptable au niveau international, européen et national. Rappelons que les organismes nationaux et européens n'ont pas un rôle qui se limite au processus d'adoption et d'application des normes, ils participent également à leur élaboration et à leur révision par le biais d'échanges avec l'IASB.

Au niveau international : l'IASCF, l'IASB, l'IFRIC, le SAC

Depuis sa réforme de 2000, l'IASC est devenu une fondation administrée par dix-neuf *trustees*. L'IASB (*International Accounting Standards Board*) est un organe travaillant sous l'égide de l'IASCF. Il est notamment responsable de la préparation, l'adoption et la modification des normes comptables internationales.

L'IASC Foundation

L'IASCF est une organisation à but non-lucratif enregistrée dans le Delaware aux États-Unis. C'est dans cette fondation que siègent les dix-neuf administrateurs ou *trustees*. L'IASCF est présidée par un américain Paul Volker, ancien président de la réserve fédérale américaine.

Dans ses nouveaux statuts, l'article 2 indique que les objectifs de l'IASC sont les suivants :

- « élaborer, dans l'intérêt général, un jeu unique de normes comptables de haute qualité, compréhensibles et que l'on puisse faire appliquer dans le monde entier, imposant la fourniture dans les états financiers et autres informations financières, d'informations de haute qualité, transparentes et comparables, de manière à aider les différents intervenants sur les marchés de capitaux dans le monde, ainsi que les autres utilisateurs dans leur prise de décisions économiques ;

- promouvoir l'utilisation et l'application rigoureuse de ces normes ;

- tendre vers la convergence des normes comptables nationales et des normes comptables internationales pour des solutions de haute qualité. »

Les *trustees* sont au nombre de dix-neuf et leur origine doit respecter un équilibre géographique. Leur mandat est fixé à trois ans même si cette durée peut être diminuée pour cause de performances médiocres, de comportement répréhensible ou d'incapacité (art. 12 des statuts).

Le rôle des *trustees* est de trouver des financements, de nommer les membres du conseil (*Board*), d'examiner les grandes questions stratégiques affectant les normes comptables et de promouvoir l'IASC et ses travaux (art. 18 et 20 des statuts).

L'IASB

Le conseil est composé de 14 membres nommés par les *trustees* (art. 23 des statuts). Le président actuel du conseil est le Britannique David Tweedie. Pour être membre du conseil, la qualification requise est avant tout l'expertise technique (art. 24). La composition des membres du conseil permet de regrouper des experts ayant une expérience de l'audit, de la préparation des états financiers, de leur utilisation et au moins un expert ayant une expérience universitaire. Les membres du conseil ne sont pas choisis sur une base de représentation géographique.

Parmi les quatorze membres, douze sont membres à temps plein, c'est-à-dire qu'ils consacrent l'intégralité de leur temps à leur emploi au sein de l'IASC (art. 23). Parmi les membres à temps plein, sept ont des responsabilités officielles de liaison avec les normalisateurs comptables nationaux. Les membres du conseil sont nommés pour un mandat de cinq ans renouvelable une fois (art. 30). Les réunions du conseil sont ouvertes au public (art. 33).

Chaque membre du conseil dispose d'une voix. La publication d'un exposé sondage (projet de norme) d'une norme comptable internationale définitive, ou d'une interprétation définitive du Comité permanent d'interprétation, doit être approuvée par huit des quatorze membres du conseil (art. 34 et 35).

Le conseil a la responsabilité des questions techniques telles que la préparation et la publication des normes comptables internationales et des exposés sondages (art. 36).

L'IFRIC

L'*International Financial Reporting Interpretations Committee* (Comité permanent d'interprétation) était précédemment dénommé SIC (*Standing Interpretations Committee*) avant la réforme entrée en vigueur en 2001. Il est composé de douze membres nommés par les *trustees* pour une durée de trois ans.

Le comité permanent d'interprétation a pour rôle principal d'interpréter les normes comptables internationales. Il publie des projets d'interprétation qui sont soumis à commentaires du public. Il prend en considération les commentaires et finalise une interprétation qui doit ensuite obtenir l'approbation du conseil (art. 41 des statuts).

Le SAC

Le SAC (*Standards Advisory Council* – Comité consultatif de normalisation) est composé d'une trentaine de membres selon l'article 43 des statuts (il est actuellement composé de quarante-cinq membres). Les membres du comité consultatif sont nommés par les *trustees* pour trois ans renouvelables. Conformément aux statuts, ce comité constitue une tribune à laquelle participent les organismes et les particuliers ayant un intérêt pour l'information financière et provenant d'origines géographiques et professionnelles diverses. Le but est de pouvoir conseiller le *Board* sur les décisions relatives à l'ordre du jour et aux priorités des travaux. Mais il a également pour rôle de l'informer sur les points de vue des organismes et des particuliers qui siègent au comité consultatif sur les principaux projets de normalisation.

Le SAC se réunit au moins trois fois par an et ses réunions sont publiques. Le *Board* consulte le comité avant de prendre des décisions sur des projets importants. Il est également prévu (art. 44) que les *trustees* le consultent avant de proposer des modifications aux statuts de l'IASC.

Au niveau européen : l'ARC et l'EFRAG

Le mécanisme communautaire d'adoption des normes comptables internationales est doté d'une double structure, composée d'une part, d'un niveau réglementaire, le « Comité de réglementation comptable » appelé aussi ARC (*Accounting Regulatory Committee*) et, d'autre part, d'un niveau technique le « Comité technique comptable » ou EFRAG (*European Financial Reporting Advisory Group* – Groupe consultatif pour l'information financière en Europe).

Le comité de la réglementation comptable est composé de quatre-vingt-sept représentants des États membres. Il prend ses décisions à la majorité qualifiée et a pour vocation d'assister la Commission européenne dans ses décisions. Ce comité opère au niveau politique selon les dispositions communautaires organisant la prise de décision par les comités dits de « réglementation ». Ces dispositions communautaires sont prévues dans la décision du 18 juillet 1987 du Conseil européen, connue sous le nom de « décision de comitologie ».

Dans cette architecture institutionnelle, le Comité technique comptable est chargé de fournir l'assistance et l'expertise requises pour l'évaluation des normes IAS dans la perspective de leur utilisation dans l'environnement juridique européen. Il est également chargé de suivre activement le processus de normalisation comptable et de coordonner les différents avis européens en matière d'harmonisation et de normalisation comptable. Le Comité technique comptable a été créé le 26 juin 2001 dans le cadre d'une initiative du secteur privé, sous le nom de l'EFRAG par les principaux acteurs intéressés. Celui-ci constitue le niveau technique du mécanisme européen d'adoption des normes IAS.

L'EFRAG est entré en fonction au mois de septembre 2001. Il comprend des utilisateurs, des professionnels de la comptabilité, des organismes de normalisation nationaux. L'EFRAG comprend un groupe d'experts techniques (le TEG – *Technical Expert Group*) qui compte onze membres et un conseil de surveillance de vingt-quatre membres. Le conseil de surveillance a pour rôle de trouver des financements, de nommer les membres du TEG et d'orienter le calendrier de travail du TEG.

En juin 2002, l'EFRAG a recommandé à l'Union européenne d'adopter toutes les normes IAS. Dans l'avenir, l'EFRAG sera très certainement amené à jouer un rôle plus actif dans le mécanisme de consultation.

Au niveau national : le CNC et le CRC

La normalisation comptable résulte au niveau national de l'action du Parlement, du Gouvernement ainsi que d'organismes publics dotés d'un pouvoir réglementaire. Le Conseil national de la comptabilité (CNC) comprend cinquante-huit membres qui sont des représentants de la comptabilité, du monde économique et social et des représentants de l'État. En liaison avec les services, les associations ou les organismes compétents, le CNC est chargé de donner un avis préalable sur toutes les dispositions d'ordre comptable, qu'elles soient d'origine nationale ou communautaire. La mission du CNC est uniquement consultative, il émet par exemple des réponses aux exposés sondages de l'IASB.

Le Comité de la réglementation comptable (CRC) établit les prescriptions comptables générales et sectorielles que toute personne morale ou physique soumise à l'obligation de tenir des documents comptables doit respecter. Il adopte ses règlements au vu des recommandations ou après avis du Conseil national de la comptabilité. Le

Comité comprend quinze membres. Il est composé en majorité de personnes choisies par le pouvoir exécutif et principalement issues des autorités publiques.

Tableau 16 – Les différents intervenants de la normalisation comptable

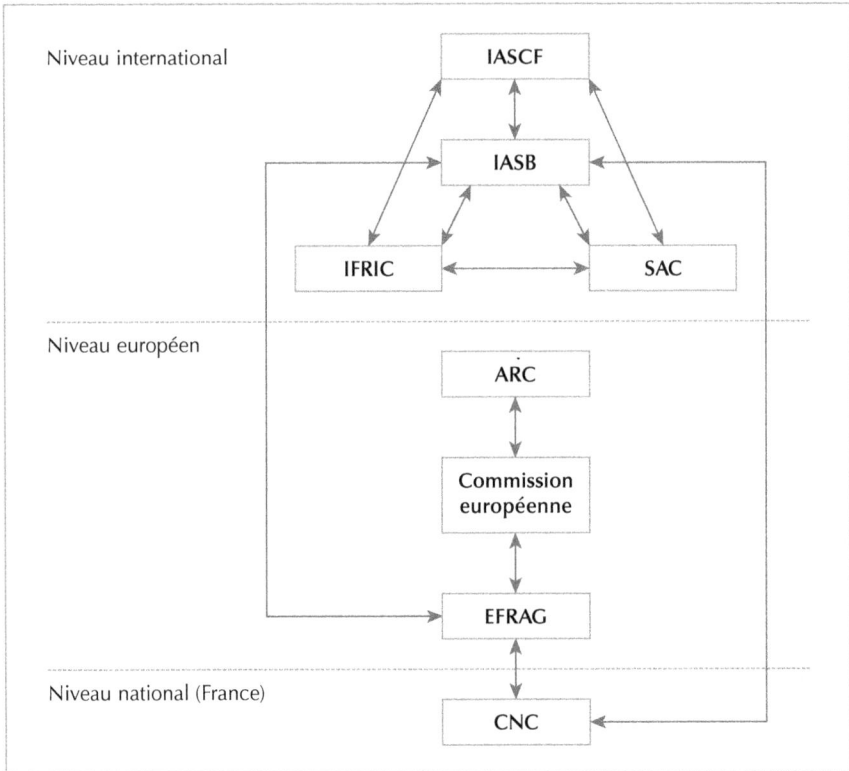

Le processus d'élaboration et d'adoption des normes

Le processus d'élaboration des normes est également appelé *due process*. Il permet de garantir l'indépendance et le professionnalisme de l'IASB.

Le processus d'élaboration des normes IFRS commence par la publication d'un calendrier précisant les projets de normes comptables internationales ou les révisions de celles-ci. Ensuite, le conseil (l'IASB) prépare un projet de norme et consulte le SAC. Le conseil peut également publier des documents de consultation (*discussion papers*) pour prendre l'avis du public. Une fois ces étapes passées, le conseil publie un exposé sondage (ED ou *Exposure Draft*) qui correspond au projet de norme qui est à nouveau soumis pour discussion avec le public. L'exposé sondage est suivi (après la période de consultation) d'un vote définitif qui doit être approuvé par huit des quatorze membres du conseil.

Ce processus dure généralement entre six et douze mois et quelquefois plus longtemps pour les normes complexes qui sont soumises à d'importants débats. Pour qu'une norme entre en vigueur dans un pays, le processus d'élaboration doit être suivi par un processus d'adoption. Le processus d'adoption est différent selon les différents pays du monde qui ont adopté les normes comptables internationales IAS/IFRS. Pour la France, l'adoption des normes comptables et leur application obligatoire pour ses entreprises passe par l'adoption des normes par l'Union européenne.

Le processus d'adoption au niveau européen commence avec la présentation par la Commission européenne de sa proposition d'adoption ou de rejet d'une norme comptable internationale de l'IASB. Cette proposition est assortie d'un rapport de la Commission européenne qui identifie la norme comptable internationale en question, sa compatibilité avec les directives comptables existantes et sa validité en tant que base appropriée pour l'information financière au sein de l'Union européenne. Pour élaborer ce rapport, la Commission européenne peut consulter le Comité technique comptable (EFRAG).

Le comité de réglementation comptable (ARC) examine ensuite la proposition de la Commission européenne concernant l'adoption ou le rejet d'une norme comptable internationale et rend un avis. L'ARC, composé des représentants des États membres et présidé par la Commission européenne, dispose d'un mois pour rendre un avis sur l'adoption ou le rejet de normes comptables internationales par l'Union européenne et sur la date d'entrée en vigueur d'une norme comptable internationale adoptée au sein de l'Union européenne. Les modalités de vote qui prévalent au sein du Comité de réglementation comptable sont équivalentes à celles qui prévalent au sein du Conseil européen. Il s'agit en l'occurrence d'un vote à la majorité qualifiée.

En cas d'adoption de la norme par le Comité de réglementation comptable, la Commission européenne est invitée à prendre les mesures nécessaires pour que cette norme soit adoptée en vue de son utilisation dans l'environnement juridique européen. Les normes sont alors traduites dans chacune des langues officielles de l'Union européenne et publiées sous la forme d'un règlement au Journal officiel de l'Union européenne.

Conformément aux procédures relatives aux prises de décision par les comités de réglementation, le Parlement européen est tenu informé des travaux du Comité de réglementation comptable et il peut intervenir s'il estime que la Commission européenne a dépassé le cadre de ses compétences.

La légitimité de l'IASCF/IASB et la réforme en cours de ses statuts

L'analyse du processus de normalisation comptable international amène à s'interroger sur la légitimité des organismes producteurs de ces normes. Cette question ne soulève pas réellement de difficulté pour ce qui est de l'État ou d'organisations publiques internationales. En effet, la légitimité de la normalisation comptable résultait traditionnellement de son rattachement à l'État et son assise démocratique.

On peut alors se poser la question de la légitimité d'un groupe de personnes privées tel que l'IASB pour prendre des décisions affectant différentes catégories d'intérêts, non seulement d'intérêts privés mais également d'intérêt général.

B. Colasse[1] nous rappelle que l'histoire de l'IASC/IASB est celle d'une organisation sans pouvoir coercitif qui, pour atteindre son objectif et réaliser ses ambitions, s'est lancée dans une quête stratégique de soutiens susceptibles de lui donner ce pouvoir qui lui manque. À ce sujet C. Hoarau[2] indique à juste titre que l'adoption des normes de l'IASB par l'Union européenne a conféré à cet organisme du secteur privé une légitimité institutionnelle qui lui faisait défaut.

Comme le précise R. K. Larson[3], la légitimité qui consiste en une reconnaissance de l'organisme par son environnement est vitale pour sa survie et son succès. L'IASB a, selon cet auteur, fait évoluer ses structures pour obtenir cette reconnaissance.

---

1. B. Colasse, « Harmonisation comptable internationale, De la résistible ascension de l'IASC/IASB », *Gérer et Comprendre*, mars 2004, p. 30-40.
2. C. Hoarau, « Les normes IAS/IFRS : enjeux et défis de l'harmonisation comptable internationale », *La Revue du Financier*, n° 144, 2004, p. 4-17.
3. R.K. Larson, « The IASC'S search for legitimacy : an analysis of the IASC'S standing interpretation committee », *Advances in International Accounting*, volume XV, JAI, 2002, p. 79-120.

L'IASB s'inscrit dès l'origine dans le modèle de l'autorégulation par les professionnels où la légitimité est recherchée par l'indépendance de l'organisme, la compétence technique des membres, l'existence d'une procédure formalisée d'élaboration des normes[1]. Cette légitimité procède de l'idée que les professionnels ont, en raison de leurs compétences techniques, une meilleure capacité à régler des questions liées à l'exercice de leurs professions et qui concernent leurs intérêts.

Mais nombreux sont ceux qui réclament une plus grande représentativité de l'Europe et des parties prenantes au sein de l'IASB. C. Hoarau[2] précise à ce sujet que les membres américains et ceux qui ont la même culture ou sensibilité ont largement la majorité au sein du conseil. On peut d'ailleurs légitimement se poser la question de la nécessité de mettre en avant l'investisseur, dans le cadre conceptuel de l'IASB, comme utilisateur privilégié de l'information financière.

Les *trustees* de l'IASCF ont annoncé en novembre 2003 qu'ils entreprenaient une procédure afin de modifier les statuts de l'IASCF/IASB. Des appels à commentaires ont été effectués et l'IASCF a publié en juin 2004 un document relatant les évolutions possibles. Parmi les modifications envisagées, les références à la région Asie/Pacifique pour la distribution géographique des *trustees* pourraient être remplacées par la région Asie/Océanie pour ne plus compter les pays d'Amérique du Nord dans cette nouvelle région. La composition de l'IASB devrait rester à quatorze membres et le projet ne retient pas l'idée d'une représentation géographique des membres de l'IASB. La réforme prévoit un renforcement du lien avec les orga-

---

1. G. Heem et P. Aonzo, « La normalisation comptable internationale, quelle légitimité pour des organismes privés ? », *Communication au 25ᵉ Congrès de l'Association Francophone de Comptabilité* (AFC), 2004.
2. C. Hoarau, « Place et rôle de la normalisation comptable en France », *Revue Française de Gestion*, numéro 147, novembre-décembre 2004, p. 33-47.

nismes nationaux chargés d'adopter les normes, mais n'envisage pas de changements sur le *due process* dont le fonctionnement est garanti par les *trustees*.

L'ORGANISATION DE LA NORMALISATION COMPTABLE INTERNATIONALE ET SON INCIDENCE POUR LE LECTEUR DES ÉTATS FINANCIERS

Les utilisateurs des états financiers souhaitent obtenir des informations utiles à leurs prises de décisions. Dès lors, les normes comptables doivent être de haut niveau et ne doivent pas représenter les intérêts de quelques groupes particuliers.

L'organisation de la normalisation comptable internationale est donc très importante car les producteurs de normes doivent publier celles-ci dans l'intérêt général.

Le processus d'adoption des normes qui passe par des phases de consultation du public doit permettre à tous les intéressés (utilisateurs, entreprises, régulateurs…) de proposer des améliorations.

La représentativité des zones géographiques de la planète parmi les *trustees* est primordiale car elle garantit que les utilisateurs des états financiers d'un pays particulier ou d'une région ne seront pas privilégiés.

Conclusion

Les travaux actuels de l'IASB

L'IASB a effectué un important travail ces deux dernières années pour fournir des normes révisées aux sociétés qui utiliseront le référentiel IFRS à partir de 2005. Des travaux sont toujours en cours au sein de cet organisme afin de compléter les normes existantes ou pour en publier de nouvelles. Parmi ces travaux figure tout d'abord la deuxième phase de certaines normes qui ont déjà été publiées comme la norme IFRS 3 « Regroupements d'entreprises », ou la norme IFRS 4 « Contrats d'assurance ».

Des normes SME (*Small And Medium Entities*) appelées aussi « normes PME » sont attendues pour fin 2004. Ces normes seront basées sur le jeu de normes existant mais seront allégées sur certains points comme la publication d'informations sectorielles. Les normes qui auront un impact important pour les PME sont, entre autres, la norme IAS 16 sur les immobilisations avec le principe de la juste valeur, la norme IAS 36 sur les dépréciations d'actifs et le regroupement des actifs par Unité génératrice de trésorerie (UGT), la norme IAS 14 sur l'information sectorielle ou l'IAS 2 sur la valorisation des stocks.

Parmi les normes attendues pour 2005, ce sont avant tout des compléments de normes existantes comme l'IAS 19 sur les avantages du personnel ou la norme IAS 30 sur les états financiers des banques qui date de 1990. Concernant l'IAS 30 le projet prévoit une information qualitative sur l'exposition aux risques provenant des instruments financiers ainsi qu'un renforcement de l'information sur le risque de crédit, de liquidité, de marché.

Le projet relatif aux contrats d'assurance (phase II) est plus vaste. Il vise à publier un standard qui soit compatible avec les définitions des actifs et des passifs du cadre conceptuel, la phase I du projet n'étant que provisoire. L'IASB a toujours pour projet d'imposer aux entreprises la publication d'un compte de résultat élargi (*comprehensive income*) qui inclurait les changements de valeur des actifs et des passifs.

Tableau 17 – Liste des projets en cours de l'IASB

Thème	Norme	Date probable de publication
Normes comptables pour les SME (*Small and Medium-Sized Entities*)	Nouvelle norme	Fin 2004
Regroupements d'entreprises (Phase II)	Complément de l'IFRS 3 (IFRS 3 qui était initialement l'IAS 22)	Fin 2004
Avantages du personnel	Compléments de la norme IAS 19	2005
Instruments financiers	Complément de la norme IAS 30 sur les banques	2005
Assurance (Phase II)	Complément de l'IFRS 4	Date non-arrêtée
Projet « Performance Reporting » qui établirait un compte de résultat global	Nouvelle norme	Date non-arrêtée
Consolidation incluant des SPE (*Special Purpose Entities*) ou entités ad hoc	Complément de la norme IAS 27	Date non-arrêtée

Les évolutions des normes IAS/IFRS sont menées en parallèle avec la mise à jour des normes américaines. L'IASB à un projet de convergence progressive de certaines normes qui diffèrent actuellement sur des points limités avec le référentiel américain.

Comme nous l'avons vu tout au long de cet ouvrage, la comptabilité est de plus en plus présente en amont du processus de décision. En effet, les politiques des dirigeants, en particulier en matière d'actifs financiers, auront un impact plus rapide sur les comptes, ce qui conduira à modifier certaines pratiques. La communication financière va devenir essentielle en raison de la plus grande volatilité attendue des résultats.

Les différents postes du bilan seront désormais évalués à leur juste valeur avec la généralisation de la méthode des *cash flows* actualisés. Mais cette technique n'est pas exempte de critiques, en particulier sur la détermination des flux attendus et sur les taux d'actualisation à retenir, ce qui devrait inciter les entreprises à une plus grande transparence dans ces calculs.

La performance des managers ne sera plus jugée uniquement sur l'exploitation mais étudiée de manière globale. Désormais les comptes seront plus détaillés, en particulier en précisant les rentabilités par métier et par zone géographique. Le projet de l'IASB sur le compte de résultat global va dans cette voie, la performance d'un dirigeant se mesurera à sa capacité à augmenter la valeur de l'entreprise qui sera évaluée, en particulier, à travers ses capitaux propres. Mais les états financiers, au vu des difficultés d'évaluer les actifs incorporels, ne seront pas des outils d'évaluation de la valeur globale de l'entreprise. Ils fourniront néanmoins des éléments utiles sur la valeur des actifs contrôlés par l'entreprise.

Le lecteur des états financiers en normes IAS/IFRS devra faire preuve d'un certain recul dans son analyse pour ne pas se laisser emporter par la volatilité des comptes. Les entreprises devront alors faire preuve de transparence sur leur situation réelle d'autant plus que les possibilités de dissimuler des dettes (entités ad hoc…) ou des résultats (provisions, résultat exceptionnel…) seront limitées. Mais l'analyse des comptes demandera une expertise plus grande que par le passé.

Tableau 18 – Liste des normes IAS (juillet 2004)

		Date de la première publication ou de la dernière révision
Cadre conceptuel *Conceptual Framework*		1989
IFRS 1	Première application du référentiel *First-time Adoption of international Financial Reporting Standards*	juin 2003
IFRS 2	Paiement en actions et assimilés *Share-based payment*	février 2004
IFRS 3	Regroupements d'entreprises *Business Combinations*	mars 2004
IFRS 4	Contrats d'assurance (Phase I) *Insurance contracts*	mars 2004
IFRS 5	Actifs non-courants destinés à être cédés et abandons d'activités *Non-current Assets Held for Sale and Discontinued Operations*	mars 2004
IAS 1	Présentation des états financiers *Presentation of Financial Statements*	décembre 2003
IAS 2	Stocks *Inventories*	décembre 2003
IAS 7	Tableaux de flux de trésorerie *Cash Flow Statements*	1992
IAS 8	Méthodes comptables, changements d'estimation et erreurs *Accounting Policies, Changes in Accounting Estimates and Erros*	décembre 2003
IAS 10	Événements postérieurs à la date de clôture *Events after the Balance Sheet Date*	décembre 2003
IAS 11	Contrats de construction *Construction Contracts*	1993

© Éditions d'Organisation

IAS 12	Impôts sur le résultat *Income Taxes*	2000
IAS 14	Présentation de l'information sectorielle *Segment Reporting*	2003
IAS 16	Immobilisations corporelles *Property, plant and equipement*	décembre 2003
IAS 17	Contrats de location *Leases*	décembre 2003
IAS 18	Produits des activités ordinaires *Revenue*	1993
IAS 19	Avantages du personnel *Employee Benefits*	2002
IAS 20	Comptabilisation des subventions publiques et informations à fournir sur l'aide publique *Accounting for Government Grants and Disclosure of Government Assistance*	1994
IAS 21	Effets des variations des cours des monnaies étrangères *The Effects of Changes in Foreign Exchange Rates*	décembre 2003
IAS 23	Coûts d'emprunts *Borrowing Costs*	1993
IAS 24	Information relative aux parties liées *Related Party Disclosures*	décembre 2003
IAS 26	Comptabilité et rapports financiers des régimes de retraite *Accounting and Reporting by Retirement Benefit Plans*	1994
IAS 27	États financiers consolidés et individuels *Consolidated and Separate Financial Statements*	décembre 2003
IAS 28	Participations dans les entreprises associées *Investments in Associates*	décembre 2003
IAS 29	Information financière dans les économies hyper-inflationnistes *Financial Reporting in Hyperinflationary Economies*	1994

IAS 30	Informations à fournir dans les états financiers des banques et des institutions financières assimilées *Disclosures in the Financial Statements of Bank and Similar Financial Institutions*	1994
IAS 31	Participations dans les coentreprises *Interests in Joint Ventures*	décembre 2003
IAS 32	Instruments financiers : informations à fournir et présentation *Financial Instruments : disclosure and Presentation*	décembre 2003
IAS 33	Résultat par action *Earnings per Share*	décembre 2003
IAS 34	Information financière intermédiaire *Interim Financial Reporting*	1998
IAS 36	Dépréciation d'actifs *Impairment of Assets*	mars 2004
IAS 37	Provisions, passifs éventuels et actifs éventuels *Provisions, Contingent Liabilities and Contingent Assets*	1998
IAS 38	Actifs incorporels *Intangible Assets*	mars 2004
IAS 39	Instruments financiers : constatation et évaluation *Financial Instruments : Recognition and Measurement*	décembre 2003
IAS 40	Immeubles de placement *Investment Property*	décembre 2003
IAS 41	Agriculture *Agriculture*	2001

Certaines normes ont été supprimées ou transformées en normes nouvelles, d'où une discontinuité dans la numérotation des normes.

Les nouvelles normes que publie l'IASB portent le nom IFRS, les anciennes normes gardent le nom IAS. De nombreuses normes ont été révisées et publiées en décembre 2003. Il s'agit des IAS 1, 2, 8, 10, 16, 17, 21, 24, 27, 28, 31, 33, 40.

Les normes 32 et 39 ont également été révisées, à la demande, entre autres, des banquiers et assureurs européens ; un amendement sur la macrocouverture a été publié en mars 2004.

Les entreprises disposent désormais d'un jeu de normes stables pour une application en 2005. Certains secteurs attendent néanmoins des normes importantes comme le secteur des assurances avec la deuxième phase de la norme assurances dont la date de publication n'est toujours pas arrêtée.

Glossaire

Acquisition (*acquisition*) : regroupement d'entreprises dans lequel l'une des entreprises, l'acquéreur, prend le contrôle de l'actif net et des activités d'une autre entreprise, l'entreprise acquise, en échange d'un transfert d'actifs, de la prise en compte d'un passif ou de l'émission de titres de capitaux propres (définition de l'IASB, IAS 22).

Actif (*asset*) : un actif est une ressource contrôlée par l'entreprise du fait d'événements passés et dont des avantages économiques futurs sont attendus par l'entreprise (définition de l'IASB, cadre conceptuel).

Actif d'impôt différé (*deferred tax asset*) : ce sont les montants d'impôts sur le résultat recouvrables au cours d'exercices futurs (définition de l'IASB, IAS 12).

Actif financier (*financial asset*) : un actif financier désigne tout actif qui est indifféremment :

– de la trésorerie ;

– un droit contractuel de recevoir d'une autre entreprise de la trésorerie ou un autre actif financier ;

– un droit contractuel d'échanger des instruments financiers avec une autre entreprise dans des conditions potentiellement favorables ;

– un instrument de capitaux propres d'une autre entreprise (définition de l'IASB, IAS 32).

Actifs nets affectés aux prestations de retraite (*net assets available for benefits*) : actifs d'un régime diminués des passifs autres que la valeur actuarielle des prestations de retraite promise (définition de l'IASB, IAS 26).

Actifs sectoriels (*segment assets*) : actifs opérationnels qui sont utilisés par un secteur dans le cadre de ses activités opérationnelles et qui sont directement attribuables à ce secteur ou qui peuvent lui être raisonnablement affectés (définition de l'IASB, IAS 14).

Action ordinaire (*ordinary share*) : instrument de capitaux propres qui est subordonné à toutes les autres catégories d'instruments de capitaux propres.

Action ordinaire potentielle (*potential ordinary share*) : instrument financier ou autre contrat qui peut donner à son détenteur droit à des actions ordinaires (définition de l'IASB).

Activités opérationnelles (*operating activities*) : principales activités génératrices de produits de l'entreprise et toutes les autres activités qui ne sont pas des activités d'investissement et de financement (définition de l'IASB, IAS 7).

Activités de financement (*financing activities*) : activités qui résultent des changements dans l'importance et la composition des capitaux propres et des emprunts de l'entreprise (définition de l'IASB, IAS 7).

Activités d'investissement (*investing activities*) : acquisition et sortie d'actifs à long terme et autres placements qui ne sont pas inclus dans les activités de trésorerie (définition de l'IASB, IAS 7).

Aide publique (*government assistance*) : mesure prise par un gouvernement destinée à fournir un avantage économique spécifique à une entreprise ou à une catégorie d'entreprises répondant à certains critères (définition de l'IASB, IAS 20).

Amortissement (*amortization*) : répartition systématique du montant amortissable d'une immobilisation sur sa durée d'utilité (définition de l'IASB, IAS 38).

ARC (*Accounting Regulatory Committee*) : Comité de la réglementation comptable européen ou CRCE. Instance européenne qui constitue le niveau politique du processus européen d'adoption des normes IAS.

Avantage du personnel (*employee benefits*) : les avantages du personnel désignent toutes formes de contrepartie donnée par une entreprise au titre des services rendus par le personnel (définition de l'IASB, IAS 19).

Bénéfice comptable (*accounting income*) : résultat net d'un exercice avant déduction des charges d'impôt (définition de l'IASB, IAS 12).

Bénéfice imposable ou perte fiscale (*taxable income*) : résultat net (ou perte) d'un exercice déterminé selon les règles établies par les administrations fiscales et sur la base desquelles l'impôt sur le résultat doit être payé (définition de l'IASB, IAS 12).

Capitaux propres (*equity*) : intérêt résiduel dans les actifs de l'entreprise après déduction de tous ses passifs (définition de l'IASB, cadre conceptuel).

Charges (*expense*) : diminutions d'avantages économiques au cours de l'exercice sous forme de sorties ou de diminutions d'actifs, ou de survenance de passifs qui ont pour résultat de diminuer les capitaux propres autrement que par des distributions aux participants aux capitaux propres (définition de l'IASB, cadre conceptuel).

Charge/produit d'impôts (*tax expense/income*) : montant total de l'impôt exigible et de l'impôt différé inclus dans la détermination du résultat net de l'exercice (définition de l'IASB, IAS 12)

Coentrepreneur (*venturer*) : participant à une coentreprise qui exerce un contrôle conjoint sur celle-ci (définition de l'IASB, IAS 31).

Coentreprise (*joint venture*) : accord contractuel en vertu duquel deux parties ou plus conviennent d'exercer une activité économique sous contrôle conjoint (définition de l'IASB, IAS 31).

Consolidation/intégration proportionnelle (*proportionate consolidation*) : méthode de comptabilisation et de présentation selon laquelle la quote-part d'un coentrepreneur dans chacun des actifs, passifs, produits et charges de l'entité contrôlée conjointement est regroupée, ligne par ligne, avec les éléments similaires dans les états financiers du coentrepreneur ou est présentée sous des postes distincts dans les états financiers du coentrepreneur (définition de l'IASB, IAS 31).

Contrat à forfait (*fixed price contract*) : contrat de construction dans lequel le constructeur accepte un prix fixe pour le contrat, ou un taux fixe par unité de production, soumis dans certains cas à des clauses de révision de prix (définition de l'IASB, IAS 11).

Contrat de construction (*construction contract*) : contrat spécifiquement négocié pour la construction d'un actif ou d'un ensemble d'actifs qui sont étroitement liés ou interdépendants en termes de conception, de technologie et de fonction, ou de finalité et d'utilisation (définition de l'IASB, IAS 11).

Contrat de location (*lease*) : accord par lequel le bailleur cède au preneur pour une période déterminée, le droit d'utilisation d'un actif en échange d'un paiement ou d'une série de paiements (définition de l'IASB, IAS 17).

Contrat de location-financement (*finance lease*) : contrat de location ayant pour effet de transférer au preneur la quasi-totalité des risques et des avantages inhérents à la propriété d'un actif (définition de l'IASB, IAS 17).

Contrat de location simple (*operating lease*) : tout contrat de location autre qu'un contrat de location-financement (définition de l'IASB, IAS 17).

Contrat en régie (*cost plus contract*) : contrat de construction dans lequel le constructeur est remboursé des coûts autorisés ou autrement définis, plus un pourcentage de ces coûts ou une rémunération fixe (définition de l'IASB, IAS 11).

Contrôle (*control*) : pouvoir de diriger les politiques financières et opérationnelles d'une activité économique afin d'en obtenir des avantages (définition de l'IASB, IAS 31).

Contrôle conjoint (*joint control*) : partage en vertu d'un accord contractuel du contrôle d'une activité économique (définition de l'IASB, IAS 31).

Cours de clôture (*closing rate*) : cours du jour de la date de clôture (définition de l'IASB, IAS 21).

Coût (*cost*) : montant de trésorerie ou d'équivalents de trésorerie payés ou la juste valeur de toute autre contrepartie donnée pour acquérir un actif au moment de son acquisition ou de sa construction (définition de l'IASB, IAS 16).

Coûts d'emprunts (*borrowing costs*) : intérêts et autres coûts supportés par une entreprise dans le cadre d'un emprunt de fonds (définition de l'IASB, IAS 23).

Différences temporelles (*temporary differences*) : différences entre la valeur comptable d'un actif ou d'un passif au bilan et sa base fiscale (définition de l'IASB, IAS 12).

Durée d'utilité (*useful life*) : la durée d'utilité est soit la période pendant laquelle l'entreprise s'attend à utiliser un actif ; soit le nombre d'unités de production ou d'unités similaires que l'entreprise s'attend à obtenir de l'actif (définition de l'IASB, IAS 38).

EFRAG (*European Financial Reporting Advisory Group*) : instance européenne qui constitue le niveau technique du processus européen d'adoption des normes IAS.

Équivalent de trésorerie (*cash equivalents*) : placements à court terme, très liquides qui sont facilement convertibles en un montant connu de trésorerie et qui sont soumis à risque négligeable de changement de valeur (définition de l'IASB, IAS 7).

Entreprise associée (*associate*) : une entreprise associée est une entreprise dans laquelle l'investisseur a une influence notable et qui n'est ni une filiale ni une coentreprise de l'investisseur (définition de l'IASB, IAS 28).

Erreurs fondamentales (*fundamental errors*) : erreurs découvertes durant l'exercice qui sont d'une telle importance que les états financiers d'un ou plusieurs exercices antérieurs ne peuvent plus être considérés comme ayant été fiables à la date de leur publication (définition de l'IASB, IAS 8).

États financiers consolidés (*consolidated financial statements*) : états financiers d'un groupe présentés comme ceux d'une entreprise unique (définition de l'IASB, IAS 27).

Événements postérieurs à la date de clôture (*events after the balance sheet date*) : événements, tant favorables que défavorables, qui se produisent entre la date de clôture et la date à laquelle la publication des états financiers est autorisée (définition de l'IASB, IAS 10).

FASB (*Federal Accounting Standards Board*) : autorité américaine émettant les FAS ou SFAS (*Statement of Financial Accounting Standard* – normes comptables américaines).

FESCO (*Forum of European Securities Committee*) : comité des régulateurs des marchés de valeurs mobilières.

Filiale (*subsidiary*) : entreprise contrôlée par une autre entreprise, appelée la mère (définition de l'IASB, IAS 27).

Flux de trésorerie (*cash flow*) : entrées et sorties de trésorerie et d'équivalents de trésorerie (définition de l'IASB, IAS 7).

GAAP (*Generally Accepted Accounting Principles*) : principes comptables généralement admis. On parle d'US Gaap (FAS Gaap) ou d'IFRS Gaap.

Groupe (*group*) : société mère et toutes ses filiales (définition de l'IASB, IAS 27).

IAS (*International Accounting Standard(s)* : normes comptables internationales. Ancien nom des normes comptables internationales (à noter que les anciennes normes qui sont encore en vigueur ont conservé le nom IAS).

IASB (*International Accounting Standards Board*) : conseil des normes comptables internationales. Le conseil a été créé le 6 février 2001 et a pour rôle de préparer et de publier les normes comptables internationales.

IASC (*International Accounting Standards Committee*) : comité des normes comptables internationales. Il s'agit de l'ancien nom de l'instance de normalisation comptable internationale qui s'est scindée en IASB et IASCF le 6 février 2001.

IASCF (*International Accounting Standards Foundation*) : fondation du comité des normes comptables internationales. Il s'agit d'une fondation indépendante et à but non-lucratif.

IFAC (*International Federation of Accountants*) : l'IFAC est une organisation non-gouvernementale créée en 1977. Elle réunit les organisations professionnelles comptables de la plupart des pays.

IFRIC (*International Financial Reporting Interpretations Committee*) : comité d'interprétation des normes comptables internationales. Il s'agit du nouveau comité d'interprétation des normes internationales IFRS. L'ancien comité s'appelait le SIC et interprétait les normes IAS.

IFRS (*International Financial Reporting Standards*) : normes internationales d'information financière. Il s'agit du nouveau nom pour les normes IAS.

Immobilisations corporelles (*Tangible fixed assets/Property, plant and equipment*) : actifs corporels qui sont détenus par une entreprise soit pour être utilisés dans la production ou la fourniture de biens ou de services, soit pour être loués à des tiers, soit à des fins administratives et dont on s'attend à ce qu'ils soient utilisés plus d'un exercice (définition de l'IASB, IAS 16).

Immobilisation (actif) incorporelle (*intangible asset*) : actif non monétaire identifiable, sans substance physique, détenu en vue de son utilisation pour la production ou la fourniture de biens ou de services, pour une location à des tiers ou à des fins administratives (définition de l'IASB, IAS 38).

© Éditions d'Organisation

Impôts différés (*deferred tax*) : les actifs d'impôt différé sont les montants d'impôts sur le résultat recouvrables au cours d'exercices futurs au titre :

– de différences temporelles déductibles ;

– du report en avant de pertes fiscales non-utilisées ;

– du report en avant de crédits d'impôt non-utilisés.

Les passifs d'impôt différé sont les montants d'impôts sur le résultat payables au cours d'exercices futurs au titre de différences temporelles imposables (définition de l'IASB, IAS 12).

Impôt exigible (*curent tax*) : montant des impôts sur le bénéfice payables (récupérables) au titre du bénéfice imposable (perte fiscale) d'un exercice (définition de l'IASB, IAS 12).

Influence notable (*significant influence*) : pouvoir de participer aux décisions de politique financière et opérationnelle d'une activité économique, mais qui ne constitue pas un contrôle ou un contrôle conjoint sur ces politiques (définition de l'IASB, IAS 31).

Instrument de capitaux propres (*equity instrument*) : contrat mettant en évidence un intérêt résiduel dans les actifs d'une entreprise après déduction de tous ses passifs (définition de l'IASB, IAS 32).

Instrument financier (*financial instrument*) : contrat qui donne lieu à la fois à un actif financier pour une entreprise et à un passif financier ou à un instrument de capitaux propres pour une autre (définition de l'IASB, IAS 32).

Intérêts minoritaires (*minority interests*) : quote-part dans les résultats nets et dans l'actif net d'une filiale, attribuable aux intérêts qui ne sont pas détenus par la mère, ni directement ni indirectement par l'intermédiaire des filiales (définition de l'IASB, IAS 27).

Investisseur dans une coentreprise (*investor in a joint venture*) : participant à une coentreprise qui n'exerce pas un contrôle conjoint sur celle-ci (définition de l'IASB, IAS 31).

IOSCO (*International Organization of Securities Commissions*) : organisation internationale des commissions de valeurs appelée aussi OICV.

Juste valeur (*fair value*) : montant pour lequel un actif pourrait être échangé, ou un passif éteint, entre des parties bien informées et consentantes dans le cadre d'une transaction effectuée dans des conditions de concurrence normale (définition de l'IASB, IFRS 1).

Méthodes comptables (*accounting polices*) : principes, bases, conventions, règles et pratiques spécifiques appliquées par une entreprise pour établir et présenter ses états financiers (définition de l'IASB, IAS 8).

Méthode de la consolidation (intégration) proportionnelle (*proportionate consolidation*) : voir Consolidations.

Méthode de mise en équivalence (*equity method*) : méthode de comptabilisation et de présentation selon laquelle la participation dans une entité contrôlée conjointement est initialement enregistrée au coût et est ensuite ajustée pour prendre en compte les changements postérieurs à l'acquisition de la quote-part du coentrepreneur dans l'actif net de l'entité contrôlée conjointement. Le compte de résultat reflète la quote-part du coentrepreneur dans les résultats de l'entité contrôlée conjointement (définition de l'IASB, IAS 31).

Méthode du coût (*cost method*) : méthode de comptabilisation selon laquelle la participation est enregistrée au coût (définition de l'IASB, IAS 28).

Monnaie de présentation (*reporting currency*) : monnaie utilisée pour présenter les états financiers (définition de l'IASB, IAS 21).

Monnaie étrangère (*foreign currency*) : monnaie différente de la monnaie de présentation des états financiers d'une entreprise (définition de l'IASB, IAS 21).

Norme (*standard*) : modèle de référence résultant d'un processus de concertation, approuvé par un organisme qualifié, fixant pour un domaine déterminé des règles à respecter en visant l'avantage optimal des parties prenantes (définition de l'IFACI, Institut français des auditeurs consultants internes).

Normes internationales d'information financière (IFRS – *International Financial Reporting Standards*) : normes et interprétations adoptées par l'IASB (définition de l'IASB, IFRS 1). Elles comprennent :
- les normes internationales d'information financière ;
- les normes comptables internationales ;
- les interprétations émanant du comité des interprétations des normes internationales de *reporting* financier (IFRIC) ou de l'ancien comité permanent d'interprétation (SIC) et adoptées par l'IASB.

Parties liées (*related party*) : des parties sont considérées être liées si une partie peut contrôler l'autre partie ou exercer une influence notable sur l'autre partie lors de la prise de décisions financières et opérationnelles (définition de l'IASB, IAS 24).

Passif (*liability*) : un passif est une obligation actuelle de l'entreprise résultant d'événements passés et dont l'extinction devrait se traduire pour l'entreprise par une sortie de ressources représentatives d'avantages économiques (définition de l'IASB, cadre conceptuel).

Passif d'impôt différé (*deferred tax liability*) : ce sont les montants d'impôts sur le résultat payables au cours d'exercices futurs au titre de différences temporelles imposables (définition de l'IASB, IAS 12).

Passif financier (*financial liability*) : un passif financier désigne tout passif correspondant à une obligation contractuelle :

– de remettre à une autre entreprise de la trésorerie ou un autre actif financier ;

– ou d'échanger des instruments financiers avec une autre entreprise dans des conditions potentiellement défavorables (définition de l'IASB, IAS 32).

Passifs sectoriels (*segment liabilities*) : passifs opérationnels résultant des activités opérationnelles d'un secteur, qui sont directement attribuables à ce secteur ou qui peuvent lui être raisonnablement affectés (définition de l'IASB, IAS 14).

Perte de valeur (*impairment losses*) : excédent de la valeur comptable d'un actif sur sa valeur recouvrable (définition de l'IASB, IAS 16).

Prêt non-remboursable sous conditions (*forgivable loan*) : prêt pour lequel le prêteur s'engage à renoncer au remboursement (définition de l'IASB, IAS 20).

Prix de vente net (*net selling price*) : montant qui peut être obtenu de la vente d'un actif lors d'une transaction dans des conditions de concurrence normale entre parties bien informées et consentantes, moins les coûts de sortie (définition de l'IASB, IAS 36).

Produits (*income*) : accroissements d'avantages économiques au cours de l'exercice, sous forme d'entrées ou d'accroissements d'actifs, ou de diminutions de passifs qui ont pour résultat l'augmentation des capitaux propres autres que les augmentations provenant des apports des participants aux capitaux propres (définition de l'IASB, cadre conceptuel).

Produits des activités ordinaires (*revenue*) : entrées brutes d'avantages économiques intervenues au cours de l'exercice dans le cadre des activités ordinaires de l'entreprise lorsque ces entrées contribuent à des augmentations de capitaux propres autres que les augmentations relatives aux apports des participants aux capitaux propres (définition de l'IASB, IAS 18).

Provision (*provision*) : passif dont l'échéance ou le montant est incertain (définition de l'IASB, IAS 37).

Régimes de retraite (*retirement benefit plans*) : accords selon lesquels une entreprise fournit des prestations à ses salariés au moment ou après la date de leur fin d'activité (sous forme d'une rente annuelle ou d'un capital), lorsque ces prestations, ou les cotisations de l'employeur en vue de ces prestations, peuvent être déterminées ou estimées à l'avance selon les clauses d'un accord ou les usages de l'entreprise (définition de l'IASB, IAS 26).

Régimes à cotisations définies (*defined contribution plans*) : régimes de retraite selon lesquels le montant des prestations à payer au titre des retraites est déterminé par les cotisations versées à un fonds ainsi que par les bénéfices tirés des placements y afférents (définition de l'IASB, IAS 26).

Régimes à prestations définies (*defined benefit plans*) : régimes de retraite selon lesquels le montant des prestations à payer est déterminé par référence à une formule habituellement fondée sur la rémunération et/ou les années de service des membres du personnel (définition de l'IASB, IAS 26).

Référentiel (*reference frame*) : ensemble des prescriptions (normes, objectifs, directives) s'imposant à une organisation ou retenues par elle et auxquelles un auditeur va se reporter pour comparer ce qu'il va constater, à ce qui devrait être (définition de l'IFACI, Institut français des auditeurs consultants internes).

Résultat sectoriel (*segment result*) : il est égal aux produits sectoriels après déduction des charges sectorielles. Il est établi avant ajustements pour prise en compte des intérêts minoritaires (définition de l'IASB – IAS 14).

Secteur d'activité (*business segment*) : composante distincte d'une entreprise qui est engagée dans la fourniture d'un produit ou d'un service unique ou d'un groupe de produits ou services liés, et qui est exposé à des risques et à une rentabilité différents des risques et de la rentabilité des autres secteurs d'activité (définition de l'IASB – IAS 14).

Secteur géographique (*geographical segment*) : composante distincte d'une entreprise engagée dans la fourniture de produits ou de services dans un environnement économique particulier et exposée à des risques et une rentabilité différents des risques et de la rentabilité des autres secteurs d'activité opérant dans d'autres environnements économiques (définition de l'IASB – IAS 14).

Société mère (*parent*) : entreprise qui a plusieurs filiales (définition de l'IASB, IAS 27).

Stocks (*inventories*) : les stocks sont des actifs :
- détenus pour être vendus dans le cours normal de l'activité ;
- en cours de production pour une telle vente ;
- sous forme de matières premières ou de fournitures devant être consommées dans le processus de production ou de prestation de services (définition de l'IASB, IAS 2).

Subventions liées à des actifs (*grants related to assets*) : subventions publiques dont la condition principale est qu'une entreprise répondant aux conditions d'obtention doit acheter, construire ou acquérir par tout autre moyen des actifs à long terme (définition de l'IASB, IAS 20).

Subventions liées au résultat (*grants related to incomes*) : subventions publiques autres que les subventions liées à des actifs (définition de l'IASB, IAS 20).

Subventions publiques (*government grants*) : aides publiques prenant la forme de transferts de ressource à une entreprise, en échange du fait que celle-ci s'est conformée ou se conformera à certaines conditions liées à des activités opérationnelles (définition de l'IASB, IAS 20).

US-GAAP (*Generally Accepted Accounting Principles*) : normes comptables acceptées aux États-Unis.

SIC (*Standing Interpretations Committee*) : comité permanent d'interprétation. Il s'agit de l'ancien comité d'interprétation des normes internationales IAS devenu l'IFRIC.

Trésorerie (*cash*) : comprend les fonds en caisse et les dépôts à vue (définition de l'IASB, IAS 7).

Unités génératrices de trésorerie (*cash-generating unit*) : plus petit groupe identifiable d'actifs dont l'utilisation continue génère des entrées de trésorerie qui sont largement indépendantes des entrées de trésorerie générées par d'autres actifs ou groupes d'actifs (définition de l'IASB, IAS 36).

Valeur actuelle actuarielle des prestations de retraite promises (*actuarial present value of promised retirement benefits*) : valeur actuelle des paiements attendus que le régime de retraite aura à verser aux membres du personnel existant et anciens, au titre des services déjà rendus (définition de l'IASB, IAS 26).

Valeur comptable (*book value*) : montant pour lequel un actif est comptabilisé au bilan après déduction du cumul des amortissements et du cumul des pertes de valeur relatifs à cet actif (définition de l'IASB, IAS 16).

Valeur d'utilité (*value in use*) : valeur actuelle des flux de trésorerie futurs estimés attendus de l'utilisation continue d'un actif et de sa sortie à la fin de sa durée d'utilité (définition de l'IASB, IAS 36).

Valeur nette de réalisation (*net realizable value*) : prix de vente estimé dans le cours normal de l'activité, diminué des coûts estimés pour l'achèvement et des coûts estimés nécessaires pour réaliser la vente (définition de l'IASB, IAS 2).

Valeur recouvrable (*recoverable amount*) : valeur la plus élevée entre le prix de vente net de l'actif et sa valeur d'utilité (définition de l'IASB, IAS 36).

Valeur résiduelle (*residual value*) : montant net qu'une entreprise s'attend à obtenir pour un actif à la fin de sa durée d'utilité après déduction des coûts de sortie attendus (définition de l'IASB, IAS 16).

Lexique anglais-français des termes comptables et financiers

A

Accelerated depreciation : Amortissement accéléré

Account : Compte

> **Group accounts** : comptes de groupes (consolidés)

> **Accounts payable** : Dettes (comptes) fournisseurs

> **Accounts receivable** : Crédits (comptes) clients

Accounting : Comptabilité

> **Accounting conventions** : Conventions comptables

> **Accounting framework** : Référentiel comptable

> **Accounting rules** : Réglementation comptable

> **Accounting period** : Exercice comptable

> **Accounting policies** : Choix des méthodes comptables

> **Accounting practices** : Pratiques comptables

> **Accounting profit** : Bénéfice comptable

> **Accounting standards** : Normes comptables

> **Accounting systems** : Systèmes comptables

> **Accounting treatment** : Traitement comptable

Accrual Accounting : Comptabilité d'engagement

> **Accrual basis principle** : Principe de séparation des exercices

Additional disclosures : Annexes

Allowances (US) : Provisions pour dépréciation

> **Allowances for doubtful (uncollectible) account** : Provisions pour dépréciation clients

> **Allowances for estimated repairs** : Provisions pour grosses réparations

Amortization (US) : Amortissement des immobilisations incorporelles

    Amortization schedule : Tableau d'amortissement

American Institute of Certifed Public Accountants (AICPA) : Ordre des experts comptables américains

Annual results : Résultats annuels

Assets : Actifs

    Current assets : Actifs à court terme (circulants)

Fixed assets : Actifs immobilisés

    Tangible (fixed) assets : Actifs (immobilisations) corporels

    Intangible (fixed) assets : Actifs (immobilisations) incorporels

    Financial fixed assets : Immobilisations financières

    Fictious assets : Actifs fictifs

    Net assets : Actif net

    Net book value : Actif net comptable

    Assets diversification : Diversification des actifs

    Assets disposal : Cession d'actifs

    Impairment of assets : Dépréciation d'actifs

B

Balance sheet : Bilan

    Off-balance sheet : Hors bilan

    Off-balance sheet commitments : Engagements hors bilan

    Opening balance sheet : Bilan d'ouverture

    Tax balance sheet : Bilan fiscal

    Summary/condensed balance sheet : Bilan résumé

    Window dressing : Habillage de bilan

Bond : Obligation

    Treasury/Government bonds : Obligations d'état

    Junk bonds : Obligations spéculatives

    Convertible bonds : Obligations convertibles

C

Capital : Capital

> **Weighted Average Cost of Capital (WACC)** : Coût moyen pondéré du capital

Cash flow : Flux de trésorerie

> **Cash flow statement :** Tableau des flux de trésorerie

Consistency principle : Principe de la permanence des méthodes

Cost : Coût

> **Historical cost accounting** : Comptabilité en coût historique
>
> **Fixed costs** : Coûts fixes
>
> **Variable costs** : Coûts variables
>
> **Direct costs** : Coûts directs
>
> **Full costing** : Coûts complets
>
> **Weighted Average Cost of Capital** (WACC) : Coût moyen pondéré du capital
>
> **Replacement cost :** Coût de remplacement
>
> **Weighted average cost** : Coût moyen pondéré

Conceptual framework : Cadre conceptuel (de la comptabilité)

Creditors : Fournisseurs

Customers : Clients

Creative accounting : Comptabilité créative

D

Debt : Dette/Créance

> **Current debt/liabilities** : Dette à court terme
>
> **Long-term debt/Financial liabilities :** Dettes à long terme/ Dettes financières
>
> **Tax payable/Tax liabilities** : Dettes fiscales
>
> **Accounts payable** : Dettes fournisseurs
>
> **Debtors** : Débiteur
>
> **Bad debt** : Créance douteuse

Debt write-off : Abandon de créance

Disputed claim : Créance litigieuse

Uncollectible debt : Créance irrécouvrable

Receivables accounts : Créances clients

Long term receivables : Créances à long terme

Depreciation : Amortissement.

Depreciation provision/allowance : Provision pour dépréciation

Straight line depreciation : Amortissement linéaire

Reducing depreciation : Amortissement dégressif

Tax depreciation : Amortissement fiscal

Write-back of depreciation charges : Reprises sur amortissements

Depreciation base : Base d'amortissement

Dividends payable : Dividendes à payer

Dividend per share : Dividende par action

Double entry accounting : Comptabilité en partie double

E

Earnings per share (EPS) : Résultat par action

Earnings reports : Annonce des résultats

Operating profits/results : Résultat d'exploitation

Profit or loss for the financial year : Résultat de l'exercice

Earnings before interest and taxes (EBIT) : Résultat avant intérêts et impôts

Earnings before interest, tax, depreciation and amortization (EBITDA) : Résultat avant intérêts, impôts, dépréciations et amortissements

Equity : Capitaux propres

Stockholders'equity : Capitaux propres

Shareholders'equity : Capitaux propres

Owners'equity : Capitaux propres

Exposure drafts : Propositions de normes comptables

Expense : Charge

> **Operating expenses/charges** : Charges d'exploitation
>
> **Pre-paid expenses/charges** : Charges constatées d'avance
>
> **Deffered charges** : Charges à répartir
>
> **Interest expenses** : Charges d'intérêts
>
> **One-off expenses** : Charges exceptionnelles
>
> **Financial expenses** : Charges financières
>
> **Personnel costs** : Charges de personnel
>
> **Payroll taxes expenses/Social security charges** : Charges sociales

F

Fair value : Juste valeur

Financial accounting : Comptabilité générale

Financial analysis : Analyse financière

> **Financial analyst** : Analyste financier

Financial disclosure/reporting/information : Information financière

Financial footnotes : Notes de bas de page

Financial statements : États financiers

> **Consolidated financial statements** : états financiers consolidés

Financial transparency : Transparence financière

Fiscal year : Exercice fiscal

G

GAAP (Generally Accepted Accounting Principles) : Principes/règles comptables généralement acceptées

Gearing ratio : Ratio d'autonomie financière (Dettes à long terme/ Capitaux propres)

Going concern concept/assumption : Principe de continuité d'exploitation

Goodwill : Écart d'acquisition, survaleur.

I

Impairment : Dépréciation

> **Impairment test** : Test de dépréciation

Income statement/Profit and loss statement (account) : Compte de résultat

> **Comprehensive income** : Compte de résultat élargi (économique)
>
> **Net income** : Résultat net
>
> **Operating income/results** : Résultats d'exploitation
>
> **Income tax** : Impôt sur les bénéfices
>
> **Deffered tax** : Impôt différé

Intangible assets : Immobilisations incorporelles

Inventories (US), **Stocks** (GB) : Stocks

> **Weighted average cost** : Coût moyen pondéré
>
> **First-in first-out (FIFO)** : Premier entré – premier sorti (PEPS)
>
> **Last-in first-out (LIFO)** : Dernier entré – premier sorti (DEPS)
>
> **Net Realizable Value (NRV)** : Valeur nette de réalisation (VNR)
>
> **Raw materials inventory** : Stock de matières premières

Investor : Investisseur

L

Leases/leasing : Contrat de location/crédit-bail

> **Finance leases** : Contrats de location financement
>
> **Operating leases** : Contrats de location simple
>
> **Lessee** : Locataire
>
> **Lessor** : Bailleur
>
> **Equipment leasing** : Crédit-bail mobilier
>
> **Property/real-estate leasing** : Crédit-bail immobilier
>
> **Leased equipment/capital lease** : Actifs provenant des contrats de crédit-bail
>
> **Liabilities under capital lease** : Dettes liées aux contrats de crédit-bail

Liabilities : Engagements/Passifs/Dettes

    Current liabilities : Dettes à court terme

    Financial liabilities : Dettes financières

    Tax liabilities : Dettes fiscales

M

Management accounting : Comptabilité de gestion

N

Net Profit (US) : Résultat net

O

Ordinary shares : Actions ordinaires

P

Patent : Brevet

PLC – Public Limited Company (GB) : Société anonyme

Private Limited Company (GB) : Société à responsabilité limitée

Private corporation (US) : Société à responsabilité limitée

    Stock corporation (US) : Société anonyme

Profit and loss account : Compte de résultat

    Accounting profit : Bénéfice comptable

Provision : Provision

    Provision against losses : Provisions pour pertes

    Provision against bad debts : Provisions pour créances douteuses

    Provisions for liabilities : Provisions pour risques et charges

R

Results/Income : Résultat

    Net income : Résultat net

    Profit/Loss for the year : Résultat de l'exercice

Relevance : Pertinence

Reliability : Fiabilité

Residual value : Valeur résiduelle

Retirement benefit plans : Régimes de retraite

S

Sales : Ventes/chiffre d'affaires

Securities : Titres/valeurs mobilières

Straight line depreciation/method : Amortissement linéaire

Share : Action

    Shareholder (GB) : Actionnaire

    Majority shareholder : Actionnaire majoritaire

    Minority shareholder : Actionnaire minoritaire

    Earnings per share : Résultat par action

Statement of changes in financial position (statement) : Tableau de financement

    Source and application of funds : Tableau de financement

Statement of cash flows : Tableau des variations de trésorerie

Stock : Action

    Stockholder (US) : Actionnaire

    Stockholders'equity : Capitaux propres

    Stock Exchange : Bourse

Stock : Stock

    Opening stock : Stock initial

Subsidiaries : Filiales

    Wholly-owned subsidiary : Filiale détenue à 100 %

    Joint venture : Filiale commune

Substance over form : Prééminence de la réalité sur l'apparence

U

Understandability : Clarté

V

Value : Valeur

    Fair value : Juste valeur

    Market value : Valeur de marché/valeur marchande

    Replacement value : Valeur de remplacement

    Current value : Valeur effective

    Intrinsic value : Valeur intrinsèque

    Breakup value : Valeur à la casse

    Book value : Valeur nette comptable

    Value in use : Somme des avantages économiques futurs que l'on attend d'un actif

    Value added : Valeur ajoutée

    Value added tax : Taxe sur la valeur ajoutée

Valuation : Évaluation

W

Wages : Salaires

Working capital : Fonds de Roulement

Bibliographie

Ouvrages

Colasse B., *Comptabilité Générale (PCG 1999, IAS et ENRON)*, Economica, 8ᵉ éd., 2003, 503 p.

DFCG, *Normes IAS/IFRS, Que faut-il faire ? Comment s'y prendre ?* Éditions d'Organisation, 2004.

Di Piazza S. A., Eccles R.G., *Building Public Trust, The Future of Corporate Reporting*, John Wiley & Sons, 2002, 192 p.

Epstein B. J., Mirza A. A., IAS 2004, *Interpretation and Application of International Accounting Standards*, John Wiley & Sons, 2004, 960 p.

International Accounting Standards Committee, *Normes comptables internationales 1999*, Ordre des Experts-Comptables, Expert-Comptable Media, 1999, 1 067 p.

International Accounting Standards Committee, *Normes comptables internationales, Mise à jour 2000*, Ordre des Experts-Comptables, Expert-Comptable Media, 2001, 137 p.

Maillet C., Le Manh A., *Les normes comptables internationales IAS/IFRS*, Foucher, 2004, 192 p.

Mistral J., de Boissieu C., J.-H. Lorenzi, *Les normes comptables et le monde post-ENRON*, rapport du Conseil d'analyse économique (CAE), n° 42, La documentation Française, 2003, 159 p.

Nahmias M., *L'essentiel des normes IAS/IFRS*, Éditions d'Organisation, 2004, 152 p.

PriceWaterhouseCoopers, *IFRS 2005, Divergences France/IFRS*, Éditions Francis Lefebvre, 2003, 1 910 p.

Raffournier B., *Les normes comptables internationales (IAS)*, Economica, 1996, 486 p.

Van Greuning Hennie, Koen Marius, *Normes comptables internationales, Guide Pratiques*, adapté en langue française par Le Vourc'h – Méouchy Joëlle, The world Bank, FIDEF, CNCC Édition, 2003, 177 p.

Véron N., Autret M, Galichon A, *L'information financière en crise*, Odile Jacob, 2004.

Revues

Revue d'Économie Financière, numéro spécial « Juste valeur et évaluation des actifs », n° 71, 2003.

Revue Fiduciaire Comptable, dossier « Le point sur les 13 normes révisées », février 2004, p. 19-36.

Revue du Financier, numéro spécial « Normes IAS/IFRS », n° 144, 2004.

Revue Française de Gestion, numéro spécial « Contrôle externe, modalités et enjeux », n° 147, novembre-décembre 2003.

Option Finance, dossier « Les indicateurs-clés de la communication comptable et financière », n° 780, 13 avril 2004, p. 44-57.

Risques, Les cahiers de l'assurance, numéro spécial « Les normes comptables », n° 52, octobre-décembre 2002.

Journaux officiels de l'Union européenne

Règlement (CE) n° 1725/2003 de la commission, du 29 septembre 2003, portant adoption de certaines normes comptables internationales, conformément au Règlement (CE) n° 1606/2002 du Parlement européen et du conseil, Journal officiel de l'Union européenne, 13 octobre 2003.

Sites Internet

Sites internationaux

IASB (International Accounting Standards Board) :
   http//www.iasb.org

IFAC (International Federation of Accountants) :
   http//www.ifac.org

IFAD (International Forum on Accountancy Development) :
   http//www.ifad.net

IOSCO (International Organization of Securities Commissions) :
   http//www.iosco.org

Sites européens

Union européenne : http//europa. eu. int

FEE (Fédération des Experts comptables Européens) :
   http//www.fee.be

EFRAG (European Financial Reporting Advisory Group) :
   http//www.efrag.org

Sites français

CNC (Conseil National de la Comptabilité) :
http//www.finances.gouv.fr/minefi/entreprise/comptabilite/index.
html

AMF (Autorité des Marchés Financiers) : http//www.amf-france.org

Sites américains

SEC (Securities and Exchange Commission) : http//www.sec.gov

FASB (Financial Accounting Standards Board) : http//www.fasb.org

AICPA (American Institute of Certified Public Accountants) :
http//www.aicpa.org

Sites de sociétés proposant des informations sur les normes internationales

Deloitte Touche et Tomatsu : http//www.iasplus.com

Ernst et Young : http//www.ey.com

KPMG : http//www.kpmg.com

Pricewaterhousecoopers : http//www.pwcglobal.com

Salustro-Reydel : http//www.salustro-reydel.fr

Bfinance : http//www.bfinance.fr

Sites des sociétés citées

Novartis (relations investisseurs) :
http//www.novartis.com/investors

Nestlé (relations investisseurs) : http//www.ir.nestle.com

Index

Primes d'émission 218
Principes comptables 29
Produits 139
Provisions 111
Prudence 32

R

Redevances 173
Réévaluation 68, 74, 218
Régimes à contributions définies 115
Régimes à prestations définies 116
Regroupements d'entreprises 241
Résultat net 156, 164
Résultat opérationnel 163
Résultat de base par action 160
Résultat dilué par action 161
Résultat par action 159

S

SAC 273
Secteur d'activité 169

Secteur géographique 169
Société mère 223, 225, 231
Special purpose entities (SPE) 238
Stocks 95
Stocks-options 155
Subventions publiques 147

T

Tableau de flux de trésorerie 191
Taux d'actualisation 107
Test de dépréciation 247
Trustees 273

U-V

Unités génératrices de trésorerie (UGT) 103
Valeur d'utilité 105
Valeur de marché 41
Valeur nette de réalisation 41
Valeur recouvrable 67, 102
Valeur résiduelle 68

www.ingramcontent.com/pod-product-compliance
Lightning Source LLC
Chambersburg PA
CBHW080512220326
41599CB00032B/6062